高等院校"十二五"规划教材·经济管理类

会计学基础

BASIC ACCOUNTING

主编 刘丽影 范金宝 邵华清

哈爾濱工業大學出版社

内容简介

“会计学基础”是会计学专业必须掌握的专业基础课，它是会计学课程体系中的基石，为进一步学习会计后续课程打下坚实的专业基础。

本书从会计的基本理论和基本方法出发，系统地阐述了会计的概念、会计的职能、会计的对象和会计的六要素；详细地介绍了会计核算的基本假设、会计信息质量特征、会计核算基础以及会计工作的规范和组织等内容；以企业真实的会计案例全面、透彻地讲解了会计的核算方法，突出了对学生会计基本技能的培养。

本书可作为高等院校财经类专业本、专科学生教材用书，也可作为会计学专业自学考试、函授等成人教育教材和企业财务工作者的参考用书。

图书在版编目(CIP)数据

会计学基础/刘丽影，范金宝，邵华清主编. —哈尔滨：哈尔滨工业大学出版社，2014.12

ISBN 978-7-5603-5017-2

Ⅰ.①会… Ⅱ.①刘… ②范… ③邵… Ⅲ.①会计学-高等学校-教材 Ⅳ.①F230

中国版本图书馆 CIP 数据核字(2014)第 275759 号

责任编辑 杨秀华
封面设计 刘长友
出版发行 哈尔滨工业大学出版社
社　　址 哈尔滨市南岗区复华四道街 10 号　邮编 150006
传　　真 0451-86414749
网　　址 http://hitpress.hit.edu.cn
印　　刷 哈尔滨工业大学印刷厂
开　　本 787mm×1092mm　1/16　印张 15.75　字数 368 千字
版　　次 2015 年 2 月第 1 版　2015 年 2 月第 1 次印刷
书　　号 ISBN 978-7-5603-5017-2
定　　价 34.00 元

前　　言

《会计学基础》是会计学科的入门教材，其教学目的是使学生掌握会计的基本理论、基本方法和基本操作技术，为进一步学习“中级财务会计”“成本会计”“审计学”等后续相关课程打下坚实的专业基础。

为了适应经济的发展和会计工作的需要，我们总结了多年来会计专业教学的实践经验，借鉴了多部优秀的会计教材和研究成果，以新的会计准则和会计制度为准绳，以培养高等院校会计专业学生为目标编写了本书。

本书具有如下特点：

1. 突出应用能力培养

按照本科应用型会计人才培养目标和教学要求，本书对本科层次会计专业必须掌握的会计基本理论和基本方法进行了全面系统的阐述，特别是会计的基本方法，配备了大量的企业案例进行详细讲解，科学地将会计理论和会计实务操作有机地结合起来，既方便教学又方便学习，突出了对学生应用能力的培养。

2. 以会计核算方法体系为主线，系统性强

本书以会计的七种核算方法为主线，结合会计核算账务处理程序，系统地阐述了会计的基本概念、会计要素和会计等式，对于会计核算方法通过大量的会计案例进行了透彻的剖析和讲解。学习该书后，使学生对会计基础知识有较全面的理解和掌握。

3. 案例充分、实用性强

本书在各章节中提供了大量的案例、图示、表格等内容，有利于读者将会计理论和会计实际业务联系起来。为了让读者能够及时地检查学习效果，每章后面附有丰富的习题，实用性强。

本书由刘丽影（北华大学）、范金宝（北华大学）、邵华清（佳木斯大学）担任主编，由李晓华（北华大学）、程一千（北华大学）担任副主编。各章执笔如下：第一、五章由刘丽影编写；第七、八、九章由范金宝编写；第十、十一章由邵华清编写；第二、四章由李晓华编写；第三、六、十二章由程一千编写。最后由刘丽影教授总纂定稿。

在编写本书的过程中，参阅了大量的会计书籍和教材，在此，向这些教材和书籍的作者表示衷心的感谢！

由于编者水平有限，书中难免有疏漏和不足之处，恳请专家和读者批评指正。

编者

2014 年 11 月

目　录

第一章　总　　论 …… 1

第一节　会计概述 …… 1

第二节　会计对象 …… 10

第三节　会计基本假设和核算基础 …… 13

第四节　会计方法 …… 16

练习题 …… 19

第二章　会计要素与会计等式 …… 22

第一节　会计要素 …… 22

第二节　会计等式 …… 28

练习题 …… 33

第三章　会计科目与账户 …… 39

第一节　会计科目 …… 39

第二节　账户 …… 42

练习题 …… 46

第四章　复式记账原理 …… 47

第一节　记账方法概述 …… 47

第二节　借贷记账法 …… 48

第三节　总分类账户和明细分类账户的关系 …… 57

练习题 …… 61

第五章　制造企业主要经济业务核算 …… 64

第一节　制造企业主要经济业务核算的内容 …… 64

第二节　资金筹集业务核算 …… 65

第三节　供应过程核算 …… 70

第四节　产品生产过程核算 …… 81

第五节　产品销售过程核算 …… 88

第六节　财务成果的形成及利润分配的核算 …… 94

练习题 …… 105

第六章　账户的分类 …… 110

第一节　账户按经济内容分类 …… 110

第二节　账户按用途和结构分类 …… 113

练习题 …… 122

第七章　会计凭证 …… 124

第一节　会计凭证概述 …… 124

第二节　原始凭证的填制与审核 …… 132

第三节　记账凭证的填制与审核 …… 136

第四节　会计凭证的传递和保管 …… 140
练习题 …… 141
第八章　会计账簿 …… 144
第一节　会计账簿的意义和种类 …… 144
第二节　会计账簿的设置和登记 …… 147
第三节　账簿的记账规则 …… 159
第四节　错账的查找与更正方法 …… 161
第五节　对账与结账 …… 165
第六节　账簿的管理 …… 168
练习题 …… 170
第九章　财产清查 …… 175
第一节　财产清查的意义和种类 …… 175
第二节　财产清查的程序和方法 …… 177
第三节　财产清查结果的处理 …… 184
练习题 …… 188
第十章　财务报告 …… 190
第一节　财务报告概述 …… 190
第二节　资产负债表 …… 194
第三节　利润表 …… 206
第四节　现金流量表 …… 211
第五节　所有者权益变动表 …… 215
第六节　报表附注 …… 217
练习题 …… 219
第十一章　会计核算组织程序 …… 221
第一节　会计核算组织程序的意义和种类 …… 221
第二节　记账凭证会计核算程序 …… 222
第三节　汇总记账凭证会计核算程序 …… 223
第四节　科目汇总表会计核算程序 …… 226
第五节　多栏式日记账会计核算程序 …… 229
练习题 …… 231
第十二章　会计工作组织 …… 232
第一节　会计工作组织的意义和原则 …… 232
第二节　会计机构 …… 233
第三节　会计人员 …… 236
第四节　会计法规 …… 239
第五节　会计档案 …… 240
练习题 …… 242
参考文献 …… 243

第一章　总　　论

第一节　会计概述

会计,作为一门应用技术,是人类社会生产实践发展的产物,已被广泛应用于世界经济的各个领域。现代会计的本质已从最初的简单计数行为发展为诠释社会财富的一种经济管理活动。同时,会计也伴随着社会经济环境的变化而不断发展和完善。

一、会计的产生和发展

(一)会计的产生

人类要生存,社会要发展,就要进行物质资料生产。原始社会初期,人们只能靠打猎、捕鱼、采集野果为生,由于当时生产力水平低下,对于所从事的生产活动最初只能用头脑来记忆。到原始社会后期,随着生产过程的日益复杂和劳动成果的不断增多,人们开始用石子、树枝来记录劳动成果,并发展成"结绳记事"和"刻木记事"的做法,这种简单的记事方式是最原始的会计行为,可以说产生了会计萌芽。

随着生产力的不断提高,生产规模的日益扩大,社会产品逐渐增多,相应的记录和计量行为也得到了发展,这使会计从生产职能的附带工作中逐渐分离出来,成为一项独立的工作,由专职的管理者(会计人员)来行使,于是简单的会计工作产生了。

(二)会计的发展

1. 我国会计的历史演变

(1)西周时期的"司会"

随着社会进步和生产过程的复杂,会计也得到了一定的发展。据史料记载,西周时期是我国奴隶制经济发展的鼎盛时期,这个时期的农业、手工业及商业都有了显著的发展,会计也随之有了较快的进步。当时,就设有专门的官员记载和管理王室的钱粮赋税,并有"官厅会计"和"民间会计"之分。总管王朝财政的官员称为"大宰",掌管王朝计政的官员称为"司会"。"司会"直属总管国家财政大权的官员领导,组织年度的总核算。"司会"下面又设有掌管王朝全部会计账簿的"司书",由此,会计已经有了一定程度的分工。

(2)战国时期的"会计"

"会计"一词最早出现在战国时期的《周礼·天官》一书中,据《孟子·正义》一书的解释,会计的含义是:“零星算之为计,总合算之为会。”自战国以后,在漫长的封建社会,虽然经济发展比较缓慢,但会计的发展一直在持续进步。

(3)宋朝时期的“四柱清册”

唐宋时期,由于“贞观之治”,经济比较繁荣,生产力发展迅速,社会财富不断增加,从而促使会计核算的方法又有了较大的发展,出现了“四柱清册”。“四柱”的内容包括:“旧管”(期初结存)、“新收”(本期增加)、“开除”(本期减少)、“实在”(本期结存)。四柱之间的结算关系可以表示为:旧管+新收-开除=实在。可以看出,在四柱中,每一柱都反映着经济活动的一个方面,不但彼此具有相互核对的作用,而且可以总括表现出某一特定会计核算内容的增减变动和结余情况。“四柱清册”的创建和运用,是我国会计史上的一大成就,为以后的“收付记账法”奠定了理论基础。

(4)明末清初的“龙门账”

明末清初,商业和手工业空前繁荣。于是,比“四柱清册”更加完备的“龙门账”应运而生。“龙门账”是把全部账目划分为“进”“缴”“存”“该”四大类。“进”指全部收入;“缴”指全部支出;“存”指全部资产(包括债权);“该”指全部负债(包括业主投资)。“进”“缴”“存”“该”四者之间的结算关系可用会计等式表示为:“进-缴=存-该”或“进+该=存+缴”。年终结算,按照上述等式,可以从两方面计算盈亏:进-缴=盈亏;存-该=盈亏。两式计算结果相符,称为“合龙门”,“龙门账”由此得名。

不仅如此,这一时期,人们在“龙门账”的基础上,又创造了“四脚账”,这种账主要应用在民间商业领域,即:无论现金出纳、商业购销、内外往来等业务,均在账簿上记录两笔账,既要登记某一项经济业务的来龙,又要登记去脉。这就是今天我们会计上应用的“复式记账”原理的“雏形”。

(5)我国会计史上第一次变革——“借贷记账法”

19世纪中后期,由于我国沦为半殖民地半封建社会,帝国主义列强控制着我国的海关、铁路、邮政等部门,于是,以“借贷记账法”为主要内容的“西式会计”传入我国。这对改革我国的中式簿记,促进我国会计的发展起到了一定的作用。

2. 中华人民共和国成立以后,“会计”的发展

(1)我国会计史上第二次变革——“苏联会计模式”

新中国成立以后,由于前苏联的影响,我们实行了高度集中的计划经济体制,引进了与之相适应的“苏联会计模式”。“苏联会计模式”是对旧中国会计制度和方法的变革,使我国会计水平在原有的基础上有了一定程度的提高,这种会计模式一直应用了40多年,直到1993年。

(2)我国会计史上第三次变革——“西方会计模式”

改革开放以后,我们引进了大量的外资企业,由于“苏联会计模式”和“西方会计模式”是两种完全不同的会计体系,为了适应社会主义市场经济体制和完善企业经营机制的需要,适应全方位对外开放的市场需求,我国于1992年制定、1993年实施的《企业会计准则》和《企业财务通则》,突破了原有的会计核算模式,建立了符合市场经济发展和企业自主经营的科学会计体系,并与国际会计惯例接轨。这是我国会计史上的第三次变革。从此,我国会计进入了一个全新的发展时期,并随着经济环境的变化和发展一直在不断

修订和完善。

(3)颁布和修订《会计法》,完善相关的会计准则与会计制度

①由于我国实行对外改革开放政策,因而经济发展比较迅速。为了加强经济管理,维护社会主义市场经济秩序,我国于1985年1月出台了《中华人民共和国会计法》(以下简称《会计法》),这是新中国成立后的第一部《会计法》,标志着我国会计工作从此进入法制阶段,这在当时的历史条件下,对促进改革开放发挥了重要作用。

②由于改革开放带来的投资主体多元化,在开展平等竞争的同时,各种弄虚作假、营私舞弊的现象屡屡发生,这时的《会计法》已经不适应经济管理的要求,因此,在1993年对《会计法》进行了第一次修订。但是由于受到当时客观条件的限制,有些问题规定得仍然比较笼统,法律责任不明晰,不便于操作,会计信息失真的问题并没有得到很好的控制和解决,在一定程度上对会计提供信息指标的准确性产生了影响。

为了保证《会计法》和各项会计制度得到严格的贯彻执行,必须明确、细化企事业各单位、各部门的法律责任,加大对各种会计违法行为的惩罚力度,为此,国务院和财政部于1999年对《会计法》进行了第二次修订,并于2000年7月1日开始在我国实行新修订的《会计法》。新修订的《会计法》,对进一步规范市场经济秩序,严惩会计工作中违规操作和监督不力等问题,提供了有力的法律保障。这标志着我国会计管理日趋规范化、法制化,对稳定社会经济秩序、提供准确的会计信息起到了决定性的作用。

③2001年底,我国加入了WTO,成为该组织的正式成员国,这标志着我国将在更大范围和更深程度上参与经济全球化进程。为了加强中外经贸合作,提升会计环境和会计信息质量,2006年2月15日,财政部颁布了新的《企业会计准则》。并规定从2007年1月1日起,首先在上市公司实施,随后将在所有大中型企业执行。新颁布的《企业会计准则》,对会计信息的形成和披露做出了更加严格和科学的规定,突出了会计信息的质量要求,是市场经济体制完善的需要,有利于优化我国的投资环境,稳步推进我国会计国际化的发展。

3. 西方国家会计的发展

大约在13至14世纪的意大利,由于港口城市威尼斯、热那亚和佛罗伦萨的商业、手工业和金融业都比较发达,核算经济业务的会计发展也比较迅速,产生了“借贷记账法”。1494年,意大利数学家卢卡·帕乔利的著作《算术、几何、比及比例概要》问世,对“借贷记账法”进行了比较详细的阐述,这是近代会计发展史上重要的里程碑。

“借贷记账法”的使用,标志着“复式记账法”的产生,并很快在意大利得到普及。随着美洲大陆的发现和东西方贸易的发展,促使复式簿记传遍整个欧洲,然后又传遍世界各国。即使是现在,我们仍然采用复式簿记的方法,并最终完成了复式簿记的方法体系乃至理论体系的建设。

总之,从会计的产生和发展历程来看,会计与其所处的社会经济环境之间存在着相互影响、相互作用的关系。社会经济环境的发展变化要求与之相适应的会计;反之,会计也对其所处的经济环境产生影响。因此,任何社会的发展都离不开会计,经济越发展,会计越重要。

二、会计的概念与特点

(一)会计的概念

什么是会计？通俗地说,会计就是记账、算账。但是,会计发展到今天,作为经济管理的重要组成部分,一方面对生产过程中人力、物力、财力的消耗及劳动产品的数量进行记录、计算;另一方面还要对生产过程的耗费和劳动成果进行比较、分析,以促使节约劳动耗费,提高经济效益。

所以,会计的概念可表述为:会计作为经济管理的重要组成部分,是以货币为主要计量单位,以会计凭证为依据,运用专门的技术方法,对一定主体的经济活动进行连续、系统、全面、综合的反映和监督,为有关各方提供会计信息的一种经济管理活动。

(二)会计的特点

1. 以货币作为主要计量单位

企业对经济活动的记录可以用不同的计量尺度,如实物计量、劳动计量、货币计量等。但在商品经济条件下,会计所使用的只能是货币量度。这是因为实物计量只能计算同一种类的物资,劳动量度只能核算工作时间方面的耗费,都不能综合反映各种不同的经济活动。因此,会计只能以货币作为主要的计量单位,以其他为辅助计量单位,对企业的经济活动进行综合的核算和监督。

2. 以真实、合法的会计凭证为依据

会计对于经济活动的核算,必须取得或填制合法的书面凭证。这些凭证不仅记录了经济活动的内容,而且可以明确经济责任。会计只有依据合法的凭证记录经济业务,才能如实地反映经济活动情况,为经济管理提供真实可靠的会计信息。

3. 会计运用的是一套专门的技术方法

会计对特定组织的经济活动进行反映和监督,为社会各界提供相关的会计信息,是运用会计所特有的一套专门方法来进行的。这套方法包括设置会计科目和账户、复式记账、填制和审核凭证、登记账簿、成本计算和编制财务报告等,它们之间相互联系,构成一套完整的方法体系。

4. 对经济活动进行连续、系统、全面、综合的反映和监督

会计核算的连续性,是指会计核算应按经济业务发生的先后顺序不间断地记录;会计核算的系统性,是指对发生的经济事项要进行科学的分类、汇总、加工整理,提供系统的会计信息;会计核算的全面性,是指对企业的所有经济业务都要进行计量、记录、报告,不允许有任何遗漏;综合性是指由于主要采用货币计量,因而能够提供总括反映各项经济活动情况的价值指标和综合信息。

三、会计的目标

会计的目标是在一定的客观经济条件下,会计工作所要达到的最终目的。会计目标是一种主观的、有目的的经济管理活动。在从事会计活动之前,必须要确定会计目标,规划会计活动,指导会计活动实施。

虽然我国乃至国际会计理论学术界对于会计目标尚未形成统一的认识，但从我国现阶段会计工作的实际能力来看，现代会计的目标可以总结如下：

由于会计是整个经济管理的重要组成部分，会计目标当然从属于经济管理的总目标，或者说会计目标是经济管理总目标下的子目标。在将提高经济效益作为会计终极目标的前提下，我们还需要研究会计核算的目标，即向谁提供信息、为何提供信息和提供何种信息。

根据会计定义，我们可以得知会计核算的目标是向有关各方提供会计信息，以助其决策。会计的目标，决定于会计资料使用者的要求，也受到会计对象、会计职能的制约。我国《企业会计准则》中对于会计核算的目标做出了明确规定：会计的目标是向财务会计报告使用者提供与企业财务状况、经营成果和现金流量等有关的会计信息，反映企业管理层受托责任的履行情况，有助于财务会计报告使用者做出经济决策。

会计的目标是会计管理运行的出发点和最终要求。会计的目标决定和制约着会计管理活动的方向，在会计理论结构中处于最高层次；同时在会计实践活动中，会计目标又决定着会计管理活动的方向。随着社会生产力水平的提高和科学技术的进步，以及人们对会计认识的不断深化，会计目标定会随着社会经济环境的变化而更加科学。

四、会计的职能

会计的职能是指会计在经济管理中所具有的功能。也就是说，会计是用来做什么的？对于这个问题，马克思曾指出："过程越是按社会的规模进行，作为对过程进行控制和观念总结的簿记就越是必要。"马克思把会计的基本职能归纳为观念总结（反映）和控制（监督）。我们认为马克思的这一论述是十分准确的。而现代会计的基本职能应当归纳为反映和监督。

（一）会计的基本职能

1. 会计的反映职能

会计的反映职能是最基础的职能（也有学者称其为核算职能），是指会计按照会计准则的要求，采用一定的程序和方法，全面、系统、及时、准确地将会计主体所发生的会计事项，通过确认、计量、记录、报告，从数量上反映各会计主体经济活动的发生及完成情况，达到为经营管理提供经济信息的目的。会计的反映职能具有以下明显的特征：

（1）会计以货币为主要计量单位，从价值量方面反映各单位的经济活动情况。会计在对各单位经济活动进行反映时，主要是从数量而不是从质的方面进行反映。如企业对固定资产进行反映时，只记录其数量、成本、折旧等数量变化，并不反映其技术性能和运行状况等。会计在反映各单位经济活动时主要使用货币量度和实物单位，其他指标及其文字说明等都处于附属地位。因为货币是衡量各种商品的价值尺度，而且企业最初的投资都是用货币度量的，所以，对这些投资使用的追踪记录也只能使用货币量度。

（2）会计反映的是过去已经发生的经济活动。会计要反映经济活动的事实和真相，因此，只有在每项经济业务发生或完成以后，才能取得该项经济业务完成的书面凭证。这种凭证具有可验证性和法律效力，并据以登记账簿，保证会计所提供的信息真实可靠。而这必须是在经济业务已经发生或完成之后，至少在传统会计上是这样的。虽然管理会计等具有预测职能,其核算的范围可能扩大到未来的经济活动,但从编制会计报表、对外提供会计信息来看,仍然是面向过去发生的经济业务。

(3)会计反映具有连续性、系统性、全面性和综合性。会计反映的经济业务是逐笔、逐日、逐月、逐年进行记录的,不能间断。既要对会计对象按科学的方法进行分类,进而系统地进行加工、整理和汇总,以便提供管理所需要的各类信息;同时又要对每个会计主体所发生的全部经济业务进行记录和反映,不能有任何遗漏;最后进行综合分析,提供科学的会计信息。

会计的反映职能在客观上体现为通过会计的信息系统对会计信息进行优化。这一过程又体现在记账、算账和报账三个阶段。

反映职能是会计核算工作的基础,它通过会计信息系统所提供的信息,既服务于国家的宏观调控部门,又服务于会计主体的外部投资者和内部管理者。从这一角度来看,会计的反映职能在一定程度上也体现了管理职能。

2. 会计的监督职能

会计的监督职能,是指会计按照一定的目的和要求,利用会计核算所取得的会计信息,对会计主体的经济活动进行事前、事中和事后的控制,使之达到预期目标的功能。会计监督职能具有以下显著特征:

(1)会计监督具有强制性和严肃性。会计监督是依据国家的财经法规和财经制度来进行的,《中华人民共和国会计法》(简称《会计法》)不仅赋予会计机构和会计人员实行监督的权力,而且还规定了监督者的法律责任,放弃监督,听之任之,情节严重的,给予行政处分,给公共财产造成重大损失,构成犯罪的,将依法追究刑事责任。

(2)会计监督具有连续性。社会再生产过程是连续的、不间断的,会计反映也必须连续不断地进行下去,在这个过程中,会计反映始终离不开会计监督。各会计主体每发生一笔经济业务,都要通过会计进行反映,在反映的同时,还要审查是否符合相关的法律和制度。因此,会计反映具有连续性,会计监督也就具有连续性。

(3)会计监督具有完整性。会计监督不仅体现在已经发生或已经完成的业务方面,还体现在业务发生过程中以及尚未发生之前,包括事前监督、事中监督和事后监督。事前监督是指会计部门或会计人员在参与制定各种决策以及相关的各项计划或费用预算时,依据有关政策、法规、准则等对各项经济活动的可行性、合理性、合法性和有效性进行审查,它是对未来经济活动的指导;事中监督是指在日常会计工作中,随时审查所发生的经济业务,一旦发现问题,及时提出建议或改进意见,促使有关部门或人员采取措施予以改正;事后监督是指以事先制定的目标、标准和要求为依据,利用会计反映取得的资料对已经完成的经济活动进行考核、分析和评价。会计事后监督可以为制订下期计划和预算提供数据资料,也可以预测将来经济活动的发展趋势。

3. 会计两大基本职能的关系

会计的反映职能和监督职能是相辅相成、不可分割的。会计反映是会计监督的基础和前提,没有会计反映提供的可靠、完整的会计资料,会计监督就没有客观依据,也就无法进行会计监督;而会计监督又是会计反映的保证,没有会计监督进行有效的控制,就不可能提供真实可靠的会计信息,会计反映也就失去了存在的意义。只有把会计反映和会计监督两大基本职能有机地结合起来,才能使会计管理发挥应有的作用。

(二)会计基本职能的外延

随着社会经济的发展和进步,经济管理水平也在不断提高,会计的基本职能也得到了相应的发展和完善,同时,会计的新职能理论学说也在不断出现。目前,在国内会计学界也比较流行“六职能”论,即:会计具有“反映经济情况、监督经济活动、控制经济过程、分析经济效果、预测经济前景、参与经济决策”六项职能。这六项职能也是密切结合、相辅相成的,其中,反映和监督仍然是基本职能,并且是四项新职能的基础,而四项新职能又是两项基本职能的延伸和提高。在“六职能”论中,进一步体现了“会计管理活动论”。

五、会计信息质量特征

(一)会计信息质量特征的意义

会计信息质量特征就是会计信息应当具有的质量要求和质量标准,它规定了会计应当提供什么样的会计信息。

明确会计信息质量特征,有利于会计信息使用者了解会计信息的有用性和局限性,是约束会计机构、会计人员处理具体会计业务和提供会计信息的行为准绳,是会计信息提供者在选择信息披露的不同方法时应当遵循的重要指南,它决定着会计工作的基本模式,制约着会计方法的选择和会计政策的制定,影响着会计核算工作的整个进程。因此,明确会计信息质量特征,对于丰富、完善和发展会计理论,约束和规范企业对外编制财务会计报告行为,为注册会计师判断企业会计信息质量,对企业财务报告做出正确评价,都具有十分重要的作用。

(二)会计信息质量特征的内容

1. 可靠性

可靠性原则也称为客观性和真实性原则,它要求企业应当以实际发生的交易或者事项为依据进行确认、计量和报告,如实地反映符合确认和计量要求的各项会计要素及其他相关信息。保证会计信息真实可靠、内容完整。

会计信息要有用,就必须以可靠为基础。如果财务报告所提供的会计信息是不可靠的,就会给使用者的决策产生误导甚至损失。

【例1.1】某公司于2010年末发现公司销售萎缩,无法实现年初确定的销售收入目标,但考虑到在2011年春节前后,公司销售可能会出现较大幅度的增长,为此公司提前预计库存商品销售,在2010年末制作了若干存货出库凭证,并确认销售收入实现。公司这种处理不是以其实际发生的交易事项为依据,而是虚构了交易事项,违背了会计信息质量要求的可靠性原则,也违背了我国《会计法》的规定。

2. 相关性

相关性原则又称为有用性原则,相关性要求企业提供的会计信息应当与投资者等财务报告使用者的经济决策需要相关,一项信息是否具有相关性取决于预测价值和反馈价值。

(1)预测价值。如果一项信息能帮助决策者对过去、现在和未来事项的可能结果进行预测,则该项信息具有预测价值。决策者可根据预测的结果,做出其认为的最佳选择。

因此,预测价值是构成相关性的重要因素,具有影响决策者决策的作用。

(2)反馈价值。一项信息如果能有助于决策者验证或修正过去的决策和实施方案,即具有反馈价值。把过去决策所产生的实际结果反馈给决策者,使其与当初的预期结果相比较,验证过去的决策是否正确,总结经验以防止今后再犯同样的错误。反馈价值有助于未来决策。

3. 可理解性

可理解性也称为明晰性原则,是指会计记录和会计报告必须清晰明了,有利于会计信息使用者准确地理解会计信息的内容,从而更好地加以利用。

企业编制财务报告、提供会计信息的目的是要使用者有效的利用。这就应当让其了解会计信息的内涵,弄懂会计信息的内容,只有会计信息清晰明了、易于理解,才能提高会计信息的有用性,从而实现财务报告的目标,满足向投资者等财务报告使用者提供决策有用信息的要求。

4. 可比性

可比性原则,是指不同企业的会计核算应当按照统一规定的会计处理方法进行,从而提供相同口径的会计指标,便于比较、分析和汇总。

可比性要求企业提供的会计信息应当相互可比,主要包括两层含义:

(1)同一企业不同时期可比。为了便于投资者等财务报告使用者了解企业财务状况、经营成果和现金流量的变化趋势,比较企业在不同时期的财务报告信息,全面、客观地评价过去、预测未来,从而做出决策,这就要求同一企业不同时期发生的相同或者相似的交易或者事项,应当采用一致的会计政策,不得随意变更。但是,满足会计信息可比性要求,并非表明企业不得变更会计政策,如果按照规定或者在会计政策变更后可以提供更加可靠、更相关联的会计信息,就可以变更会计政策。有关会计政策变更的情况,应当在附注中予以说明。

(2)不同企业相同会计期间可比。为了便于投资者等财务报告使用者评价不同企业的财务状况、经营成果和现金流量及其变动情况,会计信息质量的可比性要求不同企业在同一会计期间发生的相同或者相似的交易或者事项,应当采用规定的会计政策,确保会计信息口径一致、相互可比,以使不同企业按照一致的确认、计量和报告要求,提供有关的会计信息。

5. 实质重于形式

实质重于形式原则,要求企业应当按照交易或者事项的经济实质进行会计确认、计量和报告,不仅仅以交易或者事项的法律形式为依据。

企业发生的交易或事项在多数情况下,其经济实质和法律形式是一致的。但在特殊情况下,会出现不一致。例如,以融资租赁方式租入的固定资产,虽然从法律形式来讲企业并不拥有其所有权,但是由于租赁合同中规定的租赁期较长,接近于该资产的使用寿命;租赁期结束时承租企业有优先购买该项资产的选择权;在租赁期内承租企业有权支配该项资产并从中受益等。因此,从其经济实质来看,企业能够控制以融资租赁方式租入的固定资产所创造的未来经济利益,在会计确认、计量和报告上就应当将以融资租赁方式租入的固定资产视为企业的自有资产,列入企业的资产负债表(但需加以附注说明)。

6. 重要性

重要性原则,要求企业提供的会计信息应当反映与企业财务状况、经营成果和现金流量有关的所有重要交易或者事项。

在会计核算中,对于交易或事项应当区别其重要程度,采用不同的核算方式。对于重要的会计事项,必须按规定的方法和程序进行处理,并在财务报告中予以充分、准确的披露;对于次要的会计事项,在不影响会计信息真实性和不至于误导会计报告使用者做出正确判断的前提下,可以适当简化、合并处理。在会计实务中,如果会计信息的省略或者错报会影响投资者等财务报告使用者据此做出决策的,该信息就具有重要性。重要性的应用,需要依赖职业判断,企业应当根据其所处的环境和实际情况,从项目的性质和金额大小两方面加以判断。

7. 谨慎性

谨慎性原则又称为稳健性原则,它要求企业对交易或者事项进行会计确认、计量和报告时应当保持应有的谨慎,不应高估资产或者收益,低估负债或者费用。

在市场经济环境下,企业的生产经营活动面临着许多风险和不确定性,如应收款项的可收回性,固定资产的使用寿命,无形资产的使用寿命,售出存货可能发生的退货或者返修等。会计信息质量的谨慎性,要求企业在面临不确定性因素的情况下做出职业判断时,应当保持应有的谨慎,充分地估计各种风险和损失,既不高估资产或者收益,也不低估负债或者费用。例如,要求企业对可能发生的资产减值损失计提资产减值准备、对售出商品可能发生的保修义务等确认预计负债等,就体现了会计信息质量的谨慎性要求。

谨慎性的应用不允许企业设置秘密准备,如果企业故意低估资产或者收益,或者故意高估负债或者费用,将不符合会计信息的可靠性和相关性要求,损害会计信息质量,扭曲企业实际的财务状况和经营成果,从而对使用者的决策产生误导,这是会计准则所不允许的。

8. 及时性

及时性原则,要求企业对于已经发生的交易或者事项,应当按照规定的时间及时进行确认、计量和报告,不得提前或者延后。

会计信息的价值在于帮助所有者或者其他方面做出经济决策,具有时效性。即使是可靠、相关的会计信息,如果不及时提供,就失去了时效性,对于使用者的效用就大大降低甚至不再具有实际意义。在会计确认、计量和报告过程中贯彻及时性,一是要求及时收集会计信息,即在经济交易或者事项发生后,及时收集整理各种原始单据或者凭证;二是要求及时处理会计信息,即按照会计准则的规定,及时对经济交易或者事项进行确认或者计量,并编制出财务报告;三是要求及时传递会计信息,即按照国家规定的有关时限,及时地将编制的财务报告传递给财务报告使用者,便于其及时地使用和决策。

六、会计学科体系

从会计的产生和发展可以看到,由于会计实践的不断丰富和发展,相应也促进了会计理论的不断完善。会计学是经济管理科学的一个分支,属于应用管理学。会计学研究的对象是全部会计工作,既包括会计理论研究,又包括会计实践研究。随着会计学研究领域的不断扩展,会计学分出许多分支,每一个分支又都形成了一个学科。如按会计学研究的内容划分,其分支有基础会计学、财务会计学、高级财务会计学、管理会计学、成本会计学、会计史学等;按会计主体来划分,其分支有宏观会计学和微观会计学,宏观会计学包括总预算会计、国际会计等,微观会计学包括企业会计、非营利组织会计等。这些学科相互促进、相互补充,构成了一个完整的会计学科体系。

研究会计学及其分支,对于了解会计研究的内容,把握会计研究的方向,掌握每个分支学科在整个会计学科中的地位都具有十分重要的现实意义,也可以为今后科学地学习和研究会计学科领域奠定基础。

第二节　会 计 对 象

会计对象也称为会计客体或会计内容,是指会计在行使反映和监督职能时所面对的客体,即会计反映和监督的内容。

会计的一般对象就是社会再生产过程中发生的能够用货币表现的经济活动,即社会再生产过程中的资金运动。所谓资金,就是财产物资的货币表现。资金在社会再生产过程中不断地变换着实物形态和价值形态,就是资金运动。资金运动及其反映的经营活动的内容就是会计反映和会计监督的内容,也就是会计的对象。

会计的具体对象是指工业企业、商品流通企业、行政事业单位等各自的会计核算内容。由于各类企业单位经济活动的方式和内容不尽相同,所以,会计的具体对象也就不完全一致。概括地说,工业企业、商品流通企业的资金运动是指经营资金的运动;行政事业单位的资金运动是指预算资金运动。下面分别介绍不同行业的会计对象。

一、工业企业会计对象

工业企业是指从事工业生产经营活动、实行独立核算、具有营利性质的经济组织。工业企业的资金运动,具体表现为资金的筹集、资金的循环与周转和资金的退出三个阶段。

1. 资金的筹集

企业筹集的资金主要有两部分;一部分是投资者作为资本投入的资金;一部分是债权人作为债权投入的资金。企业筹集的资金进入企业的形态有货币、实物、证券和无形资产等。

从资金的使用来看,投入的资金一部分用于购买原材料、支付职工工资以及支付经营活动中发生的其他支出,构成流动资产;一部分用于购建厂房、设备,形成固定资产。

2. 资金的循环与周转

资金的循环与周转是工业企业资金运动的全部过程,具体分为供应、生产和销售三个过程。

(1)供应过程是生产的准备阶段。在供应过程中,企业不仅用货币资金购买厂房、设备,还用货币资金购买生产所需的各种材料物资,形成必要的物资储备,这时的货币资金就转变为储备资金。

(2)生产过程是企业生产经营活动的中心环节。在生产过程中,储备的材料物资不断投入生产,改变其形态,构成生产中的在产品,这时的储备资金转变为生产资金,同时,企业还要用货币资金支付职工工资和其他生产费用,使一部分货币资金直接转化为生产资金;此外,固定资产由于使用发生磨损,其损耗的价值也以折旧的形式转化为生产资金。随着产品生产过程的全部完工和验收入库,生产资金转变为成品资金。

(3)销售过程是企业生产经营活动的最终环节。在销售过程中,企业通过销售产品,实现商品价值并收回货款,成品资金就转化为货币资金。

在通常情况下,企业通过销售收回的货币资金,一般都大于生产经营投入的资金。企业对收回的货币资金首先要补偿生产成本和发生的各种耗费,另将利润的一部分以税金的形式上交国家,也有部分以红利的形式分配给投资者,其余作为盈余公积用于企业积累。

随着工业企业供应、生产、销售三个生产经营过程的依次转化,工业企业的资金也是以"货币资金→储备资金→生产资金→成品资金→货币资金"的运动方式周而复始地循环和周转。

3. 资金的退出

资金的退出是资金运动的结束。在资金的退出中,工业企业的经济业务包括偿还各种负债,向国家上缴税金以及向投资者分配利润等。通过负债的清偿和利润的分配,部分资金退出企业,游离于企业的资金循环周转之外。

工业企业的资金运动过程如图 1.1 所示。

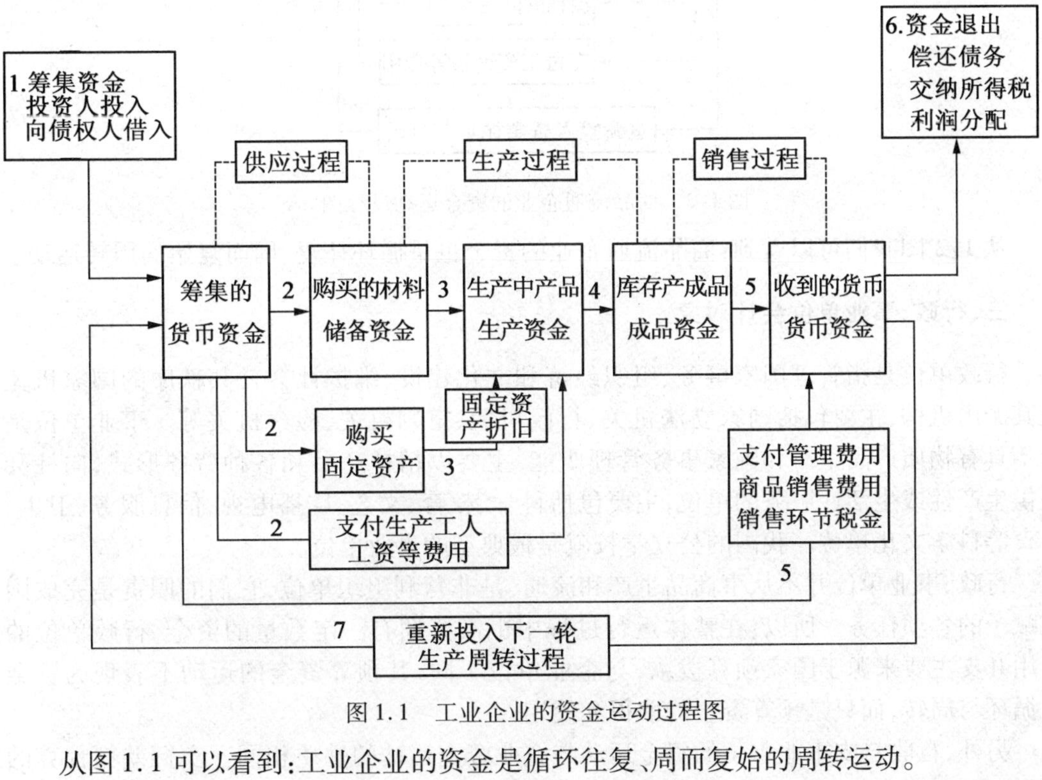

图 1.1 工业企业的资金运动过程图

从图 1.1 可以看到:工业企业的资金是循环往复、周而复始的周转运动。

二、商品流通企业的会计对象

商品流通企业是指所有独立从事商品流通活动的企业单位。这些单位通过低价购进商品、高价出售商品的方式实现商品进销差价,以此弥补企业的各项费用和支出,获得利润。我国的商品流通企业包括:商业、粮食、物资、供销、外贸、医药商业、石油商业、烟草商业、图书发行以及从事其他商品流通的企业。和工业企业以及其他行业的经营活动相比较,商品流通企业的资金是以"货币资金→商品资金→货币资金"的运动方式连续不断地循环和周转。

商品流通企业资金的循环与周转分为购进和销售两个过程。在购进过程中,随着商品的采购,支付商品价款以及运输和装卸费用,货币资金转化为商品资金;在商品储存过程中,需要支付保管费用;在销售过程中,要支付运输费、广告费、包装费等;随着商品销售和收回货款,商品资金又转化为货币资金。

商品流通企业的资金运动过程如图 1.2 所示。

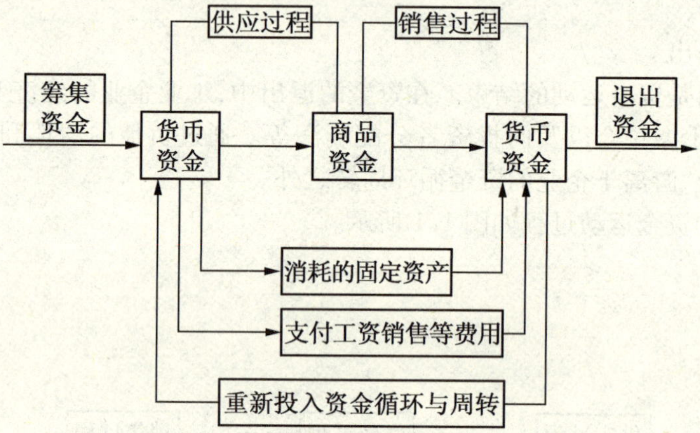

图 1.2　商品流通企业的资金运动过程图

从 1.2 图我们可以看到:商品流通企业的资金也是循环往复、周而复始的周转运动。

三、行政、事业单位会计对象

行政单位是指管理国家事务、组织经济和文化建设、维护社会公共秩序的国家机关及其派出机构,主要包括国家立法机关、行政机关、审判机关、检察机关等。事业单位是指不具有物质产品生产和国家事务管理职能,主要以精神产品和各种劳务形式,向社会提供生产性或生活性服务的单位,主要包括科学、教育、文艺、广播电视、信息服务、卫生、体育等科学文化单位。我国的公立学校就是最典型的事业单位。

行政、事业单位并不从事商品生产和流通,是非营利组织单位,它们的职责是完成国家赋予的各项任务。所以,在整体运行过程中也需要拥有一定数量的资金,行政单位的费用开支主要来源于国家预算拨款,与企业单位不同,其预算资金的运动不表现为资金的循环与周转,而只是预算资金的取得和使用。

另外,自收自支事业单位的资金运动与企业资金运动的性质相同。实行差额预算的事业单位，预算拨款的资金运动方式与行政单位相同。

行政、事业单位资金运动过程如图 1.3 所示。

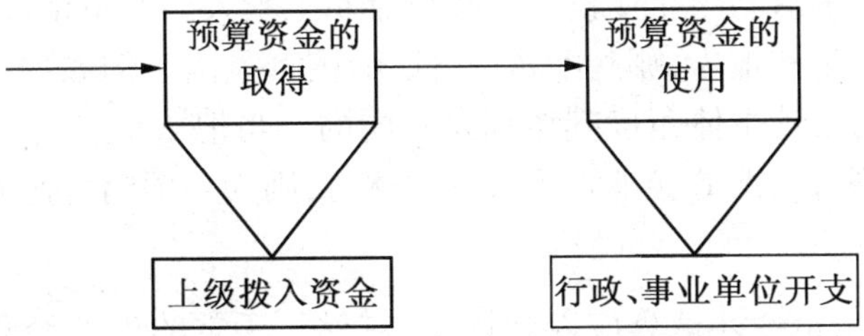

图 1.3 行政、事业单位资金运动过程图

从图 1.3 我们可以看到：行政、事业单位的资金运动只是资金的取得与使用，并不循环周转。

总之，会计的对象因会计主体不同资金运动的方式也不同，工业企业有供应、生产、销售三个阶段；商品流通企业有供应、销售两个阶段；并且，工业企业、商品流通企业的资金都是循环往复、周而复始的周转运动。而行政、事业单位的资金有自己的特点，只是资金的取得和使用。

第三节 会计基本假设和核算基础

一、会计核算的基本假设

会计核算的基本假设又称为会计核算的基本前提。为了顺利地组织企业会计的核算工作，保证会计信息的质量，确保会计目标的实现，需要在进行会计确认、计量、记录和报告之前对会计核算工作所需的若干相关前提条件进行设定。如果对组织会计核算工作的前提条件不作设定，就无法确立会计目标，无法提出会计信息质量特征，从而也就无法有效地开展会计活动，最终导致会计活动混乱无序。因此，会计假设是组织、指导会计活动的理论基础，是生成会计信息、保证实现会计目标的重要保证。从国际会计学界已经达成的共识并结合我国的具体情况，会计假设包括会计主体、持续经营、会计分期和货币计量。

（一）会计主体

会计主体也称为会计实体，是指会计为之服务的特定单位或组织，它规定了会计核算的空间范围。

一般来讲，法律主体必然是一个会计主体，但会计主体不一定是法律主体。例如，在企业集团的情况下，一个母公司拥有若干子公司，企业集团在母公司的统一领导下开展经营活动。母子公司虽然是不同的法律主体（母子公司分别也是会计主体），但为了全面地反映企业集团的财务状况、经营成果和现金流量，就有必要将这个企业集团作为一个会计主体，编制合并会计报表（此时的企业集团不是一个法律主体）。

会计主体假设所指的会计工作是在某一个特定单位进行的，所反映的是一个特定单位经济活动中的交易或事项，它要求会计核算应当区分自身经济活动与其他单位的经济活动，区分企业的经济活动与企业投资人及企业职工个人的经济活动。明确哪些经济活动应当予以确认、计量和报告，哪些不属于自己的核算范围。例如：A 企业从 B 企业购入甲材料，站在不同的会计主体角度其核算是不同的。当把 A 企业作为会计主体时，会计核算为一项购进业务，当把 B 企业作为会计主体时，则为一项销售业务。

（二）持续经营

持续经营假设是指会计核算应以会计主体持续、正常的生产经营活动为前提，而不考虑企业是否破产、解散和清算。它规定了会计核算的时间范围。

持续经营是指会计信息系统的运行以会计主体继续存在并执行其预定的经营活动为前提。除非有充分的相反证明，否则，都将认为每一个会计主体能无限期地连续经营下去。

从每个企业的历史来看，确实没有一个企业能够无限期地存在下去，然而，企业究竟在何时关、停、并、转，难以预料。竞争中的其他经营风险也是市场经济中不可避免的现象。经营不善或市场的意外变化，经常威胁着企业，严重时就会使其经营终止并进行清算，在这种情况下，会计如何提供信息，为其会计主体服务呢？

从企业的主观愿望看，除少数企业有预定经营目标或有经营期限，如房地产开发项目公司，一旦实现了预定的开发项目就将撤销外，一般都在争取长期连续经营和发展壮大，尤其是现代化生产企业，客观上也要求连续经营，这都为持续经营假设提供了客观依据。

只有在持续经营的假设下，企业在会计信息的收集和处理上所使用的会计处理方法才能保持稳定，企业的会计记录和会计报告才能真实可靠。如果没有持续经营假设，一些公认的会计处理方法都将缺乏其存在的基础。如企业在持续经营的假设下，企业对它所使用的固定资产应按实际成本记账，并按固定资产的可用年限、价值和使用情况，采用某种折旧方法计提折旧。对于其所负担的债务，如银行借款、应付债券，企业可以按照规定的条件偿还。而在企业终止清算的情况下，企业资产的价值，则必须按照实际变现的价值计算，企业的债务只能按照资产变现后的实际偿还能力清偿。

持续经营假设不仅为会计方法的选择和会计报表的编制提供了时间基础，也是会计工作正常进行的前提。

（三）会计分期

会计分期是指将企业持续不断的生产经营活动，人为地分割为若干相等的期间，以定期反映企业的财务状况和经营成果。会计期间通常有年度、半年度、季度和月度之分。我国规定以公历每年 1 月 1 日起至 12 月 31 日止，作为一个会计年度；短于一个完整会计年度的半年度、季度、月度称为会计中期。在世界上，各个国家的会计年度并不相同，有的国家把某个宗教节日作为会计年度的起讫日期。在会计分期假设条件下，企业应该按照会计分期编制财务报告，短于一年的称为中期财务报告。

由于会计分期，界定了会计信息的时间范围，才产生了当期与以前、以后期间的差别，从而产生了权责发生制和收付实现制的不同，进而出现了预收、预付、应收、应付、预提、待摊等会计处理方法。

（四）货币计量

货币计量是指企业在会计核算中要以货币为统一的主要计量单位，记录和反映企业生产经营过程和经营成果。会计主体的经济活动是多种多样、错综复杂的。为了实现会计目的，必须综合反映会计主体的各项经济活动，这就要求有一个统一的计量尺度。可供选择的计量尺度有货币、实物和时间等，但在商品经济条件下，货币作为一种特殊的商品，最适合充当统一的计量尺度。我国《会计法》明确规定，会计核算以人民币为记账本位币，以人民币以外的其他货币计量的单位，可以选定其中一种货币作为记账本位币，但是向我国编报的财务会计报表必须折算为人民币。

在实际业务中，当以货币为主要计量单位进行会计核算的同时，还要以实物量度和劳动量度作为补充。只有在假设币值稳定或相对稳定的情况下，不同时点上的资产价值才有可比性，不同期间的收入和费用才能进行比较，并计算确定其经营成果，会计核算提供的相关信息才能真实地反映会计主体的经济活动情况。

二、会计核算基础

会计核算基础有两种，一种是收付实现制，也称实收实付制或现金制；一种是权责发生制，也称应收应付制或应计制。

（一）收付实现制

收付实现制以本期款项的实际收付作为确定本期收入、费用的标准。凡是本期实际收到款项的收入和付出款项的费用，不论款项是否属于本期，只要在本期实际发生，即作为本期的收入和费用，所以叫收付实现制或实收实付制。

（二）权责发生制

它是指企业按收入的权利和支出的义务是否归属于本期来确认收入、费用的标准，而不是按款项的实际收支是否在本期发生，也就是以应收应付为标准。在权责发生制下，凡属本期的收入和费用，不论其是否发生，均要计入本期；凡不属本期的收入、费用，即使发生也不计入本期，所以叫权责发生制或应收应付制。

收付实现制和权责发生制是对收入和费用而言的，都是会计核算中确定本期收入和费用的会计处理方法。但是收付实现制强调的是款项的实际收付；权责发生制强调的是收款的权利和付款的义务，权责发生制的收入与为取得收入而发生的费用是相互配合的。

采用收付实现制处理经济业务对反映财务成果欠缺真实性、准确性，企业基本不再使用；而权责发生制则比较科学、合理，被大多数企业普遍采用。

在实际工作中，企业发生的货币收支业务与交易事项本身并不同时进行。例如，款项已经收到，但销售并未实现；或者款项已经支付，但并不是为了本期的生产经营活动而产生的。为了明确会计核算的确认基础，更真实地反映特定时期的财务状况和经营成果，就要求企业在会计核算过程中应当以权责发生制为基础。

我们通过下面的实例来说明这两种确认基础的差异以及各自的特点。

【例 1.2】 资料:某企业 1 月份发生以下经济业务:

(1)支付上月电费 10 000 元;

(2)收回上月的应收账款 20 000 元;

(3)收到本月的营业收入 16 000 元;

(4)支付本月应负担的办公费 1 800 元;

(5)支付下季度保险费 3 600 元;

(6)应收营业收入 50 000 元,款项尚未收到;

(7)预收客户货款 10 000 元;

(8)负担上季度已经预付的保险费 1 200 元。

要求:通过计算说明权责发生制与收付实现制对收入、费用和盈亏的影响。

收入、费用的计量与盈亏的计算表如表 1.1 所示。

表 1.1 收入、费用的计量与盈亏的计算表

项目	收入		费用		本期收益
权责发生制	(3)收到本月营业收入	16 000	(4)支付本月办公费	1 800	63 000
	(6)应收营业收入	50 000	(8)负担上季度保险费	1 200	
	小计	66 000	小计	3 000	
收付实现制	(2)收回上月应收账款	20 000	(1)支付上月电费	10 000	30 600
	(3)收到本月营业收入	16 000	(4)支付本月办公费	1 800	
	(7)预收客户货款	10 000	(5)支付下季度保险费	3 600	
	小计	46 000	小计	15 400	

第四节 会计方法

一、会计方法

会计方法是用来反映和监督会计对象、完成会计任务的手段。研究和运用会计方法是为了实现会计目标,更好地完成会计的任务。会计方法是从会计实践中总结出来的,并随着社会实践的发展和管理要求的提高而不断地发展和完善。现代会计方法包括会计核算、会计分析、会计考核、会计预测和决策等方法。

会计核算方法是对各单位已经发生的经济活动进行连续、系统、全面、综合的反映和监督所应用的方法。其他几种会计方法主要是利用会计核算资料,考核经济活动效果、分析相关数据指标、预测经济发展前景、做出科学的决策。

会计方法之间是紧密联系、相辅相成的,共同构成一个完整的会计方法体系。其中,会计核算方法是最基础、最重要的方法,其他会计方法是会计核算方法的发展和延伸。

学习会计首先应从基础开始,即要从掌握会计核算方法入手。我们通常所说的会计方法,一般是指狭义的会计方法,即会计核算方法。本书主要阐述会计的核算方法。

二、会计核算方法

会计核算方法是指会计对企业、行政事业单位已经发生的经济活动进行连续、系统、全面、综合的反映和监督所采用的方法。会计核算方法用来反映和监督会计对象,而会计对象又具有多样性和复杂性,这就要求会计核算方法不能采用单一形式,而应采用系列的方法体系。因此,会计核算方法由设置会计科目和账户、复式记账、填制和审核凭证、登记会计账簿、成本计算、财产清查和编制财务会计报告等七种方法构成,并成为一个完整的、科学的方法体系。

(一)设置会计科目和账户

会计科目是对会计对象的具体内容进行分类核算所规定的项目,是对会计对象进一步分类的项目名称。设置会计科目就是对会计对象(会计要素)的具体内容事先进行科学划分,以便为填制和审核会计凭证、设置账户提供依据,为登记会计账簿、编制财务会计报告提供帮助,最终为会计报告使用者提供所需要的分门别类的会计信息。

账户是依据会计科目开设的,具有一定的格式和结构,用于分类记录会计对象(会计要素)具体内容增减变动及其结果的载体和手段。账户是对会计对象具体内容分门别类地记录和反映的工具,设置账户是根据国家统一规定的会计科目来科学地建立账户体系的过程,每个会计账户只能反映一定的经济内容。

(二)复式记账

复式记账是指对发生的每一项经济交易或事项,都必须以相等的金额在两个或两个以上相互联系的账户中进行同时登记的一种专门的记账方法。

复式记账有着明显的特点,即:它对每项经济业务都必须以相等的金额,在相互关联的两个或两个以上账户中进行登记,使每项经济业务所涉及的两个或两个以上的账户之间产生对应关系;同时,在对应账户中所记录的金额又平行相等,通过账户的这种对应关系,可以了解经济业务的内容;通过账户的平行关系,可以检查有关经济业务的记录是否正确。例如,从银行提取 1 000 元现金。这笔经济业务,一方面要在"库存现金"账户中记录增加 1 000 元,另一方面又要在"银行存款"账户中记录减少 1 000 元。使"库存现金"账户和"银行存款"账户相互关联地分别记入 1 000 元。这样既可以了解这笔经济业务的具体内容,又可以反映该经济活动的来龙去脉,完整、系统地记录资金运动的过程和结果,使账簿记录清晰明了。

(三)填制和审核会计凭证

会计凭证是记录经济业务或事项、明确经济责任的书面证明,是登记账簿的重要依据。

经济业务是否发生、执行和完成,关键在于是否取得或填制会计凭证,如果取得或填制了会计凭证,就证明该项经济业务已经发生或完成。对已经完成的经济业务还要经过会计部门、会计人员的严格审核,在保证符合有关财经法规、制度而又正确无误的情况下,才能据以登记账簿。填制和审核会计凭证可以为经济管理提供真实可靠的会计信息。

(四)登记会计账簿

会计账簿是以会计凭证为依据,由具有一定格式、相互联系的账页所组成,用以连续、系统、全面、综合地记录一定时期各项经济业务的簿籍。

登记账簿亦称记账,就是把所有的经济业务按其发生的顺序、分门别类地记入有关账簿。它具有一定的结构和格式,根据审核无误的会计凭证,序时、分类地进行登记。定期计算和累计各项核算指标,进行结账和对账,使账证之间、账账之间、账实之间、账表之间保持一致。账簿所提供的各种信息是编制会计报表的主要依据,也是保存会计信息的重要工具。

(五)成本计算

成本计算是指按照一定对象进行归集和分配生产经营过程中所发生的各种费用支出,借以计算确定该对象总成本和单位成本的一种专门方法。

成本计算通常是指对工业企业产品进行的成本计算。例如,按工业企业供应、生产和销售三个过程分别归集经营过程所发生的费用,并分别与采购的材料、生产的品种和销售产品的数量联系起来,从而计算产品的总成本和单位成本。

通过成本计算,可以考核和监督企业经营过程中所发生的各项费用是否节约,以便采取措施降低成本,提高经济效益。通过成本计算,还可确定生产补偿尺度,为正确计算企业的盈亏提供数据资料。

(六)财产清查

财产清查就是通过对各项财产物资进行实物盘点,对各项往来款项进行核对,以查明实存数与账存数是否相符的一种专门方法。

在日常的会计核算中,为了保证会计信息真实正确,必须定期或不定期地对各项财产物资、货币资金和往来款项进行清查、盘点和核对。在清查中,如果发现账实不符,应查明原因、调整账簿记录,使账存数同实存数保持一致,做到账实相符。通过财产清查,还可以查明各项财产物资的保管和使用情况,以便采取措施挖掘潜力、加速资金周转。总之,财产清查对于保证会计核算资料的正确性和监督财产物资的安全与完整都具有重要作用。

(七)编制财务会计报告

财务会计报告简称财务报告,是指企业提供的总括地反映某一特定日期财务状况和某一会计期间经营成果、现金流量等会计信息的书面文件,它包括财务会计报表和其他应在财务报告中披露的相关资料。

编制和报送财务会计报告是企业对财务报告使用者提供会计信息的重要方式,是对日常会计核算资料的总结。财务会计报告所提供的系列核算指标,是考核和分析财务计划和预算执行情况以及编制下期财务计划和预算的重要依据。企业编报财务报告应该做到:内容完整、数字真实、计算准确、编报及时。

总之,上述会计核算的七种方法不是孤立的,而是相互联系、相互配合的,共同构成一个完整的方法体系。会计方法之间的关系是:对所发生的经济交易或事项,经办人员首先要填制或取得合法的会计凭证,按照所设置的会计科目和账户,运用复式记账法编制记账凭证,并据以登记账簿,会计期末要进行成本计算,在财产清查的基础上,做到账证、账账、账实相符,最后根据账簿记录编制财务会计报告。

练习题

一、简答题

1. 会计是怎样产生的?它经历了几个主要发展阶段?

2. "会计"一词最早出现在什么时代?会计的概念是什么?

3. 什么是会计的职能?会计的基本职能是什么?两个基本职能之间的关系如何?

4. 会计信息质量特征的内容有哪些?如何理解谨慎性和实质重于形式原则?

5. 什么是会计的对象?工业企业和商品流通企业的资金运动有几个过程?是怎样循环与周转的?

6. 行政、事业单位资金的运动形式与工业、商业有何不同?

7. 什么是会计核算的基本前提?它包括哪些内容?

8. 怎样理解收付实现制和权责发生制?

9. 会计的方法有哪些?它们之间的关系如何?

10. 会计的核算方法有几种?它们是如何构成一个完整的方法体系的?

二、单项选择题

1. 会计所使用的主要计量尺度是(　　)。

A. 实物量度　B. 劳动量度　C. 货币量度　D. 实物量度和货币量度

2. 会计的基本职能是(　　)。

A. 核算和管理　B. 控制和监督　C. 反映和监督　D. 核算和分析

3. 企业会计反映与监督的内容可以概括为(　　)。

A. 销售活动　B. 再生产过程中的资金运动

C. 生产活动　D. 管理活动

4. 下列业务不属于会计核算范围的事项是(　　)。

A. 用银行存款购买材料　B. 生产产品领用材料

C. 企业自制材料入库　D. 与外企业签订购料合同

5. 会计主体假设规定了会计核算的(　　)。

A. 时间范围　B. 空间范围　C. 期间费用范围　D. 成本开支范围

6. 下列原则中不属于信息质量特征的原则是(　　)。

A. 可理解性原则　B. 可比性原则　C. 历史成本原则　D. 相关性原则

7. 200X 年 9 月 20 日采用赊销方式销售产品 50 000 元,12 月 25 日收到货款存入银行。按收付实现制核算时,该项收入应属于(　　)。

A. 200X 年 9 月 B. 200X 年 10 月 C. 200X 年 11 月 D. 200X 年 12 月

8. 2014 年 3 月 20 日采用赊销方式销售产品 60 000 元，6 月 20 日收到货款存入银行。按权责发生制核算时，该项收入应属于(　　)。

A. 2014 年 3 月 B. 2014 年 4 月 C. 2014 年 5 月 D. 2014 年 6 月

三、多项选择题

1. 企业在组织会计核算时，应作为会计核算基本前提的是(　　)。

A. 会计主体 B. 持续经营 C. 货币计量 D. 会计原则

E. 会计分期

2. 根据权责发生制原则，下列各项中应计入本期的收入和费用的是(　　)。

A. 本期销售货款收存银行 B. 上期销售货款本期收存银行

C. 本期预收下期货款存入银行 D. 计提本期固定资产折旧费

E. 以银行存款支付下期的报纸杂志费

3. 下列业务不属于会计核算范围的事项是(　　)。

A. 用银行存款购买材料 B. 编制财务计划

C. 企业自制材料入库 D. 与外企业签订购料合同

E. 产品完工验收入库

4. 会计方法包括(　　)。

A. 会计核算 B. 会计决策 C. 会计信息 D. 会计分析 E. 会计预测

5. 下列各种方法属于会计核算专门方法的有(　　)。

A. 登记账簿 B. 成本计算 C. 复式记账 D. 监督检查 E. 预测决策

F. 财产清查

四、判断题

1. 会计分期不同，对利润总额会产生影响。(　　)

2. 我国所有企业的会计核算都必须以人民币作为记账本位币。(　　)

3. 权责发生制是以权益、责任是否发生为标准来确定本期收益和费用。(　　)

4. 会计主体与法律主体可以等同理解。(　　)

5. 会计核算应当区分自身的经济活动与其他单位的经济活动。(　　)

6. 货币量度是唯一的会计计量单位。(　　)

7. 谨慎原则是指在会计核算中应尽量低估企业的资产和可能发生的损失、费用。(　　)

五、某企业 2013 年 12 月发生下列交易或事项：

1. 销售产品 70 000 元，其中 30 000 元已收到存入银行，其余 40 000 元尚未收到。

2. 收到现金 800 元，系上月提供的劳务收入。

3. 用现金支付本月的水电费 900 元。

4. 本月应收劳务收入 1 900 元。

5. 用银行存款预付下年度房租 18 000 元。

6. 用银行存款支付上月借款利息 500 元。

7. 预收销售货款 26 000 元，已通过银行收妥入账。

8. 本月负担年初已支付的保险费500元。

9. 上月预收货款的产品，本月已实现销售收入18 000元。

10. 本月负担下月支付的修理费1 200元。

要求：1. 按收付实现制原则计算12月份的收入、费用。

2. 按权责发生制原则计算12月份的收入、费用。

第二章　会计要素与会计等式

第一节　会计要素

一、会计要素的含义

通过前面的学习我们知道，企业会计对象是社会再生产过程中的资金运动。这一概念不仅涉及面广，而且很抽象。在会计实践中，为了提供各种会计信息，就必须对会计对象的具体内容进行科学的分类，于是会计要素这一概念便应运而生。

为了分门别类、正确地反映和监督各项经济业务，需要使用一些特定的概念将会计对象加以分类，以便确认、计量、记录和报告全部经济业务内容。这种使用特定概念对会计对象所作的分类，通常称为会计要素。

会计要素是对会计对象的基本分类，是会计对象的具体化。我国《企业会计准则》中严格定义了"资产、负债、所有者权益、收入、费用和利润"是六大会计要素。这六大会计要素又可以划分为两大类，即：反映财务状况的会计要素（又称资产负债表要素）和反映经营成果的会计要素（又称利润表要素）。其中，反映财务状况的会计要素包括资产、负债和所有者权益；反映经营成果的会计要素包括收入、费用和利润。

二、会计要素的内容

（一）资产

1. 资产的特征

资产是指由过去的交易或事项形成的，由企业拥有或控制的、预期会给企业带来经济利益的资源。

根据上述定义，资产在确认时必须满足以下条件，或者说，资产必须具备以下基本特征：

（1）资产必须是过去的交易或事项形成的。也就是说，企业资产，必须是现实的而不是预期的资产，它是企业过去已经发生的交易或事项所产生的结果，包括购置材料、生产产品、建造厂房等行为或其他交易事项。而预期在未来发生的交易或事项并不形成资产，比如：计划购入的厂房、机器设备，因其购买的行为没有发生，所以不能确认为资产。

（2）资产必须是企业拥有或可以控制的资源。企业拥有资产，享有其所有权，从而就能够从该项资源中获得经济利益。而有些资产虽然不为企业所拥有,但在某些条件下,对一些由特殊方式形成的资源,企业实质上已经掌握了该项资产未来的收益和风险,如融资租入固定资产,企业虽然不享有所有权,但该项资产能够被企业长期控制,企业同样能够从该项资产中获取经济利益。而且,租金高、租期长,租赁到期企业具有优先购买的权利,所以,也将其视为企业的资产。

(3)资产能为企业带来未来的经济利益。资产单独或与企业的其他要素结合起来,能够在未来直接或间接地产生净现金流入量,这是资产的本质所在。按照这一特征,判断一个项目是否构成资产,一定要看它是否潜存着未来的经济利益。只有那些潜存着未来经济利益的项目才能确认为资产。如货币资金可以用于购买所需要的商品或用于利润分配,厂房、机器设备、原材料等可以用于生产产品,当产品出售以后收回货款,该货款即为企业所获得的经济利益。

2. 资产的主要内容

企业资产往往以多种形态分布于经营活动的不同方面,可以从不同角度作不同分类。在会计上,按其流动性或可变现程度,可分为流动资产和非流动资产。

(1)流动资产是指可以在一年或者超过一年的一个营业周期内变现或者耗用的资产,主要包括库存现金、银行存款、应收及预付款项、待摊费用、存货等。

①库存现金是指企业存放于财会部门、由出纳人员保管的货币,也称现金。库存现金主要用于支付日常发生的小额、零星的费用支出。

②银行存款是指企业存入某一银行或金融机构的款项,该银行称为该企业的开户银行。企业的银行存款主要来自投资者投入资本、负债融入的款项和销售商品的货款等。

③应收及预付款项是指企业在日常生产经营过程中销售商品而尚未收到的货款、发生的各项债权,包括应收款项和预付款项。应收款项包括应收票据、应收账款、其他应收款等;预付款项则指企业按照合同规定预付的款项,如预付账款等。

④待摊费用是指企业已经支付,但应由本期和以后各期分别负担的,分摊期在 1 年以内(含 1 年)的各项费用,如预付的保险费和房屋租金等。

⑤存货是指企业在日常的活动中持有以备出售的产成品或商品,生产过程中的在产品以及生产过程或提供劳务过程中耗用的各种材料或物料等,包括库存商品、半成品、在产品、包装物、低值易耗品、委托代销商品以及其他各类材料等。

(2)非流动资产又称长期资产,是指不能在 1 年内或者超过 1 年的一个经营周期内变现或者耗用的资产,主要包括长期股权投资、固定资产、无形资产等。

①长期股权投资是指持有时间超过 1 年(不含 1 年)、不能变现或不准备随时变现的股票和其他投资。企业进行长期股权投资的目的是获得较为稳定的投资收益或者对被投资企业实施控制或影响。

②固定资产是指企业为生产商品、提供劳务、出租或经营管理而持有的,单价在规定限额以上,使用寿命超过一个会计年度的房屋、建筑物、机器设备、运输工具以及其他与生产经营有关的设备、器具和工具等。

③无形资产是指企业拥有或控制、没有实物形态可辨认的非货币性资产。无形资产包括专利权、非专利技术、商标权、著作权、土地使用权、特许权等。

(二)负债

1. 负债的特征

负债是指过去的交易或事项形成的、预期会导致经济利益流出企业的现时义务。负债通常具有如下特征:

(1)负债是由于过去的交易或事项形成的偿还义务。而潜在的或预期在将来要发生的交易和事项可能产生的债务不能确认为负债。

(2)负债是现时义务。负债是企业目前存在的偿还义务,要由企业在未来某个时日加以偿还。

(3)为了偿还债务,与该义务有关的经济利益很可能流出企业。一般来说,企业履行偿还义务时,企业会有经济利益流出,如支付现金、提供劳务、转让其他财产等。同时,未来流出的经济利益能够可靠的计量。

2. 负债的主要内容

负债按偿还期限的长短,一般分为流动负债和非流动负债。

(1)流动负债是指将在1年(含1年)或者超过1年的一个营业周期内偿还的债务,包括短期借款、应付及预收款项、预提费用等。

①短期借款是指企业从银行或其他金融机构借入的期限在1年以下的各种借款。如企业从银行取得的、用来补充流动资金不足的临时性借款。

②应付及预收款项是指企业在日常生产经营过程中发生的各项债务,包括应付的各种款项(应付票据、应付账款、应付职工薪酬、应交税费、应付股利、其他应付款等)和预收账款等。

③预提费用是指先提取计入成本、费用,但尚未实际支付的款项所形成的一种负债,如尚未到期的借款利息。

(2)非流动负债是指偿还期限超过1年或者超过1年的一个营业周期以上的债务,包括长期借款、应付债券、长期应付款等。

①长期借款是指企业从银行或其他金融机构借入的期限在1年以上的各种借款。这种借款,一般是为了固定资产构建、改扩建和大修理工程等。

②应付债券是指企业为筹集长期资金而实际发行的债券。企业发行的1年期以上的债券,构成企业的长期负债。

③长期应付款是指除长期借款和应付债券以外的其他各种长期应付款项,包括应付融资租入固定资产租赁费,具有融资性质的延期付款购买固定资产等。

除了上述这种传统的分类以外,负债还可以按照偿付的形式分为货币性负债和非货币性负债。货币性负债是指那些需要在未来某一时点支付一定数额货币的现时义务,而非货币性负债则是指那些需要在未来某一时点提供一定数量和质量的商品或服务的现时义务。

将负债区分为货币性负债和非货币性负债,在通货膨胀和外币报表折算的情况下是非常有用的。在通货膨胀的情况下,持有货币性负债会发生购买力损益,而非货币性负债则不受物价变动的影响。在需要进行外币报表折算的情况下,对货币性外币负债可按统一的期末汇率进行折算,而对非货币性外币负债则应采用不同的折算汇率。

（三）所有者权益

1. 所有者权益的特征

所有者权益也称股东权益，是指全部资产扣除负债后由所有者享有的剩余权益。它在数值上等于企业全部资产减去全部负债后的余额。其实质是企业从投资者手中所吸收的投入资本及其增值，同时也是企业进行经济活动的"本钱"。

2. 所有者权益的构成

所有者权益来源于所有者投入的资本、直接计入所有者权益的利得和损失、留存收益等，通常由实收资本（或股本）、资本公积、盈余公积和未分配利润构成。其中，前两项属于投资者的初始投入资本，后两项属于企业的留存收益。

（1）实收资本。企业的实收资本（即股份制企业的股本）是指投资者按照企业章程或合同、协议的约定，实际投入企业的资本。它是企业注册成立的基本条件之一，也是企业承担民事责任的财力保证。

（2）资本公积。企业的资本公积也称准资本，是指归企业所有者共有的资本，主要来源于资本在投入过程中所产生的溢价，以及直接计入所有者权益的利得和损失。资本公积主要用于转增资本。

（3）盈余公积。盈余公积是指企业按照法律、法规的规定从净利润中提取的留存收益。它包括：

①法定盈余公积，指企业按照《公司法》规定的比例从净利润中提取的盈余公积。

②任意盈余公积，指企业经股东大会或类似机构批准后按照规定的比例从净利润中提取的盈余公积。企业的盈余公积可以用于弥补亏损、转增资本（股本）。符合规定条件的企业，也可用盈余公积分派现金股利。

（4）未分配利润。未分配利润是指企业留待以后年度分配的利润。这部分利润也属于企业的留存收益。

3. 所有者权益与负债的区别

所有者权益和负债虽然同是企业的权益，都体现为企业的资金来源，但两者之间却有着本质的不同，具体表现为：

（1）负债是企业对债权人所承担的经济责任，企业负有偿还的义务；而所有者权益则是企业对投资人所承担的经济责任，在一般情况下不需要归还给投资者。

（2）债权人只享有按期收回利息和债务本金的权利，而没有参与企业利润分配和经营管理的权利；投资者则可以参与企业的利润分配，也可以参与企业的经营管理。

（3）企业清算时，负债拥有优先求偿权；而所有者权益则只能在清偿所有的负债以后，才返还给投资者。

（四）收入

1. 收入的特征

收入是指企业在日常活动中形成、会导致所有者权益增加、与所有者投入资本无关的经济利益的总流入。

收入的实质是企业经济活动的产出过程，即企业生产经营活动的结果。收入只有在

经济利益很可能流入从而导致企业资产增加或负债减少,而且经济利益的流入额能够可靠计量时才能予以确认。收入具有以下特征:

(1)收入在企业的日常生活中产生,而不是从偶发的交易或事项中产生;

(2)收入可能表现为企业资产的增加,也可能表现为企业负债的减少,或者二者兼而有之;

(3)收入最终能导致企业所有者权益的增加;

(4)收入只包括本企业经济利益的流入,而不包括为第三方或客户代收的款项。

2. 收入的构成

收入主要包括主营业务收入、其他业务收入和投资收益等。

(1)主营业务收入,也称基本业务收入,是指企业为完成其经营目标所从事的经常性活动实现的收入。主营业务收入一般占企业总收入的比重较大,如销售产品取得的收入。

(2)其他业务收入,也称附营业务收入,是指企业为完成其经营目标所从事的与经常性活动相关的活动实现的收入。其他业务收入属于企业日常活动次要交易实现的收入,一般占企业总收入的比重较小。不同行业其他业务收入所包括的内容不同,如工业企业销售的原材料、出租包装物、转让无形资产使用权等取得的收入。

(3)投资收益是指企业对外投资所取得的收益减去发生投资损失后的净额,如购买股票和债券取得的收入。

上述所说的收入是指狭义的收入,是经营性收入的同义语。广义的收入还包括直接计入当期利润的利得,即营业外收入。营业外收入是指企业发生的与其生产经营活动无直接关系的各项收入,包括处置固定资产净收益和罚款收入等。

(五)费用

1. 费用的特征

费用是指企业在日常活动中发生、会导致所有者权益减少、与向所有者分配利润无关的经营利益的总流出。

费用具有如下特征:

(1)费用是企业日常活动中发生的经济利益的总流出;

(2)费用可能表现为资产的减少,也可能表现为负债的增加,或者二者兼而有之;

(3)费用能导致企业所有者权益减少,但与向所有者分配利润无关。

2. 费用的构成

这里所说的费用是广义的,包括两方面内容,即成本和费用。

(1)成本是指企业为生产产品、提供劳务而发生的各种耗费,包括为生产产品、提供劳务而发生的直接材料费用、直接人工费用和各种间接费用。

(2)费用一般是指企业在日常活动中发生的经营税费、期间费用和资产减值损失等。

①营业税费,也称销售税金,是指企业在销售活动中负担的并根据销售收入计算的各种税费,如消费税、城建税和教育费附加等。

②期间费用包括销售费用、管理费用和财务费用。

a. 销售费用是指企业在销售商品的过程中发生的各项费用,包括企业在销售商品时发生的运输费、装卸费、包装费、保险费、展览费和广告费,以及为销售本企业商品而专设的销售机构(含销售网点、售后服务网点等)的职工薪酬等各种经营费用。

b. 管理费用是指企业为组织和管理生产经营活动而发生的各项费用,包括企业的董事会和行政管理部门的职工工资、修理费、办公费和差旅费等公司经费,以及聘请中介机构费、咨询费(含顾问费)、业务招待费等费用。管理费用的受益对象是整个企业,而不是企业的某个部门。

c. 财务费用是指企业为筹集生产经营所需资金而发生的各项费用,包括应当作为期间费用的利息支出(减利息收入)、汇兑损失(减汇兑收益)以及相关的金融机构的手续费等。

③ 资产减值损失是指企业计提的坏账准备、存货跌价准备和固定资产减值准备等所形成的损失。

(3)成本与费用的区别与联系

成本与费用既有联系又有区别。成本是和产品相联系,而费用是和期间相联系;成本要有产品计算对象,而费用可以没有产品计算对象。但二者都反映资金的耗费,都意味着企业经济利益的减少,并且都是为过去已经发生的经济获得而引起或形成的。

以上定义的费用是狭义上的概念。广义的费用还包括直接计入当期利润的损失和所得税费用,其中,直接计入当期损益的损失,即营业外支出,是指企业发生的与其生产经营活动无直接关系的各项支出,包括固定资产盘亏、处置固定资产净损失、处置无形资产净损失、罚款支出、捐赠支出和非常损失等。所得税费用是指企业按所得税法规定向国家缴纳的所得税。

(六)利润

1. 利润的特征

利润是指企业在一定会计期间的经营成果,是全部收入减去全部费用后的差额,包括收入减去费用后的净额、直接计入当期利润的利得和损失等。

利润具有如下特征:

(1)利润是企业一定会计期间的经营成果;

(2)利润会增加企业的资产;

(3)利润为投资者所有,增加投资者权益。

2. 利润的构成

利润包括营业利润、利润总额和净利润。

(1)营业利润是指主营业务收入加上其他业务收入,减去主营业务成本、其他业务成本、营业税金及附加、销售费用、管理费用、财务费用、资产减值损失,再加上公允价值变动净收益和投资收益后的金额。它是狭义收入与狭义费用配比后的结果。

(2)利润总额是指营业利润加上营业外收入,减去营业外支出后的金额。

(3)净利润是指利润总额减去所得税费用后的金额。它是广义收入与广义费用配比后的结果。

三、划分会计要素的作用

会计要素的划分在会计核算中具有十分重要的作用。

1. 会计要素是对会计对象的科学分类。会计对象的内容种类繁多、错综复杂，为了科学、系统地进行反映和监督，必须对它们进行分类，然后按类别设置账户并登记账簿。没有这种分类，就无法登记会计账簿，也就不能实现会计反映职能。

2. 会计核算区别于其他经济核算的一个很重要的特征就是具有连续性、系统性和完整性。为了分门别类地对会计对象进行反映和监督，就必须将其划分为各个不同的类别，也就是会计要素。

3. 会计要素是构成会计报表的基本框架。会计报表是提供会计信息的基本手段，会计报表必须提供一系列指标，这些指标主要是由会计要素构成的，会计要素是会计报表框架的基本内容，可以说，会计要素为设计会计报表奠定了基础。

第二节　会计等式

一、会计恒等式

企业要从事生产经营活动，必然引起会计要素发生变化，而会计要素无论怎样变化，都存在着必然的内在联系，并且在数量上都存在着一种特定的平衡关系，我们称之为“会计平衡关系式”或“会计恒等式”，用公式表示为

资产 = 权益

上列等式中所表示的资产与权益之间的关系，其理由是显而易见的。因为一个企业在没有负债的情况下，企业的全部资产都为投资人所有，也就是投资人对企业的权益。但是，在一般企业的生产经营活动中，总是会产生各种各样的负债，在这种情况下，企业的资产总额，就不是全部属于投资人的权益，其中一部分是需要用来偿还债权人的，这时的所有者权益则是企业的资产总额减去负债后的净资产。上列会计等式应扩展为

资产 = 债权人权益 + 投资人权益

= 负债 + 所有者权益

由此可见，资产与负债和所有者权益之间，实际上是同一价值运动的两个方面。也就是说，一定数额的资产必然对应着相同数额的负债和所有者权益，而一定数额的负债和所有者权益也必然对应着相同数额的资产。上述会计等式反映了企业经营过程中，在任何一个时点上，资产与负债和所有者权益之间都保持着数额相等的平衡关系。

但是，在企业的日常经营过程中，企业的经营成果对所有者权益必然会产生影响。如果某一会计期间的收入大于费用支出，则表示实现的利润，又称净收益，取得的净收益会增加所有者权益；反之，如果收入小于费用支出，则表示发生的亏损，又称净损失，发生的净损失会减少所有者权益。所以，会计恒等式又可表示如下：

收入 - 费用 = 利润

资产 = 负债 + 所有者权益 + (收入 - 费用)

或

资产 = 负债 + (所有者权益 + 利润)

在企业没有结算之前，利润是单列项目，当企业经过“利润分配”结算以后，利润作为

所有者权益的一部分不再单独存在，上述会计等式又回归为

资产 = 负债 + 所有者权益

二、经济业务对会计等式的影响

在企业的生产经营活动中，必然要发生各种各样的经济业务，每项经济业务的发生又必然要引起资产、负债、所有者权益的增减变化。但是不论怎样增减变化，都不会破坏上述平衡公式。现举例说明如下：

【例 2.1】假定宏达公司成立时，收到投资者投入的资金 12 000 000 元存入银行。

分析：当投资者投入资本时，会引起资产类项目中“银行存款”和所有者权益项目中“实收资本”同时增加。所以，该项经济业务使会计等式左边的“银行存款”科目增加 12 000 000元，同时也使等式右边的“实收资本”科目增加 12 000 000 元，如表 2.1 所示。

表 2.1　经济业务与会计等式的关系　　单位：元

项目	资产类		负债及所有者权益类	
	会计科目	金额	会计科目	金额
投入资本	银行存款	+12 000 000	实收资本	+12 000 000
变动后金额	合计	12 000 000	合计	12 000 000

该项经济业务，涉及会计等式的双方，其变化规律是等式的两边等额同时增加，其变动后的总额均为 12 000 000 元，经济业务发生后，会计等式仍然保持平衡。

【例 2.2】宏达公司从大连公司购买原材料 1 000 000 元，材料已验收入库，货款尚未支付。

该项经济业务的发生使会计等式左边的资产类“原材料”科目增加 1 000 000 元，同时也使等式右边的负债类“应付账款”科目增加 1 000 000 元，如表 2.2 所示。

表 2.2　经济业务与会计等式的关系　　单位：元

项目	资产类		负债及所有者权益类	
	会计科目	金额	会计科目	金额
变动前金额 购入材料	原材料	12 000 000 +1 000 000	应付账款	12 000 000 +1 000 000
变动后金额	合计	13 000 000	合计	13 000 000

该项经济业务涉及会计等式的双方，其变化规律是等额同时增加，其变动后的总额均为 13 000 000 元，经济业务发生后，会计等式仍然保持平衡。

【例 2.3】宏达公司用银行存款 500 000 元，偿还前欠大连公司的应付账款。

该项经济业务的发生使会计等式左边资产类“银行存款”科目减少 500 000 元，同时也使等式右边的负债类科目“应付账款”减少 500 000 元，如表 2.3 所示。

表 2.3 经济业务与会计等式的关系 单位:元

项目	资产类		负债及所有者权益类	
	会计科目	金额	会计科目	金额
变动前金额		13 000 000		13 000 000
偿还货款	银行存款	-500 000	应付账款	-500 000
变动后金额	合计	12 500 000	合计	12 500 000

该项经济业务涉及会计等式左右双方,其变化规律是等额同时减少,其变动后的总额相等,经济业务发生后,会计等式仍然保持平衡。

【例 2.4】经有关部门批准,宏达公司用银行存款支付某投资人撤回的投资2 000 000元,银行已转账。

该项经济业务使会计等式左边资产类“银行存款”科目减少 2 000 000 元,同时也使等式右边负债类“实收资本”科目减少 2 000 000 元,如表 2.4 所示。

表 2.4 经济业务与会计等式的关系 单位:元

项目	资产类		负债及所有者权益类	
	会计科目	金额	会计科目	金额
变动前金额		12 500 000		12 500 000
上交税金	银行存款	-2 000 000	实收资本	-2 000 000
变动后金额	合计	10 500 000	合计	10 500 000

该项经济业务涉及会计等式的左右两边,其变化规律是等额同时减少,其变动后的总额相等。经济业务发生后,会计等式仍然保持平衡。

【例 2.5】宏达公司从银行存款中提取现金 50 000 元备用。

该项经济业务使会计等式左边资产类的“库存现金”科目增加50 000 元,同时等式左边资产类的“银行存款”科目减少 50 000 元,如表 2.5 所示。

表 2.5 经济业务与会计等式的关系

项目	资产类		负债及所有者权益类	
	会计科目	金额	会计科目	金额
变动前数额		10 500 000		10 500 000
提取现金	库存现金 银行存款	+50 000 -50 000		
变动后金额	合计	10 500 000	合计	10 500 000

该项经济业务只涉及等式的左边,其变化规律是一项资产“库存现金”科目增加,另一项资产“银行存款”科目减少,并且增减的金额相等。经济业务发生后,会计等式仍然

保持平衡。

【例 2.6】宏达公司向银行取得 700 000 元短期借款,偿还前欠南方公司购货款。

该项经济业务使会计等式右边负债类“短期借款”科目增加 700 000 元,但同时等式右边负债类科目“应付账款”减少 700 000 元,如表 2.6 所示。

表 2.6　经济业务与会计等式关系　单位:元

项目	资产类		负债及所有者权益类	
	会计科目	金额	会计科目	金额
变动前数额 用短期借款 偿还购货款		10 500 000	 短期借款 应付账款	10 500 000 +700 000 -700 000
变动后金额	合计	10 500 000	合计	10 500 000

该项经济业务只涉及会计等式的右边,其变化规律是一项负债增加,另一负债减少,增减的金额相等。经济业务发生后,会计等式仍然保持平衡。

【例 2.7】宏达公司原欠北京公司应付款项 1 500 000 元,经双方单位协商并经有关部门批准,将该项欠款转作北京公司对本企业的投入资本。

该项经济业务使会计等式右边所有者权益类“实收资本”科目增加 1 500 000 元,同时等式右边负债类“应付账款”科目减少 1 500 000 元,如表 2.7 所示。

表 2.7　经济业务与会计等式的关系　单位:元

项目	资产类		负债及所有者权益类	
	会计科目	金额	会计科目	金额
变动前数额 债务转资本		10 500 000	 实收资本 应付账款	10 500 000 +1 500 000 -1 500 000
变动后金额	合计	10 500 000	合计	10 500 000

该项经济业务只涉及会计等式的右边,其变化规律是一项所有者权益“实收资本”增加,另一负债“应付账款”减少,增减的金额相等。经济业务发生后,会计等式仍然保持平衡。

【例 2.8】经批准,宏达公司将“盈余公积”200 000 元转增资本金。

该项经济业务使会计等式右边所有者权益类“盈余公积”科目减少 200 000 元,同时等式右边所有者权益类“实收资本”科目增加 200 000 元,如表 2.8 所示。

表 2.8　经济业务与会计等式的关系　　单位:元

项目	资产类		负债及所有者权益类	
	会计科目	金额	会计科目	金额
变动前数额 盈余公积 转增资本金		10 500 000	 实收资本 盈余公积	10 500 000 +200 000 -200 000
变动后金额	合计	10 500 000	合计	10 500 000

该项经济业务只涉及会计等式的右边,其变化规律是一项所有者权益"实收资本"增加,另一项所有者权益"盈余公积"减少,增减的金额相等。经济业务发生后,会计等式仍然保持平衡。

【例 2.9】宏达公司经研究决定,向投资者分配利润 600 000 元,一个月后发放。

该项经济业务使会计等式右边所有者权益类"利润分配"科目减少 600 000 元,同时等式右边负债类"应付利润"科目增加 600 000 元,如表 2.9 所示。

表 2.9　经济业务与会计等式关系　　单位:元

项目	资产类		负债及所有者权益类	
	会计科目	金额	会计科目	金额
变动前数额 尚未支付的 应付利润		10 500 000	 应付利润 利润分配	10 500 000 +600 000 -600 000
变动后金额	合计	10 500 000	合计	10 500 000

该项经济业务只涉及会计等式的右边,其变化规律是一项所有者权益"应付利润"增加,另一项所有者权益"利润分配"减少,增减的金额相等。经济业务发生后,会计等式仍然保持平衡。

综上所述,企业的经济业务归纳起来共有九种,如表 2.10 所示。

表 2.10　企业经济业务变化类型　　单位:元

经济业务	资产	负债	所有者权益	经济业务发生后 会计等式平衡关系
①	+12 000 000		+12 000 000	√
②	+ 1 000 000	+1 000 000		√
③	-500 000	- 500 000		√
④	-2 000 000		-2 000 000	√

续表 2.10

经济业务	资产	负债	所有者权益	经济业务发生后 会计等式平衡关系
⑤	+50 000 -50 000			√
⑥		+700 000 -700 000		√
⑦		-1 500 000	+1 500 000	√
⑧			+200 000 -200 000	√
⑨		+600 000	-600 000	√
经济业务发生后 等式两边金额	资产总额 10 500 000	负债和所有者权益总额 10 500 000		√

通过对以上经济业务的分析我们可以得知,虽然企业的经济业务比较复杂,但归纳起来有四大类型,即经济业务变化对会计恒等式的影响有以下四种:

1. 经济业务发生,引起会计等式的左右两边等额增加,即资产增加,负债和所有者权益也同时增加,会计等式保持平衡。

2. 经济业务发生,引起会计等式的左右两边等额减少,即资产减少,负债和所有者权益也同时减少,会计等式保持平衡。

3. 经济业务发生,引起会计等式的左边资产内部各项目之间发生增减变化,即一个项目增加,另一个项目减少,增减的金额相等,会计等式保持平衡。

4. 经济业务发生,引起会计等式的右边负债和所有者权益各项目之间发生增减变化,即一个项目增加,另一个项目减少,增减的金额相等,会计等式保持平衡。

由此可见,无论经济业务引起会计要素发生怎样的变化,会计等式两边的数额始终保持相等。因此,我们可以说

资产 = 负债 + 所有者权益

这一会计等式永远保持平衡,不仅是恒等关系,还是复式记账、试算平衡及编制会计报表的理论依据。

练习题

一、简答题

1. 会计要素包括几项内容？请阐述各个要素的概念和具体内容。

2. 请列出会计等式的表达式。

3. 为什么说经济业务的发生不会影响会计等式的平衡关系？

4. 负债和所有者权益的区别与联系有哪些?

5. 成本和费用的区别与联系有哪些?

二、单项选择题

1. 下列经济业务发生,使资产和权益项目同时增加的是(　　)。

A. 生产产品领用原材料　　B. 以现金发放工资

C. 收到投资者投入的货币资金　　D. 收到购货单位预付款,并存入银行

2. 下列经济业务发生,不会导致会计等式两边总额发生变化的有(　　)。

A. 收回应收账款并存入银行　　B. 从银行取得借款并存入银行

C. 以银行存款偿还应付账款　　D. 收到投资者以无形资产进行的投资

3. 某企业本期期初资产总额为140 000元,本期期末负债总额比期初增加20 000元,所有者权益总额比期初减少10 000元,则企业期末资产总额为(　　)。

A. 170 000元　　B. 130 000元　　C. 150 000元　　D. 120 000元

4. 下列引起资产和负债同时增加的经济业务是(　　)。

A. 以银行存款偿还银行借款　　B. 收回应收账款存入银行

C. 购进材料一批货款未付　　D. 以银行借款偿还应付账款

5. 某企业2002年10月末负债总额120万元,11月份收回应收账款20万元,用银行存款归还借款15万元,预付购货款6万元,11月末负债总额为(　　)。

A. 105万元　　B. 111万元　　C. 115万元　　D. 121万元

三、多项选择题

1. 下列各项属于静态会计要素的是(　　)。

A. 资产　　B. 收入　　C. 费用　　D. 负债　　E. 所有者权益

2. 下列各项属于动态会计要素的是(　　)。

A. 资产　　B. 收入　　C. 费用　　D. 利润　　E. 所有者权益

3. 反映企业财务状况的会计要素有(　　)。

A. 资产　　B. 收入　　C. 费用　　D. 负债　　E. 所有者权益

4. 反映企业经营成果的会计要素有(　　)。

A. 资产　　B. 收入　　C. 费用　　D. 利润　　E. 所有者权益

5. 下列关于会计要素之间关系的说法正确的是(　　)。

A. 费用的发生,会引起资产的减少,或引起负债的增加

B. 收入的取得,会引起资产的减少,或引起负债的增加

C. 收入的取得,会引起资产的增加,或引起负债的减少

D. 所有者权益的增加可能引起资产的增加,或引起费用的增加

E. 以上说法都正确

6. 下列关于资产的特征说法正确的有(　　)。

A. 必须为企业现在所拥有或控制

B. 必须能用货币计量其价值

C. 必须是用来转卖的财产

D. 必须是有形的财产物资

E. 必须具有能为企业带来经济利益的潜力

7. 下列属于所有者权益的有(　　)。

A. 实收资本　B. 资本公积　C. 盈余公积　D. 未分配利润　E. 银行借款

四、判断题

1. 资产 = 权益这一会计等式在任何时点上都是平衡的。(　　)

2. 所有经济业务的发生，都会引起会计恒等式两边发生变化，但不破坏会计恒等式。(　　)

3. 应收账款、预收账款、其他应收款均为资产。(　　)

4. 资产是企业拥有的能以货币计量的经济资源。(　　)

5. 待摊费用、预提费用均属于费用要素。(　　)

6. 所有者权益是企业投资人对企业净资产的所有权，其大小由资产与负债两要素的大小共同决定。(　　)

五、判断下面经济业务内容分别属于哪种会计要素，请在对应的栏目内画"√"。

序号	经济业务内容	资产	负债	所有者权益	收入	费用	利润
1	库存的现金						
2	成品仓库中的完工产品						
3	企业欠银行的长期借款						
4	企业存放在银行的存款						
5	企业的机器设备						
6	企业未缴纳的增值税						
7	企业应收回的货款						
8	企业预先收到的订货款						
9	材料库中的原材料						
10	企业销售产品的收入						
11	销售产品发生的广告费						
12	企业销售材料的收入						
13	企业收到的投入资本						
14	企业对外进行的投资						
15	发生的办公费用						
16	年末未分配的利润						
17	制造产品发生的费用						
18	本年累计实现的净利润						
19	企业的房屋和建筑物						
20	企业的专利技术						

序号	经济业务内容	资产	负债	所有者权益	收入	费用	利润
21	车间内未完工的在产品						
22	应付职工的工资						
23	发生的利息费用						

六、分析以下各项经济业务的类型，将其业务序号填入下表。

资料：中海公司200X年11月份发生下列经济业务：

1.11月3日，企业通过银行收到长江厂投资的50 000元。

2.11月6日，从银行提取现金5 000元备用。

3.11月8日，通过银行收回惠通公司前欠的货款28 000元。

4.11月11日，企业通过银行归还前欠大华公司的货款20 000元。

5.11月14日，与银行协商后，将前欠的200 000元长期贷款转作银行对本企业的投资。

6.11月19日，经本企业同意，东风公司抽走原投入的固定资产100 000元。

7.11月22日，企业改造设备，从银行获得长期借款100 000元。

8.11月25日，生产车间为生产甲产品领用原材料10 000元。

9.11月27日，以固定资产房屋5 000 000元对外进行投资。

10.11月30日，代替股东A以其资本金偿还其应付B单位欠款。

经济业务类型	业务序号
1.一项资产增加，另一项资产减少	
2.一项负债增加，另一项负债减少	
3.一项所有者权益增加，另一项所有者权益减少	
4.一项负债增加，一项所有者权益减少	
5.一项负债减少，一项所有者权益增加	
6.一项资产增加，一项负债增加	
7.一项资产减少，一项负债减少	
8.一项资产增加，一项所有者权益增加	
9.一项资产减少，一项所有者权益减少	

七、ABC企业2005年12月31日的资产、负债、所有者权益的状况如下表。

项　目		资　产	权　益	
			负　债	所有者权益
1.库存现金	600元			
2.存放在银行的货币资金	95 000元			
3.生产车间厂房	280 000元			
4.各种机器设备	330 000元			

项　目		资　产	权　益	
			负　债	所有者权益
5. 运输车辆	250 000 元			
6. 库存产品	75 000 元			
7. 车间正在加工的产品	86 500 元			
8. 库存材料	85 000 元			
9. 投资人投入的资本	800 000 元			
10. 应付的购料款	142 000 元			
11. 尚未缴纳的税金	6 570 元			
12. 向银行借入的短期借款	72 000 元			
13. 应收产品的销货款	115 000 元			
14. 采购员出差预借差旅费	2 000 元			
15. 商标权	250 000 元			
16. 发行的企业债券	317 000 元			
17. 低值易耗品	95 000 元			
18. 盈余公积结余	68 530 元			
19. 法定财产重估增值	126 000 元			
20. 未分配利润	132 000 元			
合计				

要求：根据上述资料确定资产、负债及所有者权益项目，并分别计算资产、负债及所有者权益金额合计数，验证资产和权益是否相等？

八、光达公司 2006 年 1 月 31 日资产、负债、所有者权益状况如下。

1. 企业的仓库用房屋 140 000 元。
2. 企业尚未交纳的各种税金 6 000 元。
3. 企业存放在银行的款项 190 000 元。
4. 企业向银行借入的偿还期为 2 年的款项 120 000 元。
5. 企业存放在仓库中准备生产用的各种原材料 176 000 元。
6. 企业生产车间用的房屋 1 120 000 元。
7. 企业尚欠租用大华工厂的设备租金 5 000 元。
8. 企业生产车间中正在生产加工的产品 32 000 元。
9. 借给采购员差旅费 3 000 元。
10. 企业生产车间所使用的机器设备 360 000 元。
11. 企业出纳员保险柜中的库存现金 1 600 元。
12. 企业运输部门所使用的两辆汽车 440 000 元。
13. 企业行政用办公楼 1 000 000 元。
14. 投资者向本公司投入的资本 3 122 000 元。

15. 企业尚欠供应单位购入原材料货款 15 000 元。
16. 企业仓库中存放的产成品 70 000 元。
17. 企业从利润中提取的公积金 172 000 元。
18. 企业应向购货单位收回的货款 22 400 元。
19. 企业向银行借入的偿还期为 6 个月的款项 76 000 元。
20. 企业本月实现的未分配利润 39 000 元。

要求:对以上项目进行归类,分别求出资产总额、负债总额及所有者权益总额。

九、练习经济业务对会计等式的影响。

某企业 10 月份发生下列业务:

1. 企业向银行借入长期借款 60 000 元存入银行账户,以备使用。
2. 企业购入材料一批,货款 10 000 元尚未支付。
3. 销售产品取得收入 40 000 元,款项已存入银行。
4. 从银行存款提取现金 7 000 元,以备使用。
5. 用现金支付销售产品的广告费 8 000 元。
6. 购进材料 30 000 元,款项已用银行存款支付。
7. 将现金 9 000 元存入银行。
8. 用银行存款归还短期借款 20 000 元。
9. 收到其他单位投入设备 100 000 元。
10. 用银行存款支付企业的业务招待费 8 200 元。
11. 将盈余公积 50 000 元转增资本(实收资本)。
12. 购入机器设备一台,价款 400 000 元,货款尚未支付。

要求:根据上述业务阐述对会计等式有哪些影响。

第三章　会计科目与账户

第一节　会 计 科 目

一、会计科目的概念

会计科目是对会计要素具体内容进行分类核算所规定的项目，是对会计要素进一步分类的项目名称。会计科目一般简称为科目。

企业在生产经营过程中发生各种各样的经济业务，都会引起各项会计要素发生增减变化，由于企业经济业务的复杂性，即使涉及同一种会计要素，也往往具有不同的性质和内容。例如，固定资产和现金虽然都属于资产，但它们的经济内容以及在经济活动中的周转方式和所引起的作用各不相同。又如应付账款、应付职工薪酬、短期借款、长期借款和应交税费等，虽然都是负债，但它们形成的原因和偿付的期限也是各不相同。为了实现会计的基本职能，从数量上反映各项会计要素的增减变化，不但需要取得各项会计要素增减变化及其结果的总体数字，而且要取得系列的更加具体的分类和数量指标。因此，为了满足所有者对利润构成及其分配情况、负债及其构成情况，以及税务机关了解企业欠缴税费等情况的需要，还要对会计要素作进一步的分类。这种对会计要素对象具体内容进行分类核算的项目称为会计科目。

设置会计科目是复式记账编制、整理会计凭证和设置账簿的基础，并能提供全面、统一的会计信息，也便于投资者、债权人以及其他会计信息使用者掌握和分析企业的财务情况、经营成果和现金流量。

二、设置会计科目的原则

会计科目反映会计要素的构成及其变化情况，是为投资者、债权人、企业管理者等提供会计信息的重要手段，在其设置过程中应努力做到科学、合理、实用，因此在设置会计科目时应遵循下列基本原则。

(一)设置会计科目，要符合国家会计法规体系，既有统一性、又有灵活性

国家的会计法规体系体现了国家对财务会计工作的要求，因此，设计会计科目要以此为依据，符合《会计法》以及《企业会计准则》等规定，以便编制会计凭证、登记账簿、查阅账目、实行会计电算化。同时，设置会计科目还必须对会计要素的具体内容进行分类，

以分门别类地反映和监督企业各项经济业务，不能有任何遗漏。比如制造企业，根据这一特点就必须设置反映和监督其生产经营过程的会计科目，如“主营业务收入”“生产成本”等；金融企业则应设置反映吸收和贷出存款相关业务的科目，如“利息收入”“利息支出”等科目。此外，为了便于发挥会计的管理作用，企业还可以根据实际情况自行增设、减少或合并某些会计科目的明细科目。

（二）设置会计科目，既要全面反映经济业务内容，又要符合经济管理的要求

在会计要素的基础上对会计对象的具体内容作进一步分类时，为了全面反映企业生产经营活动情况，会计科目的设置要保持会计指标体系的完整，企业所有用货币表现的经济业务，都能通过所设置的会计科目进行核算，为经济管理提供信息。

（三）设置的会计科目名称，既要简明扼要，又要含义明确

每一会计科目，原则上反映一项内容，各科目之间不能相互混淆。企业可以根据本企业具体情况，在不违背会计科目使用原则的基础上，确定适合本企业的会计科目名称。

三、会计科目的级次

会计科目按其提供指标的详细程度，或者说根据提供信息的详细程度，可以分为以下两类：

（一）总分类科目

总分类科目亦称一级科目或总账科目，它是对会计要素的具体内容进行总括分类的账户名称，提供的是总括指标。总分类科目原则上由财政部统一制定，以会计核算制度的形式颁布实施。现将制造企业常用的会计科目列示如表3.1所示。

（二）明细分类科目

明细分类科目，是对总分类科目的内容再作详细分类的会计科目，它提供的是更加详细、具体的指标。如“应付账款”总分类科目下再按具体单位分设明细科目，具体反映应付哪个单位的货款。

另外，为了适应企业经营管理上的需要，当总分类科目下设置的明细科目太多时，可在总分类科目与明细分类科目之间增设二级科目（也称子目），二级科目所提供指标的详细程度介于总分类科目和明细分类科目之间，例如，在“原材料”总分类科目下，可按材料的类别设置二级科目，“原料及主要材料”“辅助材料”“燃料”等。

表3.1 企业会计科目表

编号	会计科目	编号	会计科目
	一、资产类	1123	预付账款
1001	库存现金	1131	应收股利
1002	银行存款	1221	其他应收款
1101	交易性金融资产	1231	坏账准备
1121	应收票据	1401	采购材料
1122	应收账款	1402	在途物资

续表 3.1

编号	会计科目	编号	会计科目
1403	原材料	2501	长期借款
1404	材料成本差异	2502	应付债券
1405	库存商品	2701	长期应付款
1411	周转材料	2801	预计负债
1471	存货跌价准备		三、所有者权益类
1481	待摊费用	4001	实收成本
1511	长期股权投资	4002	资本公积
1512	长期股权投资减值准备	4101	盈余公积
1601	固定资产	4103	本年利润
1602	累计折旧	4104	利润分配
1603	固定资产减值准备		四、成本类
1604	在建工程	5001	生产成本
1606	固定资产清理	5101	制造费用
1701	无形资产		五、损益类
1702	累计摊销	6001	主营业务收入
1703	无形资产减值准备	6051	其他业务收入
1801	长期待摊费用	6101	公允价值变动损益
1901	待处理财产损溢	6111	投资收益
	二、负债类	6301	营业外收入
2001	短期借款	6401	主营业务成本
2201	应付票据	6402	其他业务成本
2202	应付账款	6403	营业税金及附加
2203	预收账款	6601	销售费用
2211	应付职工薪酬	6602	管理费用
2221	应交税费	6603	财务费用
2232	应付股利	6701	资产减值损失
2241	其他应付款	6711	营业外支出
2411	预提费用	6801	所得税费用

综上所述，会计科目按提供指标的详细程度一般分为三级，一级科目（总分类科目）、二级科目（子目）、三级科目（明细科目）。总分类科目下可分为若干个明细分类科目，现以“原材料”“生产成本”两个科目为例，将会计科目按提供指标详细程度分类列示如表3.2所示。

表 3.2 会计科目按提供指标详细程度的分类

总分类科目（一级科目）	明细分类科目	
	二级科目（子目，二级科目）	明细科目（细目，三级科目）
原材料	原料及主要材料	圆钢 角钢 槽钢
	辅助材料	润滑油 防锈剂
	燃料	汽油 柴油 煤炭
生产成本	第一车间	甲产品 乙产品
	第二车间	丙产品 丁产品

（三）总分类核算与明细分类核算

在实际工作中，为满足会计信息使用者的不同需求，各会计主体应分别按总分类科目开设总分类账户，按明细分类科目开设明细分类账户，总分类账户提供的是总括核算指标，因而一般只用货币计量；明细分类账户提供的是明细分类核算指标，因而除用货币量度外，还采用实物量度（如吨、千克、件、台等）。对经济业务通过总分类账户进行的核算，称为总分类核算；通过明细分类账户进行的核算，称为明细分类核算。

第二节 账 户

一、账户设置的原则

（一）账户的概念

账户，是根据会计科目设置的，具有一定的格式和结构，是用来连续、系统地核算会计要素增减变动情况及结果的手段和载体。

账户是会计信息的“存储器”，设置账户是会计核算的一种专门方法。在会计上，为了记录经济业务的发生和完成情况，为企业提供会计信息，需要对会计对象按照一定的标准划分为若干个项目，我们称这些项目为会计要素，这是对会计对象的第一次分类，也是最基本的分类。

会计信息的使用者在决策过程中，除了解会计的六要素以外，还需要更加详细的会计资料，掌握企业每个会计要素的构成内容，于是，就需要在会计要素的基础上进行再分类，以便分门别类地核算、提供使用者所需的会计信息。账户就是对会计要素的具体内容所作的进一步分类。

利用账户，可以分类、连续地记录经济业务的增减变动情况，反映出会计要素的增减变动及其结果，从而提供各种会计数据。例如，为了核算和监督各项资产的增减变动，需要设置“库存现金”“银行存款”“原材料”“固定资产”等账户；为了核算和监督负债及所有者权益的增减变动，需要设置“短期借款”“应付账款”“长期借款”和“实收资本”“资本公积”“盈余公积”等账户；为了核算和监督收入、费用和利润的增减变动，需要设置“主营业务收入”“生产成本”“管理费用”“本年利润”“利润分配”等账户。

总之，账户是根据会计科目设置的，每个会计科目都有对应的账户，每个账户都能核算该项业务的增减变化及其结果。

（二）账户设置的原则

1. 必须结合会计要素的特点，全面反映会计要素的内容

账户作为对会计对象具体内容进行分类核算的工具，其设置应保证反映会计要素的全部内容，不能有任何遗漏。同时，账户的设置还必须反映会计要素的特点。各会计主体除了需要设置各行各业的共性账户外，还应根据本单位经营活动的特点，设置相应的账户。例如，制造企业的主要经营活动是制造产品，因而需要设置反映生产耗费的“生产成本”“制造费用”等账户。

2. 既要符合对外财务报告的要求，又要满足内部经营管理的需要

我们知道，企业会计核算资料，既要满足政府部门加强宏观调控、制定方针政策的需要，又要满足投资者、债权人及有关方面对企业经营业绩和财务状况做出准确判断的需要，还要满足企业内部加强经营管理的需要。因此，在设置账户时要兼顾对外报告和企业内部经营管理的需要，并根据需要数据的详细程度，分设总分类账户和明细分类账户。

总分类账户（简称总账）是对会计对象具体内容进行总括分类核算的账户。如“固定资产”“实收资本”等账户，它提供的是总括性指标，这些指标基本能满足企业外部有关方面的需要。

明细分类账户（简称明细账户）是对总分类账户的进一步分类。如在“库存商品”总分类账户下，按照商品的类别或品名分设明细分类账户“A 产品”或“B 产品”，它提供的明细核算资料，对总账起到补充说明的作用，主要是为企业内部经营管理服务。

3. 既要适应经济发展需要，又要保持相对稳定

账户的设置，要适应社会经济环境的变化和本单位业务发展的需要。例如，随着商业信用的发展，为了核算和监督商品交易中提前付款或延期交货而形成的债权债务关系，会计核算应单独设置“预付账款”和“预收账款”账户，即把预收预付货款的核算从“应收账款”和“应付账款”账户中分离出来。再如，随着技术市场的形成和专利法、商标法的实施，对企业拥有的专有技术、专利权、商标权等无形资产的价值及其变动情况，专门设置了“无形资产”账户予以反映。但是，账户的设置还应保持相对稳定，以便在一定范围内综合汇总和在不同时期对比分析其所需提供的核算指标。

4. 统一性与灵活性相结合

所谓统一性，是指在设置账户时，要按照国家有关会计制度中对账户名称即会计科目的设置及其核算内容所作的统一规定，以保证会计核算指标在一个部门、乃至全国范围内综合汇总和分析利用；所谓灵活性，是指在保证提供统一核算指标的前提下，各会计主体可以根据本单位的具体情况和经济管理的要求，对统一规定的会计科目做必要的增补、分拆或合并。例如，财政部颁布的《企业会计准则——应用指南2006》附录中列示的会计科目，未设置“待摊费用”和“预提费用”科目，企业如果需要单独核算预付费用和应计费用，可以增设“待摊费用”和“预提费用”账户。

5. 简明适用，内容明确

每一个账户都应有特定的核算内容，各账户之间既要有联系又要有明确的界限，不能含糊不清。所以，在设置账户时，对每一个账户的特定核算内容必须严格、明确地界定。总分类账户的名称应与国家有关会计制度的规定相一致，明细分类账户的名称也要含义明确、通俗易懂，账户的数量和详略程度应根据企业规模的大小、业务的繁简和管理的需要而定。

（三）账户与会计科目的关系

1. 账户与会计科目的联系

两者所反映的经济内容是相同的，账户是根据会计科目开设的，账户的名称就是会计科目。

2. 账户与会计科目的区别

（1）会计科目通常是由国家统一规定的，是各单位设置账户、处理经济业务所必须遵循的依据；而账户则是由各会计主体在遵守国家会计制度的前提下自行设置的，是会计核算的重要工具。

（2）会计科目仅仅是对会计要素具体内容进行分类的项目名称，它没有结构，不能核算经济业务的增减变化及结果；而账户不仅表明相同的经济内容，而且还具有一定的结构，并通过其结构反映某项经济内容的增减变动情况及其结果，能够为经济管理提供相关数据资料。

二、账户的基本结构

如前所述，账户是用来记录经济业务，反映会计要素具体内容增减变化及其结果的手段。随着会计主体会计事项的不断发生，会计要素的具体内容也必然随之发生变化，而且，这种变化不管多么错综复杂，从数量上看不外乎增加和减少两种情况，所以企业在某一会计期间内各种有关数据的账户，在结构上就应分为两方，即左方和右方，一方登记增加数，另一方则登记减少数。至于哪一方登记增加，哪一方登记减少，应由所采用的记账方法和所记录的经济内容而决定，这就是账户的基本结构。

当然，对于一个完整的账户而言，除了必须有反映增加数和减少数两个栏目外，还应包括其他栏目，以完整地反映其他相关内容。一般情况下，一个完整的账户基本结构应包括：

1. 账户名称（即会计科目）。

2. 会计事项发生的日期。

3. 摘要(即经济业务的简要说明)。

4. 凭证号数(即表明账户记录的依据)。

5. 反映增加和减少的金额及期末余额。

账户的结构见表3.3。

表3.3　“银行存款”总账

2010年		凭证号	摘要	增加	减少	余额
月	日					
1	1		期初余额			20 000
1	5	2	存入款项	10 000		30 000
1	30	7	提取现金		25 000	5 000
1	31		本期发生额及期末余额	10 000	25 000	5 000

在会计教学中,为了便于说明会计账户的核算问题,我们通常用一条水平线和一条将水平线平分的垂直线来表示会计账户,因其像汉字的“丁”字,故称其为“丁”字账户,其格式如下:

左方　　账户名称(会计科目)　　右方

从上面“银行存款”账户中我们可以看到,每个账户一般有四个金额要素,即期初余额、本期增加发生额、本期减少发生额和期末余额,账户如有期初余额,首先应当在记录增加额的那一方登记,会计事项发生后,要将增减内容记录在相应的栏内。在一定期间记录到账户增加方的数额合计,称为本期增加发生额;记录到账户减少方的数额合计,称为本期减少发生额合计,在正常情况下,账户四个数额之间的关系如下:

账户期末余额 = 账户期初余额 + 本期增加发生额合计 - 本期减少发生额合计

账户本期的期末余额转入下期,即为下期的期初余额。每个账户的本期发生额反映的是该类经济内容在本期内变动的情况,而期末余额则反映该账户变动的结果。将上述账户中有关数字记录到“丁”字账中,其表现形式如图3.1所示。

左方　　银行存款　　右方

期初余额	20 000	本期减少额	25 000
本期增加额	10 000		
本期发生额合计	10 000	本期发生额合计	25 000
期末余额	5 000		

图3.1　“丁”字账户

根据上述账户记录，可知该企业期初在银行的存款为20 000元，本期增加存款10 000元，本期减少存款25 000元，期末，企业还有5 000元银行存款。

练习题

一、简答题

1. 会计科目和账户的概念是什么？二者有什么区别和联系？
2. 会计科目分成几个等级？有何区别与联系？
3. 如何理解会计科目表？

二、熟悉账户结构中各项数字之间的关系

账户名称	期初余额	本期增加发生额	本期减少发生额	期末余额
固定资产	860 000	3 570 000	2 080 000	
库存商品	1 600 000		992 000	3 840 000
应付账款		920 000	540 000	600 000
长期借款	3 480 000	1 000 000		2 560 000

要求：根据上列表格中的有关数据，计算各账户的未知数据。

第四章　复式记账原理

第一节　记账方法概述

所谓的记账方法就是根据企业所发生的经济业务或会计事项，采用特定的记账符号，运用一定的记账原理（程序和方法），在账簿中进行登记的方法。记账方法按记录方式不同，可分为单式记账法和复式记账法。

一、单式记账法

单式记账，是指对发生的每一项交易或事项只在一个账户中进行记录的方法。这种记账法主要是在古代会计发展时期所采用的记账方法。

采用单式记账法时，通常只记录银行存款、库存现金的收付业务，以及应收、应付款的结算。例如，用银行存款购买材料，仅在银行存款账户上记录存款减少，而对购买的材料不做记录；同样，销售产品收到现金，也只是记录现金的增加，而不记录因何原因增加。这种记账方法不能反映经济业务的全部，不能全面、系统地反映经济业务的来龙去脉。由于每笔经济业务都只在一个账户中记录，使各账户之间没有直接的联系，没有相互的平衡关系，所设置的账户不能构成一个完整的体系，不便于检查账户记录的真实性、合法性和正确性。

由于单式记账法是一种不太严密、不够科学的记账方法，目前，有些企业单位除了作为登记备查账之外，已不再采用。

二、复式记账法

复式记账是指对发生的每一项经济业务或事项，都必须以相等的金额在两个或两个以上相互联系的账户中进行登记的一种专门的记账方法。

例如：用银行存款 2 000 元购买原材料，已验收入库。这笔经济业务在登记账户时，不仅登记“银行存款”减少 2 000 元，同时还要记录“原材料”增加 2 000 元；同样，销售产品取得现金收入 5 000 元，既要在“库存现金”账户登记增加 5 000 元，还要在“主营业务收入”账户记录增加 5 000 元。

从上例我们可以看到，与单式记账法相比，复式记账法有如下两个特点：第一，由于对每一项经济业务都要在相互联系的两个或两个以上的账户中进行记录，因而根据账户记录的结果,不仅可以了解每一项经济业务的来龙去脉,而且可以通过会计要素的增减变动,全面、系统地反映经济活动的过程和结果;第二,由于复式记账对每一项经济业务都以相等的金额在相互联系的账户中进行同时登记,记录的结果必然是平衡的,这种平衡关系可以检查账户记录是否正确,由此可见复式记账法具有科学性和合理性。所以,复式记账法作为科学的记账方法一直被广泛地运用。目前,我国的企业和行政、事业单位所采用的记账方法,都属于复式记账法。

由于运用复式记账法处理经济业务,必然引起两个或两个以上的资金项目发生增减变动,而且这种增减变动的金额是相等的,在会计上我们称这种等量关系为会计平衡关系。会计平衡关系是复式记账的理论基础。

第二节 借贷记账法

复式记账法根据记账符号、记账规则等不同,又可分为借贷记账法、增减记账法和收付记账法。其中,借贷记账法是世界各国普遍采用的一种记账方法,在我国也是应用最广泛的一种记账方法,我国颁布的《企业会计准则》规定,中国境内的所有企业都应该采用借贷记账法记账。采用借贷记账法在相关账户中记录各项经济业务,可以清晰地表明经济业务的来龙去脉,同时也便于试算平衡和检查账户记录的正确性。本书中,我们将详细阐述借贷记账法。

借贷记账法,是以"借"和"贷"为记账符号,以"有借必有贷,借贷必相等"为记账规则的一种复式记账方法。

一、"借贷记账法"的产生

据目前发现的史料来看,借贷记账法大致产生于12~13世纪的意大利。随着地中海航线的开辟,意大利北部的港口城市威尼斯、热那亚和佛罗伦萨海陆交通比较发达,这里逐渐成为东西方贸易的中转站,商业、手工业、金融业迅速得到发展,沿海城市很快形成一些国际、国内贸易中心。由于商品交换比较频繁,当时作为支付手段的金属货币,结算手段较为落后,商人外出携带大量金属货币极为不便,因而,这些城市出现了从事借贷业务和兑换各种不同货币的"银栈"行业,即银行的前身。当他们借出钱时,用"借"表示,即为债权;当接受贷款(或保管)业务时,用"贷"表示,即为债务。

值得一提的是,当时的"银栈"已经能够为商人办理转账结算。他们为各个有资金往来业务的客户,开设"往来"账户,每个账户有两个记账部位,一个部位记录"我应当给他的"即为"债务";另一个部位记录"他应该给我的"即为"债权",这两个部位相当于现在的"借方"和"贷方"。如果两个客户之间需要转账业务,"银栈"可直接在记录中划转。"银栈"在当时从事的业务中最初是用人的名字来记录的,具有借、贷本义,虽然这种记账方法有了复式记账的雏形,但账簿的记载仍以文字叙述为主,并没有形成以数字平衡为基础的账户结构。而且,复式记账的使用基本只限于债权、债务的结算。这种复式记账方法,于1211年首先出现在佛罗伦萨,因此会计学者称之为"佛罗伦萨式记账法"。

后来，随着社会经济的发展，经济活动内容日益复杂，记录的经济业务更加繁多，意大利的热那亚出现了一种更为进步的复式记账法，记账的对象已从债权、债务扩大到商品、现金，并扩展到其他财产物资的经营业务，这时的账户格式已经分为左右两方，分别表示借方和贷方。账户的记录也从文字叙述为主改为以数字平衡为主，每个账户都要结出余额，并把借方或贷方列在相反的方向，求得账户两方在数字上的平衡，这时的借、贷本义已经失去，剩下的只是单纯的“借”“贷”记账符号而已。这种记账方法以在 1340 年使用过的账簿为代表，因此也就称它为“热那亚式”簿记。现在，“借”“贷”已被称为会计学中的专门术语，而且“借”“贷”只是一种记账符号。

“热那亚式”虽比“佛罗伦萨式”有了显著进步，但账户还不能计算损益和反映企业资本，因此全部账户的数字平衡还无法完全做到。到了 15 世纪，意大利的水上城市“威尼斯”开始出现了更为完备的账户设置，既增设了计算损益和反映企业资本的账户，而且还进行了全部账户余额的试算平衡。1494 年，卢卡·巴其阿勒著书，详细介绍了这种记账方法，并从理论上作了全面论述。“借贷记账法”从此基本定型。至今几百年，世界各国对会计理论和会计方法的研究虽有不少重大进展，但“借贷记账法”的基本原理，却仍旧沿用，没有突破。

二、借贷记账法的账户结构

在借贷记账法中，账户的基本结构是：左边为借方，右边为贷方。但哪一方登记增加，哪一方登记减少，则可以从会计恒等式“资产＝负债＋所有者权益”的各项目来进行账户的具体分析。

1. 资产类账户

由于借贷记账法“借”在左方，“贷”在右方，因此，可确定会计要素平衡等式的左边为借方，记录资产项目的增加；右边为贷方，记录资产项目的减少。其“丁”字账形式如下：

借方　　　　资产类账户　　　　贷方

期初余额 本期增加发生额	本期减少发生额
本期增加发生额合计 期末余额	本期减少发生额合计

该账户的发生额和余额之间的关系表示为

资产类账户期末余额＝借方期初余额＋本期借方发生额合计－本期贷方发生额合计

成本、费用类账户与资产类账户的核算性质基本相同，但有些费用类账户期末一般没有余额。

2. 负债及所有者权益类账户

由于负债及所有者权益，与资产分别处于等式的两边，为了保持会计等式的平衡，账户的贷方记录负债、所有者权益的增加数，借方记录负债、所有者权益的减少数，余额在贷方。其“丁”字账形式如下：

借方	负债(所有者权益)类账户　　　　贷方
	期初余额
本期减少发生额	本期增加发生额
本期减少发生额合计	本期增加发生额合计
	期末余额

以上可以看到,负债和所有者权益类账户的发生额和余额之间的关系可以表示为

负债及所有者权益类账户期末余额 = 贷方期初余额 + 本期贷方发生额 - 本期借方发生额

值得注意的是,收入类账户的核算虽然与负债类账户性质相同,但收入类账户月末没有余额。另外,“利润分配”账户在某些情况下,核算比较特殊。

综上所述,各类账户的结构总结表如表4.1所示。

表4.1　各类账户结构示意表

账户类别	借方记录	贷方记录	余额方向
资产类账户	增加数	减少数	借方
成本类账户	增加数	减少数	借方
费用类账户	增加数	减少数	借方
负债类账户	减少数	增加数	贷方
所有者权益类账户	减少数	增加数	贷方
收入类账户	减少数	增加数	月末一般没有余额

一个账户的记录往往可以提供期初余额、借方本期发生额、贷方本期发生额和期末余额四项指标,本期发生额是指账户的借方或贷方在一定时期内登记的金额合计,账户的期末余额基本与其本期发生额增加数在相同方向。

值得注意的是,由于会计要素之间特别是属于资产的债权与属于负债的债务之间有时会互相转化,所以,企业为了核算工作方便有时还设置双重性质的账户,因此,对以上账户结构的理解和运用不宜绝对化,应当根据具体情况灵活运用。

三、借贷记账法的记账规则

记账规则是进行会计记录和检查账簿登记是否正确的依据和规律。不同的记账方法,具有不同的记账规则。借贷记账法的记账规则可以概括为:“有借必有贷,借贷必相等”。这一记账规则要求对每项经济业务都要以相等的金额、相反的方向、登记在两个或两个以上的账户中。

对于记账规则的运用,应当从三个方面来考虑:(1)发生的经济业务涉及哪个账户;(2)确定经济业务的增加额或减少额;(3)应该记录到该账户的借方还是贷方。下面我们通过北方公司9月份发生的有关经济业务实例,来说明记账规则的具体运用情况。

【例4.1】企业购买原材料20 000元,材料已验收入库并按实际成本入账,货款尚未

支付。

分析:购买的原材料已经验收入库,并按实际成本记账,应该记入“原材料”账户。而“原材料”账户是资产类账户,增加数记入借方;货款未付应该记入“应付账款”账户,该账户是负债类账户,增加数记入贷方,在“丁”字账中表示如下:

借方	原材料	贷方
①　20 000		

借方	应付账款	贷方
		①　20 000

【例4.2】企业从银行提取现金50 000元,以备零星开支。

分析:该项经济业务涉及“银行存款”和“库存现金”两个账户。而“银行存款”和“库存现金”两个账户都是资产类账户,增加数应记入借方,减少数应记入贷方,在“丁”字账中表示如下:

借方	库存现金	贷方
②　50 000		

借方	银行存款	贷方
		②　50 000

【例4.3】用银行存款40 000元归还短期借款。

分析:该项经济业务涉及“银行存款”和“短期借款”两个账户。而“银行存款”账户是资产类账户,增加数记入借方,减少数记入贷方;“短期借款”账户属于负债类账户,减少数应记入借方。在“丁”字账中表示如下:

借方	银行存款	贷方
		③　40 000

短期借款

借方	贷方
③ 40 000	

【例 4.4】收到销售产品的收入 60 000 元,款项已存入银行。

分析:该项经济业务涉及“银行存款”和“主营业务收入”两个账户。而“银行存款”账户是资产类账户,增加数应记入借方;“主营业务收入”账户的核算和负债类账户相同,增加数应记入贷方。在“丁”字账中表示如下:

银行存款

借方	贷方
④ 60 000	

主营业务收入

借方	贷方
	④ 60 000

【例 4.5】经批准,将盈余公积 100 000 元转为实收资本。

分析:该项经济业务涉及“盈余公积”和“实收资本”两个账户。而“盈余公积”和“实收资本”两个账户都是所有者权益类账户,增加数应记贷方,减少数应记借方。在“丁”字账中表示如下:

盈余公积

借方	贷方
⑤ 100 000	

实收资本

借方	贷方
	⑤ 100 000

【例 4.6】企业购入一台不需安装的机器设备,价值 90 000 元,已交付生产车间使用,设备款银行已转账支付。(不考虑税费)

分析:该项经济业务涉及“银行存款”和“固定资产”两个账户。而“银行存款”和“固定资产”两个账户都是资产类账户,增加数应记入借方,减少数应记入贷方,在“丁”字账中表示如下:

借方	固定资产	贷方
⑥　90 000		

借方	银行存款	贷方
		⑥　90 000

通过上述六笔经济业务可以看出，无论经济业务怎样发生，至少要在两个相关的账户中进行登记，即以相等的金额记入一个账户的借方和另一个账户的贷方，这就是借贷记账法“有借必有贷、借贷必相等”的记账规则。

在实际工作中，有些经济业务比较复杂，往往会涉及一个账户的借方与两个以上账户的贷方，或者一个账户的贷方与两个以上账户的借方相对应，即“一借多贷”或“一贷多借”。现举例说明如下。

【例4.7】企业购买办公用品10 000 元，用现金支付2 000 元，其余暂欠。

分析：该项经济业务涉及“库存现金”“管理费用”和“应付账款”三个账户。而“库存现金”账户是资产类账户，“管理费用”账户虽然是费用类账户，但其核算性质与资产类相同，增加数记入借方，减少数记入贷方；而“应付账款”是负债类账户，增加数记入贷方，减少数记入借方。在“丁”字账中表示如下：

借方	管理费用	贷方
⑦　10 000		

借方	库存现金	贷方
		⑦　2 000

借方	应付账款	贷方
		⑦　8 000

【例4.8】企业收到其他单位投资的材料，价值500 000 元，已验收入库；投资的机器设备1 000 000 元，已交付使用。

分析：该项经济业务涉及“原材料”“固定资产”和“实收资本”三个账户。而“原材料”和“固定资产”两个账户都是资产类账户，增加数记入借方，减少数记入贷方；而“实收资本”虽然是所有者权益类账户，但其核算性质和负债类账户相同，增加数记入贷方，减少数记入借方。在“丁”字账中表示如下：

借方	原材料	贷方
⑧ 500 000		

借方	固定资产	贷方
⑧ 1 000 000		

借方	实收资本	贷方
		⑧ 1 500 000

总之，运用借贷记账法时，对于任何复杂的经济业务，都必须遵循“有借必有贷、借贷必相等”的记账规则。

四、账户的对应关系与会计分录

（一）账户的对应关系

所谓的账户对应关系是指在运用借贷记账法时对每一项经济业务都要在两个或两个以上账户中进行登记，登记的账户之间会形成应借、应贷的关系，这种相互关系称为账户的对应关系，存在对应关系的账户称为对应账户。

比如：【例 4.1】中，企业购买原材料 20 000 元，材料已验收入库并按实际成本入账，货款尚未支付。

记入的是“原材料”账户的借方和“应付账款”账户的贷方，这时的“原材料”账户和“应付账款”账户发生了应借、应贷的关系叫对应关系，这两个账户叫对应账户。

认识账户的对应关系，具有十分重要的意义。通过账户对应关系，可以了解交易事项的内容，弄清会计要素具体项目增减变化的来龙去脉，也可以检查交易或者事项的合理性、合法性，以及账户记录的正确性。

（二）会计分录

为了保证账户记录的正确性和账户对应关系的清晰明了，了解和记录资金运动的来龙去脉，防止记账差错，在每项经济业务登入账户之前要先在记账凭证中编制会计分录

（简称分录）。所谓会计分录是指对每项经济业务，按照复式记账的要求，分别列示其应借、应贷的账户名称及其金额的一种记录。

现将前面例 1 ~ 8 笔经济业务，编制会计分录如下：

1. 借：原材料　20 000
　　贷：应付账款　20 000
2. 借：库存现金　50 000
　　贷：银行存款　50 000
3. 借：短期借款　40 000
　　贷：银行存款　40 000
4. 借：银行存款　60 000
　　贷：主营业务收入　60 000
5. 借：盈余公积　100 000
　　贷：实收资本　100 000
6. 借：固定资产　90 000
　　贷：银行存款　90 000
7. 借：管理费用　10 000
　　贷：库存现金　2 000
　　　　应付账款　8 000
8. 借：原材料　500 000
　　　　固定资产　1 000 000
　　贷：实收资本　1 500 000

从上述实例我们可以看到，会计分录有两种类型：一种是两个对应账户所组成的会计分录，即"一借一贷"，这种分录称为简单分录；另一种会计分录是一个账户与两个或两个以上对应账户所组成的会计分录，即"一借多贷"，或"一贷多借"，这种会计分录称为复合分录。

应当指出的是，一般情况下，会计上不允许编制"多借多贷"的会计分录，但如果在实际工作中，有些个别的、复杂的交易或事项涉及"多借多贷"的账户时，为了全面反映该项交易或事项，可以编制"多借多贷"的会计分录，以尽可能地保持账户对应关系的清晰明了。但是，在"会计学基础"课程的学习中，由于理论簿弱，涉及的经济业务也比较简单，不提倡编制"多借多贷"的会计分录。

五、借贷记账法的试算平衡

所谓试算平衡，就是根据会计要素的平衡关系（会计等式）和复式记账原理，按着借贷记账法的记账规则要求，通过汇总计算和比较，以检查账户记录的正确性和完整性。在借贷记账法下，试算平衡的方法有两种，即：发生额平衡和余额平衡。

1. 发生额试算平衡法

发生额试算平衡法是指利用全部账户的借贷双方发生额的平衡关系来检查账户记录是否正确的一种方法。

全部账户的本期借方发生额合计数 = 全部账户的本期贷方发生额合计数

2. 余额试算平衡法

余额试算平衡法是指利用全部账户借方期末(或期初)余额和全部账户贷方期末(或期初)余额的平衡关系来检查账户记录是否正确的一种方法。

全部账户的期末(或期初)借方余额合计数 = 全部账户的期末(或期初)贷方余额合计数

如果上述两个公式都能保持平衡,则说明记账工作基本是正确的,否则就说明记账工作发生了差错。在实际工作中,试算平衡一般是通过编制试算平衡表来进行的。

试算平衡表分为两种,一种是将本期发生额和期末余额分别编制列表;另一种是将本期发生额和期末余额合并编制在一张表上进行试算平衡,后者比较常用。

通过试算平衡表来检查账簿记录是否正确,一般情况下是可行的,但这并不意味着两个等式平衡就说明账簿记录是绝对正确的。从某种意义上讲,如果借贷不平衡,可以肯定账户记录或者计算有错误,但是如果借贷平衡,我们也不能完全肯定账户记录没有错误,因为有些错误根本不影响借贷双方的平衡关系。比如:漏记、重记、记账方向颠倒和用错会计科目的情况,均不能通过试算平衡被发现。

下面通过实例编制试算平衡表。

【例4.9】如果北方公司9月份有关账户期初余额如表4.2。

表4.2 9月份期初余额表 单位:元

资产账户	借方余额	负债和所有者权益账户	贷方余额
库存现金	1 000	短期借款	180 000
银行存款	240 000	应付账款	21 000
原材料	220 000	实收资本	200 000
		资本公积	60 000
合计	461 000	合计	461 000

根据本章前面例1~8发生经济业务的会计分录编制试算平衡表如表4.3。

表4.3 试算平衡表 单位:元

账户名称	期初余额		本期发生额		期末余额	
	借方	贷方	借方	贷方	借方	贷方
库存现金	1 000		②50 000	⑦2 000	49 000	
银行存款	240 000		④60 000	②50 000 ③40 000 ⑥90 000	120 000	

续表 4.3

账户名称	期初余额		本期发生额		期末余额	
	借方	贷方	借方	贷方	借方	贷方
原材料	220 000		①20 000 ⑧500 000		740 000	
固定资产			⑥90 000 ⑧1 000 000		1 090 000	
管理费用			⑦10 000		10 000	
短期借款		180 000	③40 000			140 000
应付账款		21 000		①20 000 ⑦8 000		49 000
实收资本		200 000		⑤100 000 ⑧1 500 000		1 800 000
资本公积		60 000				60 000
盈余公积			⑤100 000		100 000	
主营业务收入				④60 000		60 000
合计	461 000	461 000	1 870 000	1 870 000	2 109 000	2 109 000

编制试算平衡表虽然在一定程度上能够检查账簿记录,但为了保证账簿的正确性,除了试算平衡外,还应采用其他专门方法对会计记录进行日常或定期的复核。

第三节　总分类账户和明细分类账户的关系

一、总分类账户和明细分类账户的设置

账户是根据会计科目开设的。会计科目有总分类科目和明细分类科目,账户也有总分类账户和明细分类账户，既提供总括的核算指标,又提供详细的核算指标。比如,“原材料”账户是一个总分类性质的账户,但它只能提供总括反映企业单位所有原材料的增减变化及其结果,至于“A 材料”还是“B 材料”的增减变化情况和结果并不能详细地反映。因此,为了详细了解各种材料的收入、发出、结存情况,就有必要在“原材料”总分类账户下,按照材料的品种分别设置明细分类账户。在总分类账“原材料”账户下面,还要按照每一材料品种分别设置明细分类账户,以便更加详细、具体地反映每种材料的增减变化及其结果。又如,“应付账款”账户是一个总括反映企业全部应支付购货款项结算情况的总分类账户,它不能详细反映企业与每一供货商的货款结算情况。为了详细、具体地反映企业“应付账款”的结算情况,还必须按照每一供货商设置“应付账款”的明细分类账户,以便详细、具体地反映企业对各个供货单位的货款结算情况。

二、总分类账户和明细分类账户的平行登记

我们知道,总分类账户和所属明细分类账户的核算内容是相同的,只是反映资金增减变化的详细程度有所不同。总分类账户是明细分类账户的总括反映,具有统驭作用;明细分类账户是总分类账户的补充说明。

由于总分类账户和所属明细分类账户的核算内容相同,因此在登记账户时应该采用平行登记的方法(不需要设置明细分类账户的除外)。也就是说,对于每一项经济业务,一方面要在总分类账户中进行总括登记,另一方面还要在所属明细分类账户中进行详细具体的登记。在借贷记账法下,总分类账户与明细分类账户之间的平行登记,可以概括地归纳如下:

1. 登记的依据相同

对发生的每一项经济业务,都要以相同的会计凭证为依据,既登记总分类账户,又登记其所属的明细分类账户。

2. 登记的时期相同

对于每一项经济业务,在同一会计期间内,既在登记总分类账户的同时,也必须在其所属的明细分类账户中进行登记。如果一项经济业务涉及某一个总分类账户所属的几个明细分类账户,则应分别记入有关的几个明细分类账户中。

3. 登记的方向相同

对于每一项经济业务,在总分类账户和所属明细分类账户进行登记时,其记账方向(借方或贷方)必须相同。

4. 登记的金额相等

对于每一项经济业务,记入总分类账户中的金额必须与记入所属明细分类账户中的金额或金额之和相等。

平行登记的结果,使总分类账户借方(或贷方)的本期发生额同其所属各有关明细分类账户借方(或贷方)的本期发生额的合计相等,同时也使总分类账户期初(或期末)余额同其所属明细分类账户期初(或期末)余额之和相等。通过总分类账户和明细分类账户的平行登记,可以对其双方所提供的数据资料进行相互核对和验证,以保证核算资料的完整性和正确性。

下面举例说明总分类账户与明细分类账户平行登记的具体运用。

【例 4.10】下例是以"原材料"和"应付账款"两个总分类账户为例,具体说明总分类账户和明细分类账户平行登记的方法。

资料:

(1)大连企业 2012 年 5 月 1 日"原材料"总账账户余额为 54 000 元,"应付账款"总账账户余额为 30 000 元。有关账户的明细资料如下。

"原材料"账户:

甲材料: 6 000 千克,单价 4 元,共计 24 000 元

乙材料: 6 000 千克,单价 5 元,共计 30 000 元

合计: 54 000 元

"应付账款"账户:

红大工厂:18 000 元

星宇工厂:12 000 元

合计:30 000 元

(2)该企业五月份发生下列经济业务。

①5 月 8 日,企业购入甲、乙两种材料 93 000 元,货款尚未支付。

其中:向红大工厂购进甲材料 12 000 千克,单价 4 元,共计 48 000 元;向星宇工厂购进乙材料 9 000 千克,单价 5 元,共计 45 000 元。总合计 93 000 元。

②5 月 15 日,企业发出材料 51 000 元,用于产品生产。

其中:发出甲材料 9 000 千克,单价 4 元,共计 36 000 元;发出乙材料 3 000 千克,单价 5 元,共计 15 000 元。总计 51 000 元。

③5 月 22 日,企业以银行存款偿还前欠货款 36 000 元。

其中:归还红大工厂 24 000 元;归还星宇工厂 12 000 元。总合计 36 000 元。

1. 根据上述资料编制会计分录

①借:原材料——甲材料　　48 000
　　　　　——乙材料　　45 000
　　贷:应付账款——红大工厂　　48 000
　　　　　　　——星宇工厂　　45 000

②借:生产成本　　51 000
　　贷:原材料——甲材料　　36 000
　　　　　　——乙材料　　15 000

③借:应付账款——红大工厂　　24 000
　　　　　　——星宇工厂　　12 000
　　贷:银行存款　　36 000

2. 登记"原材料""应付账款"总分类账户和其所属明细分类账户,并结算出本期发生额和期末余额,见表 4.4 ~4.9。

表 4.4　"原材料"总分类账

2012 年		凭证号数	摘要	借方	贷方	借或贷	余额
月	日						
5	1		期初余额			借	54 000
5	8	略	购入材料	93 000		借	147 000
5	15	略	生产领用材料		51 000	借	96 000
5	31		本期发生额及期末余额	93 000	51 000	借	96 000

表 4.5 “原材料——甲材料”明细分类账

2012 年		凭证号数	摘要	收入			发出			余额		
月	日			数量	单价	金额	数量	单价	金额	数量	单价	金额
5	1		期初余额							6 000	4.00	24 000
5	8	略	购入材料	12 000	4.00	48 000				18 000	4.00	72 000
5	15	略	生产领用材料				9 000	4.00	36 000	9 000	4.00	36 000
5	31		本期发生额及余额	12 000	4.00	48 000	9 000	4.00	36 000	9 000	4.00	36 000

表 4.6 “原材料——乙材料”明细分类账

2012 年		凭证号数	摘要	收入			发出			余额		
月	日			数量	单价	金额	数量	单价	金额	数量	单价	金额
5	1		期初余额							6 000	5.0	30 000
5	8	略	购入材料	9 000	5.0	45 000				15 000	5.0	75 000
5	15	略	生产领用材料				3 000	5.0	15 000	12 000	5.0	60 000
5	31		本期发生额及余额	9 000	5.0	45 000	3 000	5.0	15 000	12 000	5.0	60 000

表 4.7 “应付账款”总分类账

2012 年		凭证号数	摘要	借方	贷方	借或贷	余额
月	日						
5	1		期初余额			贷	30 000
5	8	略	购货欠款		93 000	贷	123 000
5	22	略	偿还货款	36 000		贷	87 000
5	31		本期发生额及期末余额	36 000	93 000	贷	87 000

表 4.8 “应付账款——红大工厂”明细分类账

2012 年		凭证号数	摘要	借方	贷方	借或贷	余额
月	日						
5	1		期初余额			贷	18 000
5	8	略	购货欠款		48 000	贷	66 000
5	22	略	偿还货款	24 000		贷	42 000
5	31		本期发生额及期末余额	24 000	48 000	贷	42 000

表 4.9　"应付账款——星宇工厂"明细分类账

2012 年		凭证号数	摘要	借方	贷方	借或贷	余额
月	日						
5	1		期初余额			贷	12 000
5	8	略	购货欠款		45 000	贷	57 000
5	22	略	偿还货款	12 000		贷	45 000
5	31		本期发生额及期末余额	12 000	45 000	贷	45 000

练 习 题

一、简答题

1. 经济业务的发生对会计恒等式有什么影响？

2. 什么是复式记账法和单式记账法？与单式记账法相比为什么说复式记账法是一种科学的记账方法？

3. 什么是会计恒等式？它是根据什么理论成立的？

4. 借贷记账法是如何产生的？

5. 什么是借贷记账法？借贷记账法的主要特点有哪些？

6. 在借贷记账法中，会计六要素的核算有何不同？

7. 为什么在借贷记账法中可以设置双重性质的账户？如何根据账户的余额判定账户的性质？

8. 为什么在借贷记账法中会形成"有借必有贷，借贷必相等"的记账规律？

9. 借贷记账法的试算平衡关系包括哪几个方面？

10. 什么是会计分录？会计分录可分为哪两种？

11. 设置总分类账户和明细分类账户的意义如何？

12. 总分类账户与明细分类账户的关系如何？简述总分类账户与明细分类账户平行登记的要点。

13. 什么是账户的对应关系？什么是对应账户？

二、资料题

资料(一)某企业 6 月 1 日有关账户余额如下：

固定资产	360 000 元	实收资本	330 000 元
原材料	106 000 元	短期借款	112 000 元
生产成本	142 000 元	应交税费	88 000 元
库存现金	1 000 元	应付账款	133 600 元
应收账款	12 000 元	银行存款	38 600 元
其他应收款	4 000 元		

资料(二)该企业6月份发生下列经济业务：

1. 国家投资修建厂房一栋,总造价为400 000元,已投入使用。
2. 从银行取得短期借款100 000元,存入银行。
3. 用现金购买办公用品100元。
4. 购入材料60 000元,材料已验收入库,料款未付。
5. 用银行存款20 000元,归还银行短期借款。
6. 开出转账支票一张,偿还上月所欠购货款48 000元。
7. 接到银行通知,上月销货款10 000元已入账。
8. 开出现金支票,从银行提取现金1 000元备用。
9. 采购员李某借差旅费1 200元,以现金付讫。
10. 向银行借入短期借款4 500元,以存入银行。
11. 用银行存款交纳税金50 000元。
12. 生产产品领用材料86 000元。
13. 将现金200元送存银行。

要求:根据上述资料

1. 开设有关的"丁"字账户,并登记期初余额;
2. 编制会计分录;
3. 根据会计分录登记各个账户,并结算每个账户的本期发生额和期末余额;
4. 编制试算平衡表。

三、练习借贷记账法和试算平衡表

资料(一)假设恒大工厂2012年6月各资产、负债及所有者权益账户的期初余额如下。

账户名称	借方金额	账户名称	贷方金额
库存现金	1 500	短期借款	93 000
银行存款	652 500	应付账款	127 000
应收账款	165 000	实收资本	2 475 000
生产成本	60 000	累计折旧	800 000
原材料	180 000		
库存商品	36 000		
固定资产	2 400 000		
合计	3 495 000	合计	3 495 000

资料(二)

1. 以银行存款购入新设备,计价240 000元。
2. 收到其他单位投入资本600 000元,存入银行。
3. 为生产产品从仓库领用材料80 000元,全部投入生产。
4. 收到购货单位前欠货款12 000元,存入银行
5. 从银行提取现金5 2000元。
6. 收到购货单位前欠货款40 000元,其中收到转账支票36 000元存入银行,另4 000元收到现金。
7. 以银行存款40 000元,归还短期借款30 000元,归还应付单位货款10 000元。

8. 向银行取得短期借款 60 000 元,直接偿还前欠某单位材料款。

9. 公司管理部门从仓库领用维修材料 4 000 元。

10. 用银行存款偿还应付供货单位材料款 32 000 元。

要求:

1. 根据资料(二)编制会计分录。

2. 根据资料(一)开设各账户并登记期初余额,根据会计分录登记本期发生额,并结出期末余额。

3. 编制总分类账户本期发生额及余额试算平衡表。

四、练习总分类账户与明细分类账户的平行登记

某企业本月发生下列各项经济业务。

1. 用银行存款偿还供应单位货款 103 500 元。其中,东风工厂 80 000 元,兴盛工厂 1 000元,信誉工厂 10 000 元,佳华工厂 35 000 元。

2. 向东风工厂购进甲材料 6 吨,单价 4 000 元,计 24 000 元,货款以银行存款支付,原材料已验收入库。

3. 向信誉工厂购进丙材料 50 件,单价 50 元,计 2 500 元,贷款尚未支付。

要求:

1. 根据上述资料编制会计分录。

2. 开设"原材料"及"应付账款"总分类账户和明细分类账户,并登记各总分类账户和明细分类账户,结出每一账户的本期发生额和期末余额。

第五章　制造企业主要经济业务核算

第一节　制造企业主要经济业务核算的内容

在第四章已对复式记账及借贷记账法的基本原理、基本方法进行了较为系统的阐述。本章将以制造企业生产经营过程中发生的主要经济业务的账务处理为例，系统说明在制造企业中如何利用借贷记账法进行日常的会计业务核算。

制造企业是根据市场需要生产产品，实行独立核算的经济组织。其生产经营过程是从筹集资金开始，围绕着供应过程、生产过程和销售过程进行的，并且三个过程是不断循环和周而复始地进行着。

1. 供应过程

企业进行产品生产需要有劳动对象，即各种材料。企业用货币资金购买各种材料，支付购入材料的货款和采购费用，为生产建立储备，形成存货，使货币资金转化为储备资金。随着生产的不断进行，材料也投入车间进行加工形成产成品，所以供应过程的核算，主要是材料的采购、收发及结存业务的核算。

2. 生产过程

生产工人借助于劳动资料对劳动对象进行加工，生产出产品。在这一过程中，从实物形态看，把材料通过加工变成产品；从价值形态看，发生了各种各样的耗费，形成生产费用。具体来说，发生了原材料费用、劳动者的工资和福利费用、厂房和机器设备等固定资产折旧费用。所以生产过程的核算实质是各种生产费用发生、归集和分配的过程。从资金形态上，随着实物的变化，逐渐由储备资金转化为生产资金，继而转化为成品资金。

3. 销售过程

企业将生产的产品对外销售，实现产品的价值，同时收回货款。为保证销售的顺利进行，还要支付广告费、展览费、销售人员和销售机构等发生的系列费用。通过这一过程，企业的成品资金又转化为货币资金，回到资金运动的起点状态，完成了一次循环。

制造企业在生产经营过程中，用获得的全部收入，抵偿它的全部支出以后，就是企业获得的利润。企业的利润，一部分要以所得税的形式向国家缴纳，纳税后的净利润，按照国家有关规定在国家、企业和个人之间进行分配。

因此，制造企业为了全面反映和监督材料采购、产品生产、产品销售和经营成果及其分配的各项经济业务，就必须根据各种业务的具体内容，分别设置相应账户进行核算，及时向有关部门提供所需的会计资料,促进企业降低成本和各项费用,不断提高生产经营管理水平,为国家提供更多的财政收入。

制造企业在生产经营过程中发生的主要经济业务包括:(1)资金筹集业务;(2)供应过程业务;(3)生产过程业务;(4)产品销售过程业务;(5)利润的形成与分配业务等。

第二节　资金筹集业务核算

一、资金筹集业务概述

企业开展生产经营活动需要资金支持,筹集资金的主要方式有筹集权益性资金和债务性资金,具体方式分别是吸收投资者投入资本和借入资金。吸收投资者投入资本是企业创立的一个基本条件,是企业生产经营和发展的基础,也是所有者权益的基本组成部分;为了补充资金不足,企业还需要向银行等金融机构借入资金或者以发行股票和债券等方式募集资金。

(一)投入资本

1. 投入资本的形式

(1)向企业投入的资本,按照投资主体的不同,可以分为国家投入资本,即:接受国家投资而形成的资本;法人投入资本,即:接受其他企业单位的投资而形成的资本;个人投入资本,即:接受个人包括企业内部职工的投资而形成的资本;外商投入资本,即:接受国外及港、澳、台的投资而形成的资本。

(2)企业按照投入资本物质形态的不同,可以分为货币资金投资、实物资产投资、证券(股票、债券等有价证券)投资和无形资产(专利权、商标权、土地使用权等)投资等。

2. 投入资本的特点

(1)不可返还。投资者将资本投入企业,企业注册成立后,除非企业破产清算,一般不得中途抽回,企业对投入资本依法享有经营权。

(2)无负担性。企业吸收投资者投入的资本不需要返还,但是,投资者依照法律享有资产收益,即:利润(或股利)分配;参与企业重大生产经营决策和选择经营者的权利;企业破产时,投资者对于企业资产的要求权,必须排在债权人之后,属于剩余的所有者权益。

投资人投入的资本是企业所有者权益的重要组成部分,企业的所有者权益包括投入资本和留存收益两大部分。投入资本包括实收资本和资本公积,其分别表示所有者直接投入企业的资本和资本溢价等。留存收益包括盈余公积和未分配利润,是企业在生产经营过程中所实现的利润留存于企业的那一部分。

3. 投入资本的主要内容

(1)实收资本,是指投资者按照企业章程或合同、协议约定,实际投入到企业的资本。我国采用注册资本制,注册资本是企业在工商行政管理部门登记的投资者缴纳的出资额,投资者出资额达到法定注册资本的要求是企业设立的先决条件,而且根据注册资本制的要求，企业会计核算中的实收资本即为法定资本，应当与注册资本相一致，企业不得擅自改变注册资本数额或抽逃注册资本金。投入资本是投资者作为资本实际投入到企业的资金数额，一般情况下，投资者的投入资本即构成企业的实收资本，应该等于注册资本。但是，在特殊情况下，投资者也会由于种种原因超额投入（如资本增值或溢价发行股票等），从而使其投入资本超过其在企业注册资本中所占份额的数额，在这种情况下，企业进行会计核算时，应将投入资本超出注册资本的那部分数额单独进行核算，计入"资本公积"账户。

（2）资本公积，是投资者或他人投入到企业，所有权归属于投资者并且投资金额超过法定资本部分的资本或资产。资本公积从本质上属于投入资本范畴，与留存收益有根本区别，因为后者是由企业实现的利润转化而来。虽然同属于投入资本范畴，但资本公积与实收资本又有所不同。实收资本一般是投资者投入的、为谋求价值增值的原始投资，属于法定资本，与企业的注册资本一致。而资本公积既可以来源于投资者的额外投入，也可以来源于企业中某项资产的公允价值变动等。资本公积包括企业收到的投资者出资额超出其在注册资本中所占份额以及直接计入所有者权益的利得和损失等，包括资（股）本溢价及其他资本公积。资本公积的主要用途是在企业办理增资手续后用于转增资本。

（二）借入资金

借入资金是指企业依法筹集、依法使用并按期偿还的资金，这部分资金有短期借款和长期借款，形成企业的负债。企业在生产经营过程中如果资金不足，不仅可以接受投资人投入资金，还可以向银行和其他金融机构借入资金以保证生产正常进行和扩大再生产的需要，也可以通过发行债券来募集资金，在"会计学基础"部分我们只介绍短期借款的核算，发行债券和长期借款的有关内容将在以后的"财务会计课程"中详细学习。

企业从债权人处筹集到的资金形成企业的负债，负债表示企业的债权人对企业资产的要求权利，即债权人权益。

1. 负债的内容

负债是指企业过去的交易或者事项形成的、预期会导致经济利益流出企业的现时义务。现时义务是指企业在现行条件下已承担的义务，未来发生的交易或者事项形成的义务，不属于现时义务，不应当确认为负债。

负债按其偿还期限的长短可以分为流动负债和长期负债。流动负债是指将在 1 年（含 1 年）或者超过 1 年的一个营业周期内偿还的债务，包括短期借款、应付账款、应交税费、应付职工薪酬等。长期负债是指偿还期在 1 年以上或者超过 1 年的一个营业周期以上的债务，包括长期借款和应付债券等。

2. 负债的特点

（1）负债是由过去的交易或事项形成的；

（2）负债是企业承担的现时义务，有偿还期限；

（3）负债的清偿预期会导致经济利益流出企业；

（4）如果企业破产，债权人具有对债务企业净资产优先的要求权。

二、资金筹集业务核算

(一)投入资本的核算

1. 投入资本核算设置的账户

(1)“实收资本”账户

“实收资本”账户属于所有者权益类账户,用来核算投资者投入企业的资本变化及其结果,贷方登记企业实际收到投资者投入的资本数额,借方一般没有发生额,不进行核算。根据我国有关法律规定,一般不允许企业的投资人或股东在经营期间抽回其投资。为了保护债权人的权益,只有企业解散或减资时,投资人才能抽回投资,反映出该账户的借方发生额。期末余额在贷方,表示企业期末实有的资本数额或股本数额。

当企业收到投资者投入的资金超过其在注册资本中所占份额时,超过部分的资金作为资本溢价或股本溢价,在“资本公积”账户核算,不计入“实收资本”账户。企业收到的所有者投资应按实际投资数额入账,其中以货币资金投资的,应按实际收到的款项作为投资者的投资额入账;以实物资产和无形资产形式投资的,应按投资合同或协议约定的价值作为实际投资额入账。企业在生产经营过程中所取得的收入和收益、发生的费用和损失,不得直接增减“实收资本”数额。该账户应按投资人、投资单位设置明细分类账户,进行明细分类核算。如股份公司应设置“股本”账户。

借方　　　　实收资本	贷方
投资者投入资本的减少数 (解散、减资时有发生额)	投资者投入资本的增加数
	期末余额:投资者投入资本实有数

(2)“资本公积”账户

“资本公积”账户属于所有者权益类账户,核算企业收到投资者出资额超出其在注册资本中所占份额的部分以及直接计入所有者权益的利得(如企业接受捐赠而形成的利得)和损失。该账户的贷方登记企业资本公积的增加数,借方登记按照法律程序用于转增注册资本等而引起的资本公积减少数,期末余额在贷方,反映企业实有的资本公积数额。本账户应按资本公积形成的类别设置明细分类账,进行明细分类核算。

借方　　　　资本公积	贷方
资本公积的减少数	资本公积的增加数
	期末余额:资本公积的实有数

2. 投入资本核算的案例

【例 5.1】大华公司收到国家投入的资本金 1 000 000 元,存入银行。

这项经济业务的发生,一方面使得大华公司的银行存款增加 1 000 000 元,另一方面也使该公司收到的资本金增加 1 000 000 元。其会计分录为

借:银行存款 1 000 000

　贷:实收资本 1 000 000

【例 5.2】大华公司的注册资本金为 3 000 000 元,甲投资者出资 650 000 元,占该公司注册资本的 20%。

这项业务的发生,一方面使大华公司的银行存款增加 650 000 元,另一方面也使实收资本和资本公积分别增加 600 000 元和 50 000 元,其会计分录为:

借:银行存款 650 000

　贷:实收资本 600 000

　　资本公积 50 000

【例 5.3】大华公司接受某公司投入的一台新设备,双方协议价 200 000 万元。其会计分录为:

借:固定资产 200 000

　贷:实收资本 200 000

【例 5.4】大华公司接受某公司投入的一项专利技术,经评估确认价格为 180 000 元,双方商定,其中 150 000 元为注册资本,30 000 元为资本公积。其会计分录为:

借:无形资产 180 000

　贷:实收资本 150 000

　　资本公积 30 000

(二)借入资金的核算

1. 借入资金核算设置的账户

(1)"短期借款"账户

"短期借款"账户属于负债类账户,核算企业向银行或其他金融机构等借入的期限在 1 年或 1 年以内的各种借款,该账户的贷方登记借入的各种短期借款本金,借方登记归还的短期借款本金,期末余额在贷方,表示企业尚未偿还的短期借款本金。本账户应按借款种类、贷款人和币种进行明细分类核算。

借方　　　　短期借款　　　　贷方

借方	贷方
偿还(减少)的短期借款本金数	取得(增加)的短期借款本金数
	期末余额:尚未偿还的短期借款

(2)"财务费用"账户

"财务费用"账户属于损益类账户,核算企业为筹集生产经营资金等发生的各种筹资费用,包括利息支出(减利息收入)、汇兑损失(减汇兑收益)、支付的金融机构手续费以及发生或收到的现金折扣等。其借方登记企业发生的利息支出、汇兑损失、支付的有关金融机构手续费等费用,贷方登记发生的应冲减财务费用的利息收入、汇兑收益、现金折扣等。期末应将本账户的余额转入"本年利润"账户,结转后本账户月末无余额。

借方	财务费用　　　　贷方
①利息支出 ②汇兑损失 ③手续费	①利息收入 ②汇兑收益
	期末将借贷方相抵后的余额转入 “本年利润”账户

(3)“应付利息”账户

“应付利息”账户属于负债类账户,核算企业按照合同约定应支付的利息。包括短期借款、发行债券等应支付的利息。该账户的贷方登记企业按照合同利率计算确定的应付未付利息,借方登记实际支付的利息,期末余额一般在贷方,反映企业应付未付的利息。

借方	应付利息　　　　贷方
实际支付的借款利息	发生的应支付的借款利息
	期末余额:应付未付的借款利息

2. 借入资金核算的案例

【例 5.5】大华公司因生产经营需要,于 2012 年 5 月 1 日向银行取得期限 3 个月的借款 90 000 元,款项已收到并存入银行。

这项经济业务的发生,一方面使大华公司的银行存款增加 90 000 元,另一方面也使该公司的短期借款增加 90 000 元。其会计分录为

借:银行存款　　　　90 000

　贷:短期借款　　　　90 000

【例 5.6】如上例,假如大华公司取得的短期借款年利率为 9%,利息按月计算,到期还本付息。

(1)5 月末计算利息

这项经济业务的发生,首先应按照权责发生制原则要求,计算本月应负担的利息数额,即本月应负担的借款利息为 675(90 000 ×9% ÷12)元。借款利息属于该公司的一项财务费用,该项利息虽然在本月发生,但不在本月实际支付,因而形成该公司的一项负债,这项负债通过“应付利息”账户进行反映,其会计分录为

借:财务费用　　　　675

　贷:应付利息　　　　675

6 月份、7 月份的利息计算和处理方法与 5 月份相同。

(2)8 月 1 日支付借款本金和未付利息

这项经济业务的发生,使得该公司的短期借款本金和应付利息分别减少 90000 元和 2 025 元。其会计分录为

借:短期借款　　　　90 000

　　应付利息　　　　2 025

　贷:银行存款　　　　92 025

【例5.7】大华公司2012年9月1日,从银行取得为期3个月的借款500 000元,年利率为9%,按月计算并支付利息,到期归还本金。

这些经济业务发生,使大华公司增加了"短期借款"500 000元,但同时也增加了"银行存款"500 000元。短期借款利息每月不仅要计算还要归还,其会计分录为:

(1)9月1日,取得借款时

借:银行存款　　　　500 000

　贷:短期借款　　　　500 000

(2)9月末,计算借款利息时

借:财务费用　　　　3 750

　贷:应付利息　　　　3 750

支付利息时

借:应付利息　　　　3 750

　贷:银行存款　　　　3 750

在实际工作中,一方面为了简化核算工作,另一方面也由于利息是在本月支付,不是预先提取,所以,一般是以下面形式进行账务处理。

借:财务费用　　　　3 750

　贷:银行存款　　　　3 750

也就是说,在9、10、11月的每月月末,计算并支付利息时,可以直接做如下会计分录。

借:财务费用　　　　3 750

　贷:银行存款　　　　3 750

(3)在12月1日,大华公司在归还借款本金时

借:短期借款　　　　500 000

　贷:银行存款　　　　500 000

第三节　供应过程核算

制造企业筹集到资金以后,即进入生产经营的第一阶段——供应阶段。在这一阶段中,企业的主要经济业务是建造(购买)厂房、购置机器设备,采购和储备制造产品所需的原材料和辅助材料。因此,从会计角度来说,供应过程会计核算的主要业务有:固定资产购置业务核算;材料采购成本的核算;入库材料成本的核算。

一、固定资产购置业务的核算

(一)固定资产的定义

固定资产,是指同时具有下列特征的有形资产:(1)为生产商品、提供劳务、出租或经营管理而持有的;(2)使用寿命超过一个会计年度,并且长期使用不改变其实物形态。

一项资产如果要作为固定资产加以确认,除了要满足固定资产的两个特征外,还需要符合固定资产的确认条件才能予以确认,固定资产的确认条件是:(1)该固定资产包含

的经济利益很可能流入企业；(2)该固定资产的成本能够可靠计量。作为固定资产的单位价值，应该根据不同企业的规模来具体确定。生产用与非生产用固定资产在单位价值和使用年限上的划分也有所不同。

固定资产包含的经济利益是否流入企业，主要是指与固定资产所有权有关的风险和报酬是否已转移到企业；固定资产的成本是否能够可靠计量，主要是指固定资产取得时，其成本能够合理的、可靠的计量。比如，外购固定资产的成本，包括购买价款、进口关税和其他税费，使固定资产达到预定可使用状态前所发生的可归属于该项资产的场地整理费、运输费、装卸费、安装费和专业人员服务费等。

固定资产是企业的劳动手段，也是企业赖以生产经营的主要资产，包括房屋、建筑物、机器设备、运输工具以及其他与生产经营活动有关的器具、工具等。从会计的角度，固定资产一般被分为生产用固定资产、非生产用固定资产、出租固定资产、未使用固定资产、不需用固定资产、融资租入固定资产、接受捐赠固定资产等。

(二)固定资产的计价

固定资产的计价也就是固定资产的价值计算，固定资产的价值应该包括固定资产的主体及其附属设施的价值。固定资产由于使用期限较长，在参与生产经营过程中，其价值是逐渐转移到所生产的产品中去，所以，它的价值形态与实物形态存在着分离状况。固定资产的计价有以下三种标准：

1. 原始价值

固定资产的原始价值又称固定资产原值或原价，是指企业构建某项全新的固定资产时所发生的一切的、合理的、必要的支出。

(1)购入的固定资产，以购入价加相关税费、使固定资产达到预定可使用状态前所发生的可归属于该项固定资产的运输、装卸、包装、保险等费用作为原始价值。如需安装的固定资产，还应加上安装费用。但是，企业支付的增值税可以作为进项税额抵扣。

(2)自建的固定资产，以建造过程中实际发生的全部支出作为原始价值。

(3)作为资本或合作条件投入的固定资产，以投资时的合同、协议约定的合理价格作为原始价值，或者参照市场评估的价格加上使用前发生的有关费用作为原始价值。其中投资人以设备投入企业的，在确定原始价值时，应提供设备制造商开具的原始发票。

(4)接受捐赠的固定资产，以发票、账单或资产验收清单所列金额加上由企业负担的运输、装卸、安装、保险等费用和交纳的税金作为原始价值。如果是旧的固定资产，应按其新旧程度估计累计折旧。

(5)国外进口的设备，除进价、费用以外还要加上按规定支付的税金。

(6)因进行技术革新、技术改造而增加价值的固定资产，按所发生的有关支出相应增加固定资产的原始价值。

(7)以融资租赁方式租入的固定资产，以合同规定的价款加上由企业负担的运输、装卸、安装、保险等费用和交纳的税金作为原始价值。

(8)盘盈的固定资产，以重置完全价值作为原始价值，并按新旧程度估计累计折旧。

(9)企业兼并、投资、变更、租赁、清算时，固定资产应依法进行评估。

2. 重置完全价值

重置完全价值是指重新购置新旧程度和该项固定资产完全相同的固定资产所需的全部支出。它是在无法确定某项固定资产原值时采用的计算方法。重置价值解决了无法确定的固定资产的计价问题和作为固定资产评估的计价标准,在盘盈的固定资产时可采用重置完全价值。

3. 折余价值(净值)

折余价值(净值)是指固定资产原值或重置价值减去已提折旧额以后的余额,即固定资的现有价值,又称"固定资产账面净值"或"固定资产账面剩余价值"。

值得注意的是,"固定资产"账户反映的总是固定资产的原始价值或相当于原始价值的重置完全价值。至于固定资产的净值是多少,不在"固定资产"账户反映,是通过"固定资产"账户和"累计折旧"账户相抵以后计算得出。

固定资产由于使用发生了磨损,称之为折旧。固定资产折旧是指在固定资产使用寿命内,按照确定的方法对应该计算提取的折旧额系统地分摊计入成本,也称为提取折旧。提取折旧是通过"累计折旧"账户进行核算的。

(三)固定资产核算设置的账户

1."固定资产"账户

为了反映和监督固定资产增减变动和结存情况,需要设置"固定资产"账户进行核算。"固定资产"账户属于资产类账户,借方登记增加的固定资产价值(原价),贷方登记企业减少的固定资产价值(原价),期末余额在借方,表示期末的固定资产价值(原价)。

借方	固定资产　　　　贷方
增加的固定资产价值	减少的固定资产价值
期末余额:固定资产的实有价值	

2."累计折旧"账户

"累计折旧"账户属于资产类账户,其结构与一般资产账户的结构刚好相反,累计折旧是贷方登记提取折旧的增加数,借方登记累计折旧的减少数,余额在贷方,表示累计折旧的期末实有数。

借方	累计折旧　　　　贷方
累计折旧的减少数	累计折旧的增加数
	期末余额:累计折旧的实有数

(四)固定资产核算的案例

【例5.8】企业购入不需要安装的全新机器设备一台,设备买价500 000元,增值税率17%,发生的包装费2 000元,运输费6 000元,保险费1 000元,全部款项已用银行存款支付。编制会计分录如下:

借：固定资产　509 000
　应交税费——应交增值税（进行税额）　85 000（500 000 ×17%）
　贷：银行存款　594 000

【例5.9】企业购入一台已使用过的固定资产，原始价值800 000元，已提折旧200 000元，双方协议价600 000元，设备款已通过银行转账支付。在不考虑税费的情况下，编制会计分录：

借：固定资产　800 000
　贷：累计折旧　200 000
　　银行存款　600 000

在这笔经济业务中，累计折旧的作用是抵减固定资产原值，得出固定资产净值。

二、材料采购过程的核算

企业要进行正常的生产经营活动，就必须生产产品，而生产产品就必须储备一定数量和品种的材料物资，所以，材料采购业务是生产准备过程的主要业务。本章只介绍购入材料按实际成本计价的核算。

在材料采购的过程中，主要涉及两方面的经济业务，既要计算购买材料的实际采购成本，又要支付购买材料的货款和承担付款的有关责任。

购入材料的实际采购成本包括材料的买价和采购费用，具体内容包括：

1. 材料的买价：购货发票上注明的材料购买价格；
2. 材料的采购费用：采购过程中发生的包装费、运输费、保险费、装卸费和仓储费等；
3. 材料在运输途中的合理损耗；
4. 材料在入库前的整理挑选费用；
5. 按规定应该计入材料采购成本的有关税金（如关税）；
6. 其他应计入材料采购成本的费用。

如果材料在采购过程中发生毁损、短缺等，合理部分计入材料采购成本，其他损耗不得计入材料采购成本；对于运输部门不力导致的材料短缺和毁损造成的赔款、责任人赔款、保险公司赔款等，都应该冲减材料采购成本。

对于购入的两种以上的材料共同发生的运费等采购费用，要按购入材料的重量或者买价等比例进行分配。

对于运达企业的外购材料，要办理验收入库相关手续，使材料得以入库保存形成生产储备，并按材料实际采购成本登记入账。

所以，材料采购成本 = 材料的买价 + 采购费用（注：如有其他应该计入采购成本的费用则应加以计入）。

（一）材料采购过程设置的账户

为了核算材料采购业务，企业应该设置与材料采购相关的系列账户。材料采购在按实际成本核算的前提下需要设置“在途物资”和“原材料”账户。同时还应设置“应交税费”“应付账款”和“预付账款”等与货款结算相关的账户。

1. “在途物资”账户属于资产类账户，其借方登记企业购入材料尚未验收入库的实际采购成本，贷方登记已验收入库的材料实际采购成本。该账户如有余额在借方，表示已购入、但尚未验收入库的材料实际采购成本。本账户可按照材料采购的品种设置明细分类账户，进行明细分类核算。

借方 在途物资	贷方
已购入材料的实际采购成本 ①买价 ②采购费用等	已验收入库材料的实际采购成本
期末余额：尚未验收入库材料的实际采购成本	

2."原材料"账户属于资产类账户，是用以核算库存材料的收入、发出和结存情况的账户。该账户的借方登记已验收入库材料的实际成本，贷方登记发出仓库的材料实际成本，余额在借方，表示库存材料的实际成本。为了具体反映每一种材料的增减变动和结存情况，应分别按材料的品种和规格等，设置"原材料"明细分类账户，进行明细分类核算。材料的明细分类核算，既要提供价值指标，又要提供详细的实物指标。

借方 原材料	贷方
已验收入库的材料实际成本	发出仓库用于生产领用或销售的材料实际成本
期末余额：库存的材料实际成本	

3."应交税费"账户属于负债类账户，是用以核算企业应交和已交税费增减变化情况的账户。该账户贷方登记应交纳的各种税费，借方登记实际交纳的各种税费，期末余额一般在贷方，表示企业尚未交纳的税费；期末余额如果在借方，表示企业多交的税费。本账户包括计算出应交的增值税、消费税、资源税、所得税等等，可以按应交税费项目设置明细分类账户，进行明细分类核算。

借方 应交税费	贷方
①购买材料和货物时支付的增值税 ②交纳的各种税费	计算出应交的增值税、消费税、资源税、所得税等税费
期末余额：多交纳的增值税	期末余额：应交未交增值税

生产企业在采购材料的过程中，涉及的税种主要是增值税。按着《增值税暂行条例》规定，在中华人民共和国境内销售货物或提供加工、修理修配劳务以及进口货物的单位和个人为增值税的纳税人。包括国有企业、集体企业、私营企业、股份制企业、外商投资企业和外国企业、其他企业和社会团体、个体经营者及其他单位和个人等。

增值税的含义是产品增加部分价值应该上交的税金。企业的增值税计算分为采购过程的"进项税额"和销售过程的"销项税额"。只有"销项税额"大于"进项税额"时，企业才向税务机关缴纳税金，增值税是销售企业实际上交的税金。

必须注意的是：作为增值税一般纳税人，增值税额不计入材料采购成本，是价外税，只反映企业购入材料时支付给销货企业的增值税，然后由销货企业计算出实际应交的增值税额。同时，国家还规定：只有购货企业是一般纳税人并且取得增值税专用发票时才允许抵扣“进项税额”。所以，一般纳税人在购入材料时，不仅要向销货方支付货款，还要支付购进材料而应支付的增值税（进项税额）。企业支付了增值税（进项税额），表明企业应交的税金（负债）减少或可抵扣的税金（增值税）增加。

按照增值税纳税人的生产经营规模及财务核算健全程度，增值税的纳税人可分为一般纳税人和小规模纳税人，这里只介绍一般纳税人的核算，并且一般纳税人的增值税率为17%（其他特殊情况税率不考虑），计算方法可以简单理解为：

$$增值税的进项税额 = 不含税的材料的买价 \times 17\%$$

企业在具体核算增值税时，设置“应交税费——应交增值税”二级账户，在二级账户下，设置“进项税额”和“销项税额”明细分类账户。其中，购入材料时支付或负担的进项税额登记在该账户的借方，按产品销售收入计算出的增值税销项税额登记在该账户的贷方，月份终了，如果增值税有贷方余额，表示应交未交税金。如果是借方余额，表示多交纳的增值税额。只有该账户有贷方余额时，企业才向税务机关缴纳应交的税金。

借方　应交税费——应交增值税　贷方

实际支付的增值税 （进项税额）	计算出的应交增值税 （销项税额）
期末余额：多支付的增值税额	期末余额：应交未交增值税

4.“应付账款”账户属于负债类账户，是用以核算企业购入材料或者货物等而与供货单位发生结算债务增减变动情况的账户。该账户贷方登记应付给供货单位的款项，借方登记偿还供货单位的款项，期末一般为贷方余额，表示应付未付款项。该账户应按供货单位分设明细分类账户，进行明细分类核算。

借方　应付账款　贷方

实际偿还的购货款	应支付的购货款
	期末余额：应付未付购货款

5.“预付账款”账户属于资产类账户，是用以核算企业按照合同规定预先支付购货款增减变动情况和结果的账户。该账户借方登记向供货单位预付的货款和补付的款项，贷方登记收到供货单位提供的材料及有关发票账单而冲销的预付账款，期末余额一般在借方，表示已付款而尚未结算的预付款。该账户应按供货单位名称分设明细分类账户，进行明细分类核算。

借方　预付账款　贷方

①向供货单位预付的购货款 ②补付的款项	冲销的预付账款
期末余额：已预付尚未冲销的预付账款	

6.“应付票据”账户属于负债类账户，是核算企业购买材料、商品和接受劳务供应等开出、承兑的商业汇票，即在汇票上注明应支付的金额、支付的时间等交易信息，待票据到期时，再通过银行转账支付。开出、承兑商业汇票时，贷记本账户；以银行存款支付汇票款时，借记本账户；期末余额在贷方，反映企业尚未到期的商业汇票的票面金额。支付银行承兑汇票的手续费记入“财务费用”账户。

商业汇票包括银行承兑汇票和商业承兑汇票两种，商业汇票的承兑期限最长不超过六个月。

(1)银行承兑汇票的承兑人是企业的开户银行，开户银行具有到期无条件支付已承兑购货款项的责任。如果汇票到期，企业“银行存款”账户有余额，开户银行直接从企业的“银行存款”账户转账；如果企业账户没有余额，无力支付该项购货款，银行则把支付的购货款转为对购货企业的短期借款，企业将这笔款项从“应付票据”账户转入“短期借款”账户。

(2)商业承兑汇票的承兑人是购货企业，购货企业如果到期无力支付购货款，则该笔款项从“应付票据”账户转入“应付账款”账户。

借方	应付票据	贷方
实际支付的票据款	应支付的票据款	
	期末余额：尚未到期的票据款	

(二)材料采购过程核算的案例

【例5.10】企业从大兴工厂购入A材料。增值税专用发票上注明材料20吨，单价20 000元，金额400 000元；增值税率17%，增值税额68 000元；价税合计468 000元，全部款项已用银行存款支付，材料未达企业。

该项经济业务的发生，一方面使企业的在途材料成本和支付的增值税额分别增加了400 000元和68 000元，另一方面使银行存款减少了468 000元。

编制会计分录如下：

借：在途物资——A材料　　400 000
　　应交税费——应交增值税（进项税额）　　68 000
　货：银行存款　　468 000

【例5.11】企业从明达工厂购入B、C两种材料，增值税专用发票上注明B材料30吨，单价1 000元，金额30 000元，增值税率17%，增值税额5 100元；C材料20吨，单价2 000元，金额40 000元，增值税率17%，增值税额6 800元。B、C材料已到达企业并验收入库，按实际采购成本入账，货款暂欠。

该项经济业务的发生，一方面使企业的库存材料成本增加，另一方面由于应付货款增加，也使企业的负债增加。

编制会计分录如下：

借：原材料——B材料　　30 000
　　　　　——C材料　　40 000

应交税费——应交增值税(进项税额)　　11 900

贷:应付账款——明达工厂　　81 900

【例5.12】企业从大华公司购入半成品材料,买价30 000元,增值税专用发票上注明税额是5 100元,企业开出一张为期4个月的无息商业汇票35 100元。编制分录如下:

借:在途物资　　30 000

应交税费——应交增值税(进项税额)　　5 100

贷:应付票据　　35 100

假设商业汇票到期,企业无力支付货款。

1. 如果是商业承兑汇票,则需编制分录如下:

借:应付票据　　35 100

贷:应付账款　　35 100

2. 如果是银行承兑汇票,编制分录如下:

借:应付票据　　35 100

贷:短期借款　　35 100

【例5.13】用银行存款支付上述A、B、C三种材料的运输费1 000元。其中,A材料运输费190元,B、C两种材料的运输费810元(运输费按B、C材料重量比例分配,不考虑税费)。

购入材料发生的采购费用,凡能分清是为采购某种材料所发生的,可以直接计入该材料的采购成本;,如果是同批购入两种或两种以上材料共同发生的采购费用,应按适当标准在该批各种材料之间进行分配,以便正确确定各种材料的采购成本。分配运费的标准可选择重量、体积、价格等,在实际工作中应视具体情况选择采用。

本例运输费按B、C材料重量比例分配,B、C材料应分摊的运输费计算如下:

运输费分配率 = 810/(30 + 20) = 16.2(元/吨)

B材料应分摊的运输费 = 30 × 16.2 = 486(元)

C材料应分摊的运输费 = 20 × 16.2 = 324(元)

该项经济业务的发生,一方面使企业的材料采购成本增加了1 000元,另一方面也使企业的银行存款减少了1 000元。

编制会计分录如下:

借:在途物资——A材料　　190

原材料——B材料　　486

——C材料　　324

贷:银行存款　　1 000

【例5.14】以银行存款预付新源工厂购买D材料款30 000元。

该项经济业务的发生,一方面使企业的预付款增加了30 000元,另一方面使企业的银行存款减少了30 000元。

编制会计分录如下:

借:预付账款——新源工厂　　30 000

贷:银行存款　　30 000

【例5.15】以银行存款81 900元支付前欠明达工厂的货款。

该项经济业务的发生，一方面使企业的应付账款减少了81 900元，另一方面使企业的银行存款减少了81 900元。

编制会计分录如下：

借：应付账款——明达工厂　　81 900

　贷：银行存款　　81 900

【例5.16】购入的A材料已验收入库，结转其实际采购成本。

在材料采购业务完成之后，应计算并确定材料的采购成本，然后将验收入库材料的实际成本从“材料采购”账户的贷方转入“原材料”账户的借方。

该项经济业务的发生，一方面使企业的在途物资成本减少了400 190元，另一方面使企业的库存材料增加了。

编制会计分录如下：

借：原材料——A材料　　400 190

　贷：在途物资——A材料　　400 190

三、库存材料发出的成本核算

企业购入的材料验收入库以后，形成材料储备，以供生产产品耗用。从会计计量的观点看，采用何种方式发出材料，怎样计算发出材料成本非常重要，因为它关系到产品的成本以及企业实现的利润。

由于不同批次购进的同种材料单位成本也不尽相同，为此，在材料发出时，需要采用会计专门的方法确定其发出成本，从理论上讲，可采用月末一次加权平均法、移动平均法、先进先出法、个别计价法。

（一）月末一次加权平均法

月末一次加权平均法又称加权平均法，是指用本月全部购进的材料数量加上月初结存材料的数量作为权数，去除当月全部购进材料成本和月初结存材料成本之和，计算出材料的加权平均单价，用平均单价乘以发出材料数量和库存材料数量，分别计算出当月发出材料成本和期末库存材料成本的一种方法。

公式为：

加权平均单价＝（期初结存＋本期入库）材料实际成本/（期初结存＋本期入库）材料数量

发出材料的实际成本＝发出材料数量×加权平均单价

库存材料的实际成本＝（期初结存＋本期入库）材料实际成本－发出材料实际成本

月末一次加权平均法计算方法简便，有利于简化成本计算工作，但由于是在月末才能计算出发出材料实际成本，不利于材料的日常管理和控制。

【例5.17】某企业2012年9月份甲材料有关信息如表5.1所示。

根据上述资料，用加权平均法计算发出材料实际成本和库存材料实际成本。

加权平均单价＝（1 200＋3 500＋6 000）/（300＋700＋1 000）＝5.35（元/千克）

本月发出甲材料实际成本＝（800＋900）×5.35＝9 095（元）

本月库存甲材料实际成本＝（1 200＋3 500＋6 000）－9 095＝1 605（元）

表 5.1　甲材料本月信息表

材料名称:甲材料

日期	摘要	数量/千克	单位成本/(千克/元)	总成本/元
9 月 1 日	期初余额	300	4	1 200
9 月 8 日	购入	700	5	3 500
9 月 15 日	发出	800		
9 月 25 日	购入	1 000	6	6 000
9 月 30 日	发出	900		

(二)移动平均法

移动平均法亦称移动加权平均法。它是指在每次购进材料入库以后,如果该批材料单价与库存材料单价不相等,就需要计算库存材料新的平均单价,作为下次发出材料计价基础的一种方法。也就是说,用"库存材料成本加上入库材料成本除以材料的入库数量和入库前的结存数量",计算出材料平均单价,从而确定下批发出材料成本的方法。其计算公式如下:

移动加权平均单价 =(入库前结存材料实际成本 + 本批入库材料实际成本)/(入库前结存材料的数量 + 本批入库材料数量)

发出材料实际成本 = 发出材料数量 × 加权平均单价

库存材料的实际成本 = 库存材料实际成本 - 发出材料实际成本

采用移动平均法,能够使企业及时了解材料的库存情况,计算的平均单价及发出和结存的材料成本比较客观实际。但由于每次收货都要计算一次平均单价,计算工作量较大,对收发材料较频繁的企业不适用。

如【例 5.17】资料,用移动加权平均法计算发出材料实际成本和库存材料实际成本。

①9 月 8 日,计算的加权平均单价 =(1 200 +3 500)/(300 +700) =4.7(元/千克)

②9 月 15 日,发出材料实际成本 =800 ×4.7 =3 760(元)

③9 月 15 日,库存材料的实际成本 =200 ×4.7 =940 元

④9 月 25 日,计算的加权平均单价 =(940 +6 000)/(200 +1 000) =5.783 3(元/千克)

⑤9 月 30 日,发出材料实际成本 =900 ×5.783 3 =5 204.97(元)

⑥9 月 30 日,库存材料的实际成本 =300 ×7.783 3 =1 735.03 元

将上述计算结果记入材料明细账如表 5.2 所示。

移动平均法的优点:在平时可及时了解发出材料和结存材料的情况,但由于每入库一批材料,就要计算一次加权平均单价,因而计算工作量较大。这种方法主要适用于材料收发次数较少的企业。

表 5.2 材料明细分类账

原材料名称:甲材料　　　　单位:千克、元

2012 年		凭证号数	摘要	收入			发出			结存		
月	日			数量	单价	金额	数量	单价	金额	数量	单价	金额
9	1	(略)	期初余额							300	4	1 200
9	8		购入	700	5	3 500				1 000	4.7	4 700
9	15		发出				800	4.7	3 760	200	4.7	940
9	25		购入	1 000	6	6 000				1 200	5.783 3	6 940
9	30		发出				900	5.783 3	5 204.97	300	5.783 3	1 735.03
9	30		本月发生额及月末余额	1 700	—	9 500	1 700	—	8 964.97	300	5.783 4	1 735.03

(三)先进先出法

先进先出法是以先购入的材料先发出这样一种实物流转假设为前提,对发出材料进行计价的一种方法。在这一方法下,发出材料是按入库材料的先后顺序发出,以先入库先发出确定发出材料实际成本和期末库存材料的实际成本。

先进先出法的优点:期末库存材料成本是按最近购料单价确定的,所以,期末库存材料成本与现行市价较为接近。但先进先出法的计算工作较繁琐,尤其是材料的进出量频繁的企业更为如此。此外,当物价上涨或下跌幅度较大时,使用该方法进行计价会对企业的当期利润产生较大的影响。比如当物价上涨时,由于发料成本是按先购入的材料单价计算的,因此会高估当期利润,反之则低估了当期利润。

如【例 5.17】资料,采用先进先出法计算发出材料实际成本如表 5.3 所示。

表 5.3 原材料明细分类账

原材料名称:甲材料　　　　单位:吨、元

2012 年		凭证号数	摘要	收入			发出			结存		
月	日			数量	单价	金额	数量	单价	金额	数量	单价	金额
9	1		期初余额							300	4	1 200
9	8	(略)	购入	700	5	3 500				300	4	1 200
										700	5	3 500
9	15		发出				300	4	1 200			
							500	5	2 500	200	5	1 000
9	25		购入	1 000	6	6 000				200	5	1 000
										1 000	6	6 000
9	30		发出				200	5	1 000			
							700	6	4 200	300	6	1 800
9	30		本月发生额及月末余额	1 700	—	9 500	1 700	—	8 900	300	6	1 800

(四)个别计价法

个别计价法亦称分批实际法。它是以每批材料的实际购进成本为依据,计算该批材

料发出成本的方法,即发出材料属于哪一批购进的,成本就以这一批购进的实际成本计算确定。

如【例 5.17】资料,假定经过具体辨认,15 日发出的材料 800 千克中,有 200 千克是期初结存的材料,600 千克是 8 日购入的;30 日发出的材料 900 千克,有 100 千克是期初结存的,有 50 千克是 8 日购入的,750 千克是 25 日购入的。则根据个别计价法,具体计算如表 5.4 所示。

表 5.4　原材料明细分类账

原材料名称:甲材料　　　　单位:吨、元

2012 年		凭证号数	摘要	收入			发出			结存		
月	日			数量	单价	金额	数量	单价	金额	数量	单价	金额
9	1		期初余额							300	4	1 200
9	8	(略)	购入	700	5	3 500				700	5	3 500
9	15		发出				200	4	800	100	4	400
							600	5	3 000	100	5	500
9	25		购入	1 000	6	6 000				100	4	400
										100	5	500
9	30		发出							1 000	6	6 000
							100	4	400			
9							50	5	250	50	5	250
							750	6	4 500	250	6	1 500
9	30		本月发生额及月末余额	1 700	—	9 500	1 700	—	8 950	50	5	250
										250	6	1 500

个别计价法的优点是:材料按批次进行收发保管,监督严密;材料的实物流动与其成本流转一致,计算比较准确。其缺点是:使用该法需要对发出和结存材料的批次进行具体认定,以辨别其收入批次,因此,工作较为繁琐。

第四节　产品生产过程核算

生产过程是工业企业经营活动的中心环节,它的主要内容是劳动者借助于劳动资料对劳动对象进行加工,把劳动对象加工成劳动产品,即产成品。因此,生产过程就是产品的制造过程,同时,也是物化劳动和活劳动力的消耗过程。

制造企业在生产过程中一方面生产产品,另一方面要发生各种耗费。产品生产过程中所发生的各种耗费,称为企业的生产费用。其内容主要有:耗用的各种材料费用,支付的职工工资费用,固定资产的折旧费用以及其他费用等。生产费用是为生产各种产品而发生的,最终要归集、分配到各种产品成本中去。生产费用以不同产品为对象归集计算,从而得出为生产某种产品而耗用的生产费用总和，称之为产品的制造成本。因此，生产费用的发生、归集和分配，产品成本的形成与计算，是产品生产过程核算的主要内容。

一、产品生产过程核算设置的账户

为了归集、分配生产费用，计算产品成本，需要设置和运用的主要账户有："生产成本""制造费用""应付职工薪酬""累计折旧""管理费用"和"库存商品"等账户。

1."生产成本"账户属于成本类账户，是用以归集和反映产品生产过程中所发生的一切费用，计算确定产品制造成本的账户。该账户的借方登记产品生产过程中所发生的各项生产费用，包括直接计入产品成本的直接材料与直接人工费用，以及期末分配转入由该种产品负担的制造费用，贷方登记完工入库产品的制造成本。期末如有借方余额，表示期末尚未完工的在产品实际成本。该账户应按产品成本计算对象（如产品的品种、批别等）设置明细分类账户，进行明细分类核算。

借方　　　　生产成本	贷方
①生产产品领用的直接材料 ②应支付的生产工人直接工资 ③应该计入该产品的制造费用	加工完成验收入库的产成品成本
期末余额：尚未完工的在产品成本	

2."制造费用"账户属于成本类账户，是用以归集与分配在企业生产车间范围内为组织和管理生产而发生的各项间接费用，如车间管理人员工资、车间共同发生的办公费、水电费、维修费、折旧费以及多种产品共同领用的材料等。该账户的借方登记车间实际发生的各项制造费用，贷方登记分配转入产品成本的制造费用，"制造费用"账户月末一般无余额。该账户应按生产车间设置明细分类账户，进行明细分类核算。

借方　　　　制造费用	贷方
①车间多种产品共同领用的材料 ②应支付的车间管理人员工资 ③车间共同发生的办公费、水电费、维修费、折旧费等	月末分配转入各种产品的制造费用
月末无余额	

3."应付职工薪酬"账户属于负债类账户，是用以核算和监督企业应支付给职工各种薪酬的账户。该账户的贷方登记实际发生的应支付给职工的各种薪酬（应付数），借方登记实际支付给职工的薪酬，期末余额在贷方，反映应付未付的职工薪酬。该账户可按"工资""福利费""社会保险费""住房公积金"等设置明细账户，进行明细分类核算。

借方　　应付职工薪酬	贷方
①支付的职工薪酬 ②支付的职工福利费等	①计算的应支付给职工的各种薪酬 ②应支付给职工的福利费
	期末余额:尚未支付给职工的各种薪酬

4."累计折旧"账户属于资产类账户,但它的核算比较特殊,和负债类性质相同。该账户是用以核算和监督企业固定资产提取折旧的账户,账户的贷方登记提取的固定资产折旧额,借方登记出售、报废、毁损等原因引起固定资产退出企业而相应注销的折旧额,余额在贷方,表示固定资产已提取的累计折旧数额。

借方　　累计折旧	贷方
出售、报废、毁损等原因引起固定资产退出企业而核销的折旧额	计提的固定资产折旧额
	期末余额:已提取的累计折旧数额

5."库存商品"账户属于资产类账户,是用以核算和监督库存商品实际成本增减变动及结存情况的账户。该账户的借方登记已经完成全部生产过程并已验收入库,可以对外销售的产品的实际成本,贷方登记发出仓库产品的实际成本,期末余额在借方,表示库存商品的实际成本。该账户可按产品的品种、种类和规格设置明细分类账户,进行明细分类核算。

借方　　库存商品	贷方
生产完工验收入库,可以对外销售的库存产品实际生产成本	①销售的库存商品实际生产成本 ②在建工程等领用的库存商品实际生产成本
期末余额:库存商品的实际生产成本	

6."其他应收款"账户

借方　　其他应收款	贷方
①职工预借的差旅费 ②应向职工或保险公司收取的赔款	①报销的差旅费 ②收回的赔偿款
期末余额:其他应收款的实有数	

二、产品生产过程核算的案例

【例5.18】嘉华企业9月份发出材料如下:甲产品生产耗用A材料10吨,单位成本4 000元,计40 000元;乙产品生产耗用B材料25吨,单位成本2 000元,计50 000元;生产车间一般耗用C材料5吨,单位成本1 200元,计6 000元。

该项经济业务的发生,一方面使企业的库存原材料减少96 000元,另一方面使生产产品的成本费用增加96 000元。对于直接用于产品生产的材料费用应该直接计入甲、乙产品的“生产成本”账户,车间一般耗用的材料应先计“制造费用”账户,月末再按一定比例在耗用的产品之间进行分配。该项经济业务应编制如下会计分录:

借:生产成本——甲产品 40 000
——乙产品 50 000
制造费用 6 000
贷:原材料——A材料 40 000
——B材料 50 000
——C材料 6 000

【例5.19】企业本月应付职工工资总额为50 000元,其中,甲产品生产工人工资30 000元,乙产品生产工人工资15 000元,车间管理人员工资5 000元。

该项经济业务的发生,一方面使企业本月的应付工资增加了45 000元,另一方面使企业生产产品的相关费用增加了45 000元。编制会计分录如下:

借:生产成本——甲产品 30 000
——乙产品 15 000
制造费用 5 000
贷:应付职工薪酬——工资 50 000

【例5.20】企业已开出转账支票,支付本月职工工资50 000元。

该项经济业务的发生,一方面使企业的银行存款减少了50 000元,另一方面使应付工资也减少了50 000元。该项经济业务应编制如下会计分录:

借:应付职工薪酬——工资 50 000
贷:银行存款 50 000

【例5.21】按照企业上述工资总额的14%提取职工福利费7 000元。

该项经济业务的发生,一方面使企业的应付福利费用增加了7 000元,另一方面也使企业的成本费用增加了7 000元。编制会计分录如下:

借:生产成本——甲产品 4 200
——乙产品 2 100
制造费用 700
贷:应付职工薪酬——福利费 7 000

【例5.22】本月计算提取生产车间用固定资产的折旧费用8 000元。

该项经济业务的发生,一方面使企业的折旧费用增加了8 000元,另一方面也使生产车间的费用增加了8 000元。编制会计分录如下:

借:制造费用 8 000
贷:累计折旧 8 000

【例5.23】企业以银行存款3 000元支付车间用固定资产修理费用。

该项经济业务的发生,一方面使制造费用增加了3 000元,另一方面也使银行存款减少了 3 000 元。编制会计分录如下：

借:制造费用　　3 000

　贷:银行存款　　3 000

【例 5.24】企业用现金支付应由本月负担的车间用固定资产租金 800 元。

该项经济业务的发生,一方面使制造费用增加了 800 元,另一方面库存现金也减少了 800 元。编制会计分录如下：

借:制造费用　　800

　贷:库存现金　　800

【例 5.25】以现金支付生产车间购买办公用品费用 500 元。

该项经济业务的发生,一方面使企业的现金减少了 500 元,另一方面使车间费用增加了 500 元。编制会计分录如下：

借:制造费用　　500

　贷:库存现金　　500

【例 5.26】用现金支付企业职工王某预借差旅费 2 000 元。该职工 10 天后报销1 500 元,余款交回现金。

该项经济业务的发生,一方面使企业的库存现金减少了 2 000 元,另一方面使企业的其他应收款增加了 2 000 元。编制会计分录如下：

借:其他应收款——王某　　2 000

　贷:库存现金　　2 000

10 天后,由于报销,使企业的管理费用增加了 1 500 元。

借:管理费用　　1 500

　库存现金　　500

　贷:其他应收款——王某　　2 000

【例 5.27】月末,将本月发生的制造费用 24 000 元按生产工人工资的比例分配转入“生产成本”账户。

该项经济业务的发生,一方面使企业的生产成本增加了 24 000 元,另一方面使制造费用减少了 24 000 元。编制会计分录如下：

借:生产成本——甲产品　　16 000

　　　　——乙产品　　8 000

　贷:制造费用　　24 000

【例 5.28】月末,本月加工的产品全部完工验收入库,结转完工产品的实际生产成本 165 300 元。其中,甲产品成本 90 200 元,乙产品成本 75 100 元。

该项经济业务的发生,一方面使企业的库存商品增加了 165 300 元,另一方面使生产成本减少了 165 300 元。编制会计分录如下：

借:库存商品——甲产品　　90 200

　　　　——乙产品　　75 100

　贷:生产成本——甲产品　　90 200

　　　　——乙产品　　75 100

同学们可以练习一下将上述计算分配的生产费用分别记入“原材料”“制造费用”

“生产成本”“库存商品”的“丁字账”中,看看“制造费用”和“生产成本”账户有什么变化。

三、产品生产成本的计算

产品生产成本的计算,是指将企业在生产过程中发生的生产费用,按照一定的成本计算对象进行归集和分配,以确定各成本计算对象的总成本和单位成本。

产品生产成本计算的一般程序:

1.确定成本计算对象

成本计算对象,就是归集生产费用的对象。进行成本计算时,首先必须确定成本计算对象,才能按照确定的成本计算对象归集各种费用,计算各种产品成本。

成本计算对象的确定要适应企业生产的特点与成本管理的要求。按照工艺技术的特点,制造企业的产品生产可分为简单生产(单步骤生产)和复杂生产(多步骤生产);按照生产组织的特点,产品生产分为大量生产、成批生产和单件生产。

(1)单步骤的大量生产是以产品品种为成本计算对象,如:发电、供水、采煤、化肥等。

(2)单件小批量生产是以产品的订单或批别为成本计算对象,如:服装、机床等。

(3)多步骤连续加工式的生产是以各个生产步骤为成本计算对象,如:纺织、造纸、汽车等。

2.按产品成本项目归集和分配生产费用

制造企业在生产过程中所发生的各项生产费用,按照费用的经济用途分类而形成的项目,称为产品成本项目。产品成本项目主要包括直接材料、直接工资和制造费用等。

(1)直接材料。是指直接用于产品生产、构成产品实体的原料及主要材料,以及有助于产品形成的辅助材料等。

(2)直接工资。是指直接从事产品生产的工人工资,以及按生产工人工资总额和规定的比例计算提取的职工福利费。

(3)制造费用。是指企业各生产单位(如生产车间)为组织和管理生产而发生的各项间接费用。如车间管理人员及维修人员的工资和职工福利费、车间机器设备的折旧费和修理费、车间的办公费和水电费等等。如果企业或生产车间只生产一种产品,所发生的应计入产品成本的各项生产费用,按产品成本项目进行归集即可计算出该产品的成本。在这种情况下,不存在按成本计算对象分配生产费用的问题。如果生产车间生产的产品不止一种,即存在若干个成本计算对象,则对所发生的生产费用,应区别情况处理:对直接费用,可根据原始凭证直接计入某产品的成本计算对象的成本项目中;对于间接费用,应通过一定的账户先进行归集,然后采用适当的方法在各有关成本计算对象之间进行分配后再计入成本。间接费用分配的方法多种多样,如制造费用,可按生产工人生产工时比例或者生产工人直接工资比例等方法进行分配。其计算公式如下:

$$间接费用分配率=间接费用总额/各产品分配标准总量$$

$$某产品应分配的间接费用=间接费用分配率\times该产品分配标准$$

如果前【例5.27】,本月发生的制造费用总额为24 000元,按甲、乙产品的生产工人工资比例进行分配。

分配率 = 24 000 ÷ (30 000 + 15 000) = 0.533 3

甲产品应分配的制造费用 = 30 000 × 0.533 3 = 16 000(元)

乙产品应分配的制造费用 = 24 000 － 16 000 = 8 000(元)

3. 计算产品的总成本和单位成本

在计算产品生产成本时,企业要将生产费用经过归集和分配后,各项生产费用均全部归集到“生产成本”账户的借方,这样,就可以算出各种产品的总成本和单位成本。

如果某种产品已全部完工,则该生产成本明细账上所归集的费用,即为完工产品的生产成本;如果某种产品只是部分完工,则需将所归集的生产费用在完工产品与月末在产品之间进行分配。

【例 5.29】如前例 5.18 至 5.27 中,假定甲产品、乙产品月初均无在产品,甲产品本月全部完工,乙产品只是部分完工,月末尚有部分在产品,在产品成本为 4 600 元。

根据上述有关会计资料,分别登记甲、乙两种产品的生产成本明细账,如表 5.5,5.6,5.7 所示。

表 5.5　生产成本明细账

产品名称:甲产品　　单位:元

2012 年		凭证号数	摘要	借方(成本项目)			
月	日			直接材料	直接工资	制造费用	合计
			领用材料	40 000			40 000
		(略)	生产工人工资		30 000		30 000
			生产工人福利费		4 200		4 200
			分配制造费			16 000	16 000
			合计	40 000	34 200	16 000	90 200
			结转完工产品成本	40 000	34 200	16 000	90 200

表 5.6　生产成本明细账

产品名称:乙产品　　单位:元

2012 年		凭证号数	摘要	借方(成本项目)			
月	日			直接材料	直接工资	制造费用	合计
		(略)	领用材料	50 000			50 000
			生产工人工资		15 000		15 000
			生产工人福利费		2 100		2 100
			分配制造费			8 000	8 000
			合计	50 000	17 100	8 000	75 100
			结转完工产品成本	47 000	16 000	7 000	70 500
			月末在产品成本	3 000	1 100	1 000	4 600

根据甲、乙产品生产成本明细账,编制完工产品生产成本汇总表,如表 5.7 所示。

表 5.7 生产成本汇总表 单位:元

成本项目	甲产品(800 件)		乙产品(200 件)	
	总成本	单位成本	总成本	单位成本
直接材料	40 000	50	47 000	235
直接工资	34 200	42.75	16 000	80
制造费用	16 000	20	7 000	35
产品生产成本	90 200	112.75	70 500	350

第五节　产品销售过程核算

销售过程是制造企业生产经营过程的第三阶段,也是最后阶段。在销售过程中,企业要将生产出的库存商品销售出去,收回货币资金,以弥补企业为生产产品而发生的各种耗费以及利润的实现,保证生产经营过程的顺利进行。

销售业务可分为产品销售业务和其他销售业务两大类,产品销售业务是企业在销售过程的主要经济活动。

1. 企业在确认产品销售收入时,首先应明确销售收入的入账时间。根据权责发生制及收入实现制原则,销售收入的确认通常是以销售过程完成、商品所有权转移,同时收到货款或取得在未来确定的时间内收取货款的证据为标志。随着产品销售的实现,按配比原则,企业库存的产成品实际生产成本就转化为产品销售成本,即主营业务成本。同时,为了实现销售,企业还会发生各种销售费用,如:广告费、包装费、保险费、运杂费和专设的销售机构的经费等。另外,根据国家规定,企业取得销售收入时,还要向国家缴纳销售税金,如:消费税、城市维护建设税和教育费附加等税金。

2. 企业发生的其他业务收入主要有:销售材料取得的收入;出租包装物、出租固定资产和无形资产取得的收入等。

综上所述,企业在售出产品时,还有按照销售价格与购货单位办理结算,收取销售产品的价款。当产品销售收入减去产品销售成本、产品销售税金和期间费用,即为产品销售利润(或亏损)。因此,在销售过程中主要的会计核算业务有:

(1)企业要确认销售收入的实现;

(2)结转销售产品的成本;

(3)计算应缴纳的销售税金;

(4)计算并结转期间费用;

(5)确定产品销售成果(盈利或亏损)。

一、主营业务收入的核算

(一)主营业务收入核算设置的账户

为了核算制造企业在销售商品时所实现的收入,以及因销售商品而与购买单位之间发生的货款结算关系，应该设置“主营业务收入”“应收账款”“预收账款”“应收票据”等账户。

1.“主营业务收入”账户，是用以核算企业销售产品、自制半成品等所取得收入的账户。该账户属损益类账户，但其核算和负债类基本相同，账户的贷方登记已实现的产品销售收入，即收入的增加，借方登记已实现收入的销售退回、销售折让和期末转入“本年利润”账户的数额，结转后本账户无余额。账户应按产品的种类设置明细账，进行明细分类核算。

主营业务收入

借方	贷方
①销售收入的退回和折让 ②期末转入“本年利润”账户的销售收入数额	实现的产品销售收入

2.“应收账款”账户，是用以核算企业因销售商品尚未收到货款的结算账户。该账户属于资产类账户，账户借方登记由于销售商品而发生的尚未收到的货款，账户贷方登记收回的货款，期末一般为借方余额，表示尚未收回的货款。账户可按各购货单位设置明细账，进行明细分类核算。

应收账款

借方	贷方
销售商品尚未收到的货款	收回的销货款
期末余额：尚未收回的销货款	

3.“预收账款”账户，是用以核算企业按合同规定预收购买单位的货款，该账户属于负债类账户，账户贷方登记预收账款的增加，借方登记销售实现时冲减的预收账款，期末余额如在贷方，表示企业预收账款的结余额，如在借方，表示购货单位应补付给本企业的款项。账户可按各购货单位设置明细账，进行明细分类核算。

预收账款

借方	贷方
销售实现时冲减的预收账款	预收账款的增加
期末余额：购货单位应补付本企业的货款	期末余额：企业预收账款的结余额

4.“应收票据”账户，是核算企业销售商品和材料时收到的商业汇票。该账户属于资产类账户，账户的借方表示应收票据的增加，贷方表示收回的应收票据款，余额在借方，表示尚未收回的应收票据款。

应收票据

借方	贷方
销售商品收到的应收票据	收回的应收票据款
期末余额：尚未收回的应收票据款	

(二)主营业务收入核算的案例

【例5.30】企业向天翔公司销售甲产品200件,单位售价300元,不含税货款60 000元,增值税率17%,增值税额10 200元,全部款项已收到并存入银行。

该项经济业务的发生,一方面使企业的银行存款增加了70 200元,另一方面使产品销售收入增加了60 000元,应缴纳的增值税增加了10 200元。

编制会计分录如下:

借:银行存款　　70 200

　贷:主营业务收入——甲产品　　60 000

　　应交税费——应交增值税(销项税额)　　10 200

【例5.31】企业向永大公司销售甲产品250件,不含税单位售价200元;乙产品100件,不含税单位售价80元;增值税率17%,全部款项尚未收到。

该项经济业务的发生,一方面使企业的应收账款增加了67 860元,另一方面使产品销售收入和应缴增值税分别增加了58 000元和9 860元。

编制会计分录如下:

借:应收账款——永大公司　　67 860

　贷:主营业务收入——甲产品　　50 000

　　　　　　　　——乙产品　　8 000

　　应交税费——应交增值税(销项税额)　　9 860

【例5.32】收到永大公司所欠销售货款67 860元。

该项经济业务的发生,一方面使企业的银行存款增加了67 860元,另一方面使应收账款减少了67 860元。

编制会计分录如下:

借:银行存款　　67 860

　贷:应收账款——永大公司　　67 860

【例5.33】大华公司向本企业订购甲产品40件,收到其预付款项10 000元,存入银行。

该项经济业务的发生,一方面使企业的银行存款增加了10 000元,另一方面使预收账款增加了10 000元。

编制会计分录如下:

借:银行存款　　10 000

　贷:预收账款——大华公司　　10 000

【例5.34】向大华公司发出甲产品30件,不含税单位售价200元,增值税率17%,增值税额1 020元(已预收10 000元)。

该项经济业务的发生,一方面使企业的预收账款减少了7 020元,另一方面分别使产品销售收入和应缴增值税增加了6 000元和1 020元。

编制会计分录如下:

借:预收账款——大华公司　　7 020

　贷:主营业务收入——甲产品　　6 000

应交税费——应交增值税(销项税额)　　1 020

二、主营业务成本的核算

主营业务成本是指企业销售的产成品、自制半成品及工业性劳务的实际生产成本。由于企业销售库存商品,一方面使企业的主营业务收入增加,另一方面使企业的库存商品减少,但同时销售过程的成本增加。也就是说,库存商品经过销售过程,已经将库存商品的生产成本转化为销售成本,即主营业务成本。主营业务成本等于销售产品的数量乘以销售产品的单位成本。

(一)主营业务成本核算设置的账户

"主营业务成本"账户是核算企业已经销售的库存商品实际成本的账户,该账户属于损益类账户,但它的核算和资产类基本相同,借方登记发出仓库已售商品的实际生产成本,贷方登记销售退回的产品销售成本及月末转入"本年利润"账户的"主营业务成本"数额,结转后本账户无余额。该账户应分别按产品类别设置明细分类账,进行明细分类核算。

借方　　主营业务成本	贷方
已经销售的发出仓库的商品实际生产成本	①销售退回的商品销售成本 ②转入"本年利润"账户的"主营业务成本"数额

(二)主营业务成本核算的案例

【例5.35】月末,结转已售商品的实际生产成本79 000元。其中,甲产品490件,生产成本49 000元;乙产品500件,生产成本30 000元。

该项经济业务的发生,一方面使企业的库存产成品减少了79 000元,另一方面使产品销售成本增加了79 000元。

编制会计分录如下:

借:主营业务成本——甲产品　　49 000

　　　　　　　　——乙产品　　30 000

　贷:库存商品——甲产品　　49 000

　　　　　　　——乙产品　　30 000

三、营业税金及附加的核算

营业税金及附加是企业因销售商品等按《税法》规定应缴纳的消费税、城市维护建设税、教育附加税和资源税等税金。为了核算产品销售税金,企业应设置"营业税金及附加"账户。

1. 消费税

消费税是指在中华人民共和国境内生产、委托加工和进口消费品的单位和个人,以及国务院确定的销售消费品的其他单位和个人,消费税的纳税人,应当依照国家规定缴纳消费税。也就是说,对国家规定的消费品或者消费行为征收的一种税收。税率每种商品各不相同。

征税范围有：烟、酒及酒精、化妆品、贵重首饰及珠宝玉石、鞭炮、焰火、成品油、汽车轮胎、摩托车、小汽车、高尔夫球及球具、高档手表、游艇、木制一次性筷子、实木地板等。

2. 城市维护建设税

城市维护建设税是我国为了加强城市维护建设，扩大和稳定城市维护建设资金的来源，而对有经营收入的单位和个人征收的税种。

城市维护建设税与其他税种不同，没有独立的征收对象和税基，而是以增值税、消费税、营业税"三税"实际缴纳的税额之和为计算依据，随"三税"同时附征，本质上属于一种附加税。

一般来说，城镇规模越大，所需要的建设与维护资金越多。与此相适应，城市维护建设税规定，纳税人所在地为城市市区的，税率为7%；纳税人所在地为县城、建制镇的，税率为5%；纳税人所在地不在城市市区、县城或建制镇的，税率为1%。这种根据城镇规模不同差别设置税率的办法，较好地照顾了城市建设的不同需要。

3. 教育费附加

教育费附加是对在城市和县城凡缴纳增值税、消费税、营业税的单位和个人，就实际缴纳的三种税额征收的一种附加税。征收教育费附加目的是为了多渠道筹集教育经费，改善中小学办学条件，教育费附加具有专款专用的性质。

根据国家有关规定，教育费附加是以各单位和个人实际缴纳的增值税、消费税、营业税的税额为计征依据，分别与增值税、消费税、营业税同时缴纳。

4. 资源税

资源税是对在我国境内开采应税矿产品和生产盐的单位及个人征收的一种税，资源税是自然资源税税种的总称。

资源税有级差资源税和一般资源税两种：

级差资源税是国家对开发和利用自然资源的单位和个人，由于资源条件的差别所取得的级差收入课征的一种税。

一般资源税是国家对国有资源，如我国宪法规定的城市土地、矿藏、水流、森林、山岭、草原、荒地、滩涂等，根据国家的需要，对使用某种自然资源的单位和个人，为取得应税资源的使用权而征收的一种税。

（一）营业税金及附加核算设置的账户

"营业税金及附加"账户属于损益类账户，但它的核算和资产类账户基本相同，账户的借方登记计算的应缴纳的各种税金及附加，贷方登记期末转入"本年利润"账户的营业税金及附加数额，该账户期末无余额。

借方　　　营业税金及附加	贷方
计算的应交纳的消费税、城建税、教育费附加、资源税等税金	转入"本年利润"账户的"营业税金及附加"数额

(二)营业税金及附加核算的案例

【例5.36】月末,按《税法》规定计算出本月应交纳的消费税税金2 000元、应交城建税税金500元。

该项经济业务的发生,一方面使企业的营业税金及附加增加2 500元,另一方面也使企业的应交税金增加了2 500元。

编制会计分录如下:

借:营业税金及附加　　2 500
　贷:应交税费——应交消费税　　2 000
　　　　　　——应交城建税　　500

【例5.37】月末,用银行存款上交城建税和消费税共2 500元。

借:应交税费——应交消费税　　2 000
　　　　　——应交城建税　　500
　贷:银行存款　　2 500

四、其他业务收入的核算

其他业务收入是指企业除主营业务收入以外的其他业务活动所取得的经济利益的总流入。如材料物资、包装物销售,包装物和固定资产出租,废旧物资出售收入等。其他业务收入是企业从事除主营业务以外的其他业务活动所取得的收入,并不经常发生,每笔业务金额一般较小,占收入的比重也较低等特点。

(一)其他业务收入核算设置的账户

"其他业务收入"账户是用来核算销售材料取得的收入、出租包装物、固定资产和无形资产取得的收入等的账户。该账户属于损益类账户,其核算和负债类基本相同,贷方核算销售材料等收入的增加,借方核算销售退回和销售折让以及期末转入"本年利润"账户的收入数额,本账户期末无余额。账户可按取得收入的种类设置明细账,进行明细分类核算。

借方　　其他业务收入	贷方
①有关材料等收入的销售退回和销售折让 ②期末转入"本年利润"账户的其他业务收入数额	①销售材料收入的增加 ②出租包装物、固定资产、无形资产收入的增加

(二)其他业务收入核算的案例

【例5.38】长空公司销售剩余材料,不含税价款100 000元,增值税率17%,款项已全部收到存入银行。

借:银行存款　　117 000
　贷:其他业务收入　　100 000
　　应交税费——应交增值税　　17 000

【例5.39】长空公司出租包装物,收到租金35 100元存入银行(含增值税5 100元)。

借:银行存款 35 100

贷:其他业务收入 30 000

应交税费——应交增值税 5 100

五、其他业务成本的核算

其他业务成本是核算企业确认的除主营业务成本以外的其他经营活动所发生的支出,包括销售材料的成本、出租固定资产的折旧额、出租包装物的成本摊销额等。

(一)其他业务成本核算设置的账户

1.“其他业务成本”账户属于损益类账户,其核算和资产类账户基本相同,借方核算销售的材料成本、出租固定资产的折旧额、出租包装物的成本摊销额,贷方核算期末转入“本年利润”账户的其他业务成本数额,本账户期末无余额。账户可按销售成本的种类设置明细账,进行明细分类核算。

2.“包装物”账户是用来核算企业包装物购入、出租或出借的账户。该账户属于资产类账户,借方核算购入包装物的增加,贷方核算期末转入“其他业务成本”账户的包装物成本数额,本账户如有余额在借方,表示库存包装物成本。该账户可按包装物出租、出借的种类设置明细账,进行明细分类核算。

(二)其他业务成本核算的案例

【例5.40】月末,长空公司结转所销售材料的账面实际成本6 000元(不考虑税费)。

借:其他业务成本 6 000

贷:原材料 6 000

【例5.41】月末,长空公司结转已经销售的包装物实际成本20 000元。

借:其他业务成本 20 000

贷:包装物 20 000

第六节　财务成果的形成及利润分配的核算

利润(或者亏损)是企业在一定会计期间的经营成果。利润包括企业的收入与费用相抵后的差额和直接计入当期利润的利得和损失。利润不仅是考核企业在一定时期内生产经营状况的重要指标,也是企业资金使用效果的一种综合反映。

一、利润的构成

利润的内容包括:营业利润、利润总额、净利润和每股收益四部分。

营业利润 = 营业收入 - 营业成本 - 营业税金及附加 - 销售费用 - 管理费用 - 财务费用 - 资产减值损失 + 公允价值变动收益(- 公允价值变动损失) + 投资收益(- 投资损失)

利润总额 = 营业利润 + 营业外收入 - 营业外支出

净利润 = 利润总额 - 所得税费用

在企业的利润总额和净利润中，营业利润代表企业的核心能力。其中，主营业务、其他业务的核算内容已在前面作了详细阐述，这里将主要介绍期间费用、营业外收支、投资收益、所得税、净利润的形成与利润分配的业务核算。

二、期间费用的核算

期间费用是指不能直接归属于某个特定的产品成本，应直接计入当期损益的费用，包括销售费用、管理费用、财务费用。这些费用是随着企业在经营过程中不断发生、与产品生产活动的管理和销售有一定的关系，但与产品的制造过程没有直接关系的费用。期间费用不计入产品成本，但应从企业当期的损益中扣除。

1. 销售费用是指在销售商品和材料、提供劳务的过程中发生的各种费用，包括保险费、包装费、展览费和广告费、商品维修费、预计产品质量保证损失、运输费、装卸费等以及为销售本企业商品而专设的销售机构（含销售网点、售后服务网点等）的职工薪酬、业务费、折旧费等经营费用。

2. 管理费用是指企业为组织和管理生产经营所发生的管理方面的费用，包括企业在筹建期间内发生的开办费、董事会和行政管理部门在企业的经营管理中发生的或者应由企业统一负担的公司经费（包括行政管理部门职工工资及福利费、物料消耗、低值易耗品摊销、办公费和差旅费等）、工会经费、董事会费（包括董事会成员津贴、会议费和差旅费等）、聘请中介机构费、咨询费（含顾问费）、诉讼费、业务招待费、房产税、车船使用税、土地使用税、印花税、技术转让费、矿产资源补偿费、研究费用、排污费等。

3. 财务费用是指企业为筹集生产经营所需资金等而发生的筹资费用，包括利息支出（减利息收入）、汇兑差额以及相关的手续费、企业发生的现金折扣或收到的现金折扣等。

（一）期间费用核算设置的账户

为了核算期间费用，需设置“销售费用”“管理费用”和“财务费用”账户。

1. “销售费用”账户，是用以核算企业销售费用的发生和结转情况的账户。该账户为损益类账户，其核算和资产类相同，借方登记发生的各项销售费用，贷方登记期末转入“本年利润”账户的销售费用，期末结转后该账户无余额，该账户应按销售费用的项目进行明细分类核算。

借方　　　　销售费用	贷方
销售过程中发生的广告费、包装费、运杂费等销售费用	期末转入“本年利润”账户的销售费用

2. “管理费用”账户，用以核算企业管理费用的发生和结转情况的账户。该账户为损益类账户，其核算和资产类账户相同，借方登记本期实际发生的各种管理费用，贷方登记期末转入“本年利润”账户的管理费用，期末结转后该账户无余额。该账户应按费用项目进行明细分类核算。

借方	管理费用 贷方
企业发生的办公费、折旧费等管理费用	期末转入“本年利润”账户的管理费用

3.“财务费用”账户,用以核算财务费用的发生和结转情况的账户。该账户为损益类账户,其核算与资产类账户相同,借方登记本期实际发生的财务费用,贷方登记期末转入“本年利润”账户的财务费用,期末结转后该账户无余额。该账户应按费用项目进行明细分类核算。

借方	财务费用 贷方
企业发生的银行借款利息、手续费以及汇兑损失	期末转入“本年利润”账户的财务费用

4.“应付利息”账户,用以核算企业为筹资借款而应支付利息的账户。该账户为负债类账户,贷方登记计算的应付利息,借方登记已支付的利息,期末余额在贷方,表示尚未支付的利息。

借方	应付利息 贷方
已经支付的借款利息	计算应付的借款利息
	期末余额:尚未支付的借款利息

(二)期间费用核算的案例

【例5.42】企业本月发生广告费8 000元,以银行存款支付。编制会计分录如下:

借:销售费用 8 000

贷:银行存款 8 000

【例5.43】本月计算出应付企业行政管理部门人员工资10 000元,并计提职工福利费1 400元。编制会计分录如下:

借:管理费用 11 400

贷:应付职工薪酬——工资 10 000

应付职工薪酬——福利费 1 400

【例5.44】本月计提企业管理部门固定资产的折旧5 000元。编制会计分录如下:

借:管理费用 5 000

贷:累计折旧 5 000

【例5.45】用现金支付企业行政管理部门购买办公用品费800元。编制会计分录如下:

借:管理费用 800

贷:库存现金 800

【例5.46】企业本月计提短期借款利息2 000元。编制会计分录如下:

借:财务费用 2 000

贷:应付利息 2 000

三、营业外收支的核算

营业外收支是指与企业日常经营活动没有直接关系的各项利得和损失,包括营业外收入和营业外支出两个要素。

营业外收入是指与企业日常经营活动没有直接关系的各项利得。营业外收入并不是企业经营资金耗费所产生的,不需要企业付出代价,实际上是企业经济利益的净流入,也无法与有关的费用进行配比。营业外收入主要包括非流动资产处置利得、非货币性资产交换利得、债务重组利得、政府补助利得、盘盈利得、罚没利得、捐赠利得等。

营业外支出是指企业发生的与其日常经营活动无直接关系的各项支出或损失。包括非流动资产处置损失、非货币性资产交换损失、债务重组损失、罚款支出、公益性捐赠支出、非常损失等。

(一)营业外收支核算设置的账户

1."营业外收入"账户是用以核算营业外收入的取得及结转情况的账户。该账户为损益类账户,其核算和负债类账户相同,账户的贷方登记取得的营业外收入,借方登记期末转入"本年利润"账户的营业外收入,期末结转后该账户无余额。该账户应按营业外收入项目进行明细分类核算。

借方　　营业外收入	贷方
期末转入"本年利润"账户的营业外收入	发生的罚没收入、盘盈资产等营业外收入

2."营业外支出"账户是用以核算营业外支出的发生及结转情况的账户。该账户为损益类账户,其核算和资产类账户相同,账户的借方登记发生的营业外支出,贷方登记期末转入"本年利润"账户的营业外支出数,期末结转后账户无余额。该账户应按营业外支出项目进行明细分类核算。

借方　　营业外支出	贷方
发生的罚没支出、盘亏资产等营业外支出	期末转入"本年利润"账户的营业外支出

(二)营业外收支核算的案例

【例5.47】收到其他企业交来的违约罚款5 000元现金,确认营业外收入。

该项经济业务的发生,一方面使企业库存现金增加5 000元,另一方面使营业外收入增加了5 000元。编制会计分录如下:

借:库存现金　　5 000
　贷:营业外收入　　5 000

【例5.48】以银行存款100 000元支付公益性捐赠支出。

该项经济业务的发生,一方面使企业的银行存款减少了100 000元,另一方面使营业外支出增加了100 000元。编制会计分录如下:

借:营业外支出　　100 000

贷:银行存款　　　　　　　　　　　　　　　　100 000

四、投资收益的核算

投资收益是指企业在一定会计期间对外投资所取得的回报。投资收益包括对外投资所分得的股利和收到的债券利息,以及投资到期收回的或到期前转让债权取得款项高于账面价值的差额等。投资活动也可能遭受损失,如投资到期收回的或到期前转让所得款项低于账面价值的差额,即为投资损失。投资收益减去投资损失则为投资净收益(正数是投资净收益,负数是投资净损失)。

交易性金融资产是指企业为了近期内出售而持有的债券投资、股票投资和基金投资。如以赚取差价为目的从二级市场购买的股票、债券、基金等,实际上就是短期投资。

(一)投资收益核算设置的账户

1."投资收益"账户是用以核算企业对外投资获得的收益或发生的损失及结转情况的账户。该账户为损益类账户,其核算和负债类账户相同,账户的贷方登记获得的投资收益,借方登记期末转入"本年利润"账户的投资收益额,结转后该账户期末无余额。该账户应按投资收益项目进行明细分类核算。

借方　　　　　　　　　　投资收益　　　　　　　　　　贷方

①发生的投资损失 ②期末转入"本年利润"账户的投资收益	①实现的投资收益 ②期末转入"本年利润"账户的投资损失

2."交易性金融资产"账户是用以核算企业的债券投资、股票投资和基金投资的账户。该账户为资产类账户,账户的借方登记购入的股票、债券和基金,贷方登记出售的股票、债券和基金,余额在借方,表示持有的股票、债券和基金数额。该账户应按购入的股票、债券和基金项目进行明细分类核算。

借方　　　　　　　　　　交易性金融资产　　　　　　　　　　贷方

购入的股票、债券、基金数额	出售的股票、债券和基金
期末余额:股票、债券和基金的实有数额	

(二)投资收益核算的案例

【例5.49】企业由于资金短缺,将持有的股票抛售,该股票买价500 000元,抛售价580 000元,款项已存入银行。

借:银行存款　　　　　　　　　　580 000
　贷:交易性金融资产　　　　　　　　　500 000
　　投资收益　　　　　　　　　　　　　80 000

【例5.50】收到股票投资的现金股利100 000元,已存入银行。

借:银行存款　　　　　　　　　　100 000
　贷:投资收益　　　　　　　　　　　100 000

五、所得税费用的核算

企业所得税是指对中华人民共和国境内的企业(居民企业及非居民企业)和其他取得收入的组织以其生产经营所得为课税对象所征收的一种所得税。作为企业所得税纳税人,应依照《中华人民共和国企业所得税法》缴纳企业所得税。

企业所得税是根据其在一定会计期间的应纳税所得额(即应税利润)和所得税税率计算确定的。这里所说的应纳税所得额(应税利润)是根据税法规定确认的收入与费用配比计算的利润数,与税前会计利润(即根据会计准则确认的收入与费用配比计算的利润总额数)可能有所不同。在实际工作中,企业计算出的税前会计利润与应税利润之间产生差异时,应在计算缴纳所得税时,对税前会计利润按照税法规定加以调整。

有关计算公式如下:

(1)应纳税所得额(即应税利润)=税前会计利润+纳税调整增加额-纳税调整减少额

(2)应纳所得税额(即当期应交所得税)=应纳税所得额×所得税税率

所得税费用包括当期应纳所得税和递延所得税两个组成部分。即:

(3)所得税费用=当期应纳所得税额+递延所得税

其中,当期应纳所得税是指当期发生的交易或事项按照适用的税法规定计算确定的当期应交所得税;递延所得税是当期确认的递延所得税资产和递延所得税负债金额或予以转销金额的综合结果(这项内容将在财务会计阐述)。

(一)所得税费用核算设置的账户

"所得税费用"账户是用以核算企业按规定计算的应交所得税及其结转情况的账户。该账户为损益类账户,其核算和资产类账户相同,借方登记企业计入本期损益的所得税费用,贷方登记期末转入"本年利润"账户的所得税费用,期末结转后本账户无余额。该账户可按"当期所得税费用""递延所得税费用"进行明细核算。

借方　　　　　　所得税费用	贷方
计算的应交所得税费用	期末转入"本年利润"账户的所得税费用

(二)所得税费用核算的案例

【例5.51】企业本期实现的会计利润(利润总额)为200 000元。假定税前会计利润与应税利润一致(即无调整项目),按25%的所得税税率计算当期应缴纳的所得税额为50 000元。(假设不考虑递延所得税)

该项经济业务的发生,一方面使企业的应缴税金增加了50 000元,另一方面使所得税费用增加了50 000元。编制会计分录如下:

借:所得税费用　　　　　　　　　　50 000

　贷:应交税费——应交所得税　　　　　　50 000

【例5.52】企业用银行存款上交所得税50 000元,已开出转账支票。

该项经济业务的发生,一方面使企业的应缴税金减少了 50 000 元,另一方面也使银行存款减少了 50 000 元。编制会计分录如下:

借:应交税费——应交所得税　　50 000

　贷:银行存款　　50 000

六、本年利润的核算

企业的利润总额扣除所得税费用后,即为企业的净利润。在会计核算上,只需在期末将各损益类账户的本期发生额转入"本年利润"账户,即可求出净利润。

按照规定,企业在会计期末即每月的月末要进行结账,计算出企业该月实现的利润,考核企业目标利润的执行情况,为了核算企业的利润实现情况,需要设置"本年利润"账户。

(一)本年利润核算设置的账户

"本年利润"账户是用以核算企业本期实现净利润(或亏损)的账户。该账户为所有者权益类账户,其贷方登记转入的主营业务收入、其他业务收入、营业外收入、投资净收益的数额;借方登记转入的主营业务成本、其他业务成本、营业税金及附加、营业外支出、管理费用、财务费用、销售费用、投资净损失,该账户如为贷方余额,表示实现的会计利润(即利润总额);如为借方余额,表示发生的亏损。当企业实现会计利润以后,需要计算应交所得税,并将计算的所得税费用转入"本年利润"账户,即计算出该企业实现的净利润。年终决算,需要将"本年利润"账户的数额全部转入"利润分配"账户。

借方　　本年利润	贷方
①主营业务成本 ②其他业务成本 ③营业税金及附加 ④营业外支出 ⑤管理费用 ⑥财务费用 ⑦销售费用 ⑧投资净损失	①主营业务收入 ②其他业务收入 ③营业外收入 ④投资净收益
(期末余额:发生的亏损) ⑨所得税费用	期末余额:实现的利润总额
转入"利润分配" 账户的净利润数额	期末余额:净利润数额

(二)本年利润核算的案例

【例 5.53】某企业 12 月末有关损益类账户的发生额如表 5.8,将有关账户的发生额转入"本年利润"账户。

表 5.8　企业 12 月份损益类账户发生额　单位:元

账户名称	借方发生额	贷方发生额
主营业务收入		8 000 000
主营业务成本	5 000 000	
销售费用	200 000	
营业税金及附加	300 000	
管理费用	400 000	
财务费用	100 000	
其他业务收入		70 000
其他业务成本	50 000	
投资收益		60 000
营业外收入		50 000
营业外支出	30 000	
所得税费用	28 000	

(1)将各项收入、收益类账户的发生额转入“本年利润”账户的贷方。编制会计分录如下:

借:主营业务收入　8 000 000
　其他业务收入　70 000
　营业外收入　50 000
　投资收益　60 000
　贷:本年利润　8 180 000

(2)将各项费用、支出类账户的发生额转入“本年利润”账户的借方。编制会计分录如下:

借:本年利润　6 080 000
　贷:主营业务成本　5 000 000
　　营业税金及附加　300 000
　　销售费用　200 000
　　管理费用　400 000
　　财务费用　100 000
　　营业外支出　30 000
　　其他业务成本　50 000

(3)计算并结转本期应交所得税,所得税税率25%。根据上述(1)、(2)两笔会计分录,假如没有纳税调整项目,计算应交所得税如下:

应纳税所得额(即应税利润)=8 180 000－6 080 000＝2 100 000(元)

应纳所得税额(即当期应交所得税)＝2 100 000×25%＝525 000(元)

编制会计分录为

①计算应交所得税

借:所得税费用　　　　　　　　　　　　　525 000

　贷:应交税费——应交所得税　　　　　　　　525 000

②结转所得税费用

借:本年利润　　　　　　　　　　　　　　525 000

　贷:所得税费用　　　　　　　　　　　　　525 000

通过上述损益类账户的结转,即可确定本期实现的净利润 2 100 000 - 525 000 = 1 575 000(元)

七、利润分配的核算

(一)利润分配的内容

企业的利润总额扣除所得税费用后即为净利润。净利润应该根据国家有关规定和投资者的决议进行分配。利润分配的内容和程序如下:

1. 提取法定盈余公积金

法定盈余公积金是国家统一规定必须提取的公积金,它的提取顺序在弥补亏损之后,公司制企业(包括国有独资公司、有限责任公司和股份有限公司,下同)按《公司法》规定按当年税后利润的10%提取。法定盈余公积金已达到注册资本50%时可不再提取。法定盈余公积金可用于弥补亏损、扩大公司生产经营或转增资本,但企业用盈余公积金转增资本后,法定盈余公积金的余额不得低于转增前公司注册资本的25%。非公司制企业法定盈余公积的提取比例可超过净利润的10%。

2. 提取任意盈余公积金

公司从税后利润中提取法定盈余公积金后,经股东大会决议,可以提取任意盈余公积金。任意盈余公积金的提取与否及提取比例由股东大会根据公司发展的需要和盈余情况决定,法律不作强制规定。

任意盈余公积金又称公司的储备金,是指公司为增强自身财产能力,扩大生产经营和预防意外亏损,依法从公司利润中提取的一种款项,不作为股利分配的部分所得或收益。主要用于:弥补公司亏损,扩大公司生产经营,转增公司资本。

3. 分配给投资者的利润或股利

在公司弥补亏损和提取盈余公积金以后剩余的税后利润,加上年初的未分配利润就是可供投资者分配的利润,包括:支付的优先股股利、普通股股利和对外分配的利润。有限责任公司依照公司法的规定分配;股份有限公司按照股东持有的股份比例分配。但股份有限公司章程规定不按持股比例分配的除外。

4. 未分配利润

未分配利润是企业未作分配的利润。它在以后年度可继续进行分配,在未进行分配之前,属于所有者权益的组成部分。从数量上来看,未分配利润是期初未分配利润加上本期实现的净利润,减去提取的各种盈余公积和分配的利润后的余额。

未分配利润有两层含义:一是留待以后年度处理的利润;二是未指明特定用途的利润。相对于所有者权益的其他部分来说,企业对于未分配利润的使用有较大的自主权。

(二)利润分配核算设置的账户

1."利润分配"账户是用以核算企业利润的分配情况和反映未分配利润数额的账户。该账户为所有者权益类账户,年末,将企业实现的净利润从"本年利润"账户的借方转入"利润分配"账户的贷方;若本年发生亏损,则将亏损额从"本年利润"账户的贷方转入"利润分配"账户的借方;企业按规定计算提取的盈余公积和分配给投资者的利润登记在该账户的借方。年末决算以后,本账户如为贷方余额,表示累计未分配利润;如为借方余额,表示累计未弥补亏损。

为了具体反映企业利润分配和未分配利润情况,本账户应设置"提取法定盈余公积""提取任意盈余公积""应付现金股利或应付利润""盈余公积补亏"和"未分配利润"等明细账户进行明细分类核算。

(1)"利润分配"总账账户:

借方　　利润分配	贷方
①提取的法定盈余公积金 ②提取的任意盈余公积金 ③计算的应付股利等 ④转入的亏损数额	①转入的净利润数额 ②弥补的亏损数额
期末余额:未弥补的亏损	期末余额:未分配的利润

(2)"利润分配"明细分类账户:

a."利润分配——未分配利润"账户

借方　　利润分配——未分配利润	贷方
①转入的亏损数额	①转入的净利润数额
期末余额:未弥补的亏损	期末余额:未分配的利润

b."利润分配——提取盈余公积"账户

借方　　利润分配——提取盈余公积	贷方
提取的法定盈余公积(提取的任意盈余公积)	转入"未分配利润"明细账户借方的法定盈余公积数额

c."利润分配——应付利润(应付股利)"账户

借方　　利润分配——应付利润(应付股利)	贷方
计算的应付利润或股利	转入"未分配利润"明细账户借方的应付利润或应付股利数额

2."盈余公积"账户是用以核算企业盈余公积的提取、使用和结余情况的账户。该账

户为所有者权益账户，其核算和负债类相同，贷方登记提取的盈余公积数，借方登记盈余公积的使用数，期末贷方余额，表示盈余公积的结余数额。

借方 盈余公积	贷方
使用(减少)的盈余公积金	提取(增加)的盈余公积金
	期末余额：盈余公积金的结存数额

3.“应付利润(或应付股利)”账户是用以核算企业已确定或宣告支付的但尚未实际支付的利润或现金股利的账户。该账户为负债类账户，其贷方登记应支付给投资者的利润或现金股利，借方登记实际支付的利润或现金股利，期末贷方余额表示企业应付未付的利润或现金股利，该账户应按投资者设置明细账进行明细核算。

借方 应付利润(应付股利)	贷方
已支付的利润或股利	计算的应付利润或股利
	期末余额：尚未支付的利润

(三)利润分配核算的案例

【例5.54】如【例5.53】由于该企业本年度实现的净利润为1 575 000元，按10%提取法定盈余公积为157 500元；经股东大会决议，应付利润为315 000元。年末，将有关账户进行结转。

(1)年末，将本年净利润1 575 000元转入“利润分配——未分配利润”账户。这项转账业务，编制会计分录如下：

借：本年利润　　1 575 000
　贷：利润分配——未分配利润　　1 575 000

(2)提取盈余公积金157 500元。编制会计分录如下：

借：利润分配——提取法定盈余公积　　157 500
　贷：盈余公积　　157 500

(3)计算应分给投资者的利润315 000元。

借：利润分配——应付利润(应付股利)　　315 000
　贷：应付利润(应付股利)　　315 000

(4)年末，企业还需将“利润分配”账户的有关明细账户的本年借方发生额从贷方分别转入“利润分配——未分配利润”账户的借方，以求得年末未分配利润。结转后，“利润分配”账户的有关明细账户(“利润分配——未分配利润”明细账户除外)无余额。编制会计分录如下：

借：利润分配——未分配利润　　472 500
　贷：利润分配——提取法定盈余公积　　157 500
　　　　　　——应付利润(应付股利)　　315 000

我们将上述会计业务处理登记到“利润分配”有关明细分类账的“丁”字账户中，可以

计算出年末未分配利润金额为:1 575 000 - (157 500 +315 000) =1 102 500(元)

借方　利润分配——提取盈余公积　贷方

借方	贷方
(2)157 500	(4)157 500

借方　利润分配——应付利润(应付股利)　贷方

借方	贷方
(3)315 000	(4)315 000

借方　利润分配——未分配利润　贷方

借方	贷方
(4)157 500 315 000	(1)1 575 000
	期末余额:未分配利润 1 102 500

练 习 题

一、简答题

1. 企业筹集资金有哪些方式?
2. 材料采购成本包括哪些内容,采购费用怎样核算与分配?
3. 成本项目包括哪些内容?
4. 产品成本计算的一般程序是什么?
5. 直接费用和间接费用有何不同?
6. 期间费用的具体内容?
7. 企业的利润总额怎样计算?
8. 企业的净利润怎样分配,如何核算?
9. 固定资产的计价标准有几种? 具体内容是什么?
10. 库存材料发出有哪些方法? 具体怎样核算? 分别有哪些特点? 适用范围?

二、练习资金筹集业务的核算

资料:某企业 2010 年发生的有关经济业务事项如下:

1. 企业收到投资者投入资本 900 000 元,已存入银行。

2. 企业收到 A 企业投入的新机器一台,价值 600 000 元。

3. 企业于 2010 年 9 月 1 日向银行借入期限为 3 个月,年利率为 4% 的借款 100 000 元,存入银行。每月计提借款利息,到期一次还本付息。

4. 企业于 2010 年 3 月 1 日向银行借入期限为 6 个月,年利率为 6% 的借款 200 000 元,每月支付利息,到期还本。

5. 收到国家增拨的投资 200 000 元,存入银行。

6. 收到美联公司投入的生产线,其原始价值 600 000 元,双方协商作价为 560 000 元。

要求:根据上述经济业务编制会计分录。

三、练习固定资产购入业务的核算

资料:中海公司 2011 年 5 月发生下列经济业务:

1. 购入不需要安装设备一台,买价 30 000 元,增值税额 5 100 元,发生包装费 500 元,运杂费 400 元,全部款项以银行存款支付。

2. 购入需安装的生产线一条,买价 200 000 元,增值税额 34 000 元,发生包装费 1 000 元,运输途中的保险费及运费 1 200 元,全部款项以银行存款支付。在安装过程中,耗用材料 1 500 元,人工费用 800 元。安装完毕,经验收合格已交付使用。

要求:根据上述经济业务编制会计分录。

四、练习材料采购业务的核算

资料:中海公司 2011 年 5 月发生下列经济业务:(运费不考虑增值税费)

1. 从长宏工厂购入 A 材料 300 千克,单价 200 元,增值税进项税额为 10 200 元,运费 200 元。全部款项尚未支付,材料已验收入库。

2. 以银行存款 30 000 元向中原工厂预付购买 B 材料的货款。

3. 从兴丰工厂购入 C 材料 30 千克,单价 100 元,增值税 510 元;D 材料 50 千克,单价 200 元,增值税税率 17%,购入材料共发生运费 1 600 元(按材料重量比例分配)。上述款项全部用银行存款支付,材料已验收入库。

4. 以银行存款 70 400 元,偿还所欠长宏工厂的货款。

5. 从帝恒工厂购入 B 材料 50 千克,单价 120 元,运费 200 元,增值税额为 1 020 元,企业签发并承兑三个月到期的商业汇票一张,材料尚未运达企业。

6. 收到中原工厂发来的已预付货款的 B 材料 200 千克,单价 115 元,对方代垫运费 800 元,增值税额 3 910 元,材料已验收入库。

7. 南江工厂发来的 A 材料 100 千克,每千克 205 元,代垫运费 600 元,增值税额 3 485 元。货款以上月预付款 20 000 元抵付,其余部分用银行存款支付,材料已收到并验收入库。

8. 月末计算 A、B、C、D 四种材料已入库的采购成本,并结转入库材料实际成本。

要求:根据上述经济业务编制会计分录。

五、练习材料采购业务的核算

资料:某企业 2010 年 7 月发生的有关经济业务事项如下:

1. 企业购入不需要安装的机器一台,设备买价和税金共 234 000 元,运输费 500 元,款项以银行存款支付。

2. 企业从大华公司购入 A 材料。增值税专用发票上注明材料数量为 5 吨,单价 10 000元,金额 50 000 元;税率 17%,增值税额 8 500 元;价税合计 58 500 元,款项未付,材料已验收入库。

3. 企业从红光公司购入 B、C 两种材料,增值税专用发票上注明 B 材料数量 10 吨,单价 4 000 元,金额 40 000 元,税率 17%,税额 6 800 元;C 材料 5 吨,单价 1 000 元,金额 5 000元,税率 17%,税额 850 元。B、C 材料的价税款均以银行存款支付。B、C 材料均已验收入库。

4. 用银行存款支付 A、B、C 三种材料的运输费 1 200 元。其中,A 材料运输费 300

元，B、C 两种材料的运输费 900 元（运输费按 B、C 材料重量比例分配）。

要求：根据上述经济业务事项编制会计分录。

六、练习材料发出成本的计算

某企业 2012 年 11 月 1 日，甲材料结存 100 吨，单价 200 元；11 月 5 日，购入甲材料 300 吨，单价 210 元；11 月 10 日，发出甲材料 150 吨；11 月 20 日，购入甲材料 500 吨，单价 180 元；11 月 25 日，发出甲材料 200 吨。

要求：用先进先出法、移动平均法、月末一次加权平均法分别计算发出的甲材料成本。

七、练习产品生产业务核算

资料：中海公司 2011 年 6 月份生产甲、乙两种产品，有关经济业务如下：

1. 本月仓库发出下列材料：生产产品耗用材料 100 000 元，其中，甲产品 51 000 元；乙产品 49 000 元；车间一般消耗 900 元。

2. 分配本月工资费用 64 000 元，其中，生产工人工资 54 000 元（按生产工时比例分配：甲产品生产工时 600 小时，乙产品生产工时 400 小时）；车间管理人员工资 10 000 元。

3. 按上述工资总额的 14% 计提职工福利费。

4. 开出现金支票 64 000 元，提取现金以备发放工资。

5. 以现金 64 000 元支付本月工资。

6. 以银行存款购入车间用办公用品及劳保用品 1 200 元。

7. 租入厂房一间，租期 3 个月，以银行存款预付租金 4 500 元。本月负担 1 500 元。

8. 月末，计提本月生产车间的固定资产折旧费 1 300 元。

9. 月末，预提本月车间负担的固定资产大修理费 1 000 元。

10. 月末，将本月发生制造费用在甲、乙产品之间按生产工时比例进行分配。

11. 计算甲、乙产品生产成本（其中，甲产品全部完工；乙产品全部未完工）；并结转完工甲产品实际生产成本。

要求：1. 开设“生产成本”总账、明细账和“制造费用”总账（格式：“丁”字式）。

2. 根据上述经济业务编制会计分录，并登记上述账户。

3. 月末结出上述账户本期发生额和期末余额。

八、练习产品生产业务的核算

资料：某企业 2010 年 7 月发生的有关经济业务事项如下：

1. 企业本月份发出材料的情况如下：

甲产品生产耗用 A 材料 4 吨，单位成本 20 000 元，乙产品生产耗用 B 材料 8 吨，单位成本 1 000 元，车间一般耗用 C 材料 2 吨，单位成本 2 000 元。

2. 企业本月应付工资总额为 120 000 元，其中，甲产品生产工人工资 60 000 元，乙产品生产工人工资 20 000 元，车间管理人员工资 8 000 元，企业行政管理部门人员工资 32 000元。

3. 以现金支付本月工资 120 000 元。

4. 按上述工资总额的 14% 提取职工福利费。

5. 计提本月生产车间用固定资产折旧费 20 000 元，企业行政管理部门用固定资产折旧费 10 000 元。

6. 以现金支付车间购买办公用品费600元。

7. 月末,将本月发生的制造费用分配转入生产成本(按甲、乙产品的生产工人工资比例分配)。

8. 月末,结转本月完工验收入库产品成本(假设甲产品月初在产品成本4 000元,月末无在产品;乙产品月初无在产品,月末在产品成本500元)。

要求:根据上述经济业务事项编制会计分录。

九、练习产品销售业务的核算

资料:某企业2010年12月发生的有关经济业务事项如下:

1. 向大华公司销售甲产品200件,单位售价200元,增值税率17%,增值税额6 800元,款项尚未收到。

2. 向华丰公司销售甲产品100件,单位售价200元;乙产品100件,单位售价400元,增值税率17%,款项已收并存入银行。

3. 收到天天公司所欠账款70 200元并存入银行。

4. 海天公司向本企业订购甲产品50件,收到其预付款项5 000元,存入银行。

5. 向海天公司发出甲产品50件,单位售价200元,增值税率17%,增值税额1 700元(已预收5 000元)。

6. 月末,结转已售产品的实际生产成本。其中,甲产品单位生产成本140元,乙产品单位生产成本250元。

7. 月末,按《税法》规定计算出应缴纳的产品销售税金3 000元。

要求:根据上述经济业务事项编制会计分录。

十、练习财务成果的核算

资料:中海公司2012年12月份发生如下经济业务。

1. 12月1日,购进甲材料50吨,单价2 000元,运杂费1 000元,以银行存款支付。

2. 12月5日,购进甲材料2吨,单价1 980元;乙材料8吨,单价320元,共发生装卸费、搬运费2 000元,以银行存款支付一半货款,其余暂欠。

3. 12月6日,一车间生产A产品领用甲材料2 000元,生产B产品领用乙材料3 000元,生产车间领用甲材料2 000元,行政管理部门领用乙材料1 000元。

4. 12月6日,计提本月职工工资,其中A产品生产工人工资50 000元,B产品生产工人工资80 000元,车间管理人员工资40 000元,企业行政管理人员工资20 000元。

5. 12月7日,支付12月5日所欠购货款4 260元,开出支票一张。

6. 12月8日,摊销本月车间财产保险费10 000元;预提本月银行借款利息3 000元。

7. 12月9日,以现金300元购买车间办公用品。

8. 12月14日,从银行提取现金190 000元备发工资。

9. 12月15日,以现金190 000元支付职工工资。

10. 12月16日,销售A产品3 000件,每件售价30元;收到货款存入银行。

11. 12月19日,销售B产品2 000件,每件售价18元;货已发出款未收到,并以现金垫支运输费500元。

12. 12月20日,以银行存款3 000元支付产品广告费用。

13. 12月21日,发生自然损害,损失原材料5 000元,经批准转作"营业外支出"。

14. 12 月 25 日,收到投资单位分配的投资收益 2 000 元存入银行。

15. 12 月 27 日,将本月制造费用转入产品生产成本,其中 A 产品生产工时 3 000 小时,B 产品生产工时 2 000 小时。

16. 12 月 28 日,本月产品全部完工,验收入库。

17. 12 月 30 日,结转本月销售产品成本。

18. 12 月 31 日,计算本月 A、B 产品应缴消费税 2 000 元。

19. 12 月 31 日,将有关损益账户转入“本年利润”。

20. 12 月 31 日,计算应缴所得税,所得税率 25%。

21. 12 月 31 日,按税后利润的 10% 提取法定盈余公积金,按税后利润 5% 提取任意盈余公积金。

22. 12 月 31 日,计算向投资者分配利润 1 000 元。

23. 12 月 31 日,将净利润转入“利润分配”。

24. 12 月 31 日,开出支票一张,支付应交税金 5 000 元。

要求:根据上述经济业务内容编制会计分录。

十一、练习财务成果的核算

资料:某企业 2011 年 12 月发生的有关经济业务事项如下:

1. 接受现金捐赠 30 000 元,并存入银行。

2. 以银行存款 4 000 元支付公益性捐赠支出。

3. 销售甲产品 500 件,单位售价 2 000 元,增值税率 17%,全部款项已通过银行收讫。

4. 销售乙产品 700 件,单位售价 800 元,增值税率 17%,全部款项尚未收到。

5. 用银行存款支付广告费 2 000 元。

6. 计提应由本月负担的短期借款利息 5 000 元。

7. 结转已售产品的实际生产成本。其中,甲产品单位生产成本 800 元,乙产品单位生产成本 500 元。

8. 月末,按《税法》规定计算出应缴纳的产品销售税金 2 000 元。

9. 假定税前会计利润与应税利润一致,按 25% 的所得税税率计算当期应缴纳的所得税额。(假设不考虑递延所得税)

10. 月末将各损益类账户的本期发生额转入“本年利润”账户。

11. 按净利润的 10% 提取盈余公积金。

12. 企业决定,分给投资者利润 500 000 元。

要求:根据上述经济业务事项编制会计分录。

第六章　账户的分类

账户是会计核算的基本元素,每个账户都有其特定的核算内容、性质和结构,一般不能用其他账户来替代。账户虽然被分别加以使用,但它们之间并非彼此孤立,而是相互联系地组成一个完整的账户体系。同样,就某一个会计要素而言,它也不是孤立存在的,它与其他五个会计要素中的账户是不可分割的统一体。六个会计要素之间虽有区别,但联系密切,无论是静止状态还是运动状态,会计要素内部相互之间都存在着一定的联系。

为了正确地设置和运用账户,就需要从理论上进一步认识各个账户的经济内容、用途和结构,以及在整个账户体系中的地位和作用。在了解各账户特性的基础上,了解各账户的共性和相互之间的联系,掌握各账户在提供核算指标方面的规律性。会计应按账户的共性有机地对其分类,掌握账户的使用方法,正确地设置和运用账户,以满足会计信息使用者的信息需求。

凡是在提供核算指标方面有共同性的账户,就它们的共同性而言属于同一类账户,而它们之间的共性也成为该类账户的共同标志。为了进一步研究账户各自的特性和它们之间的共性,应掌握账户的分类标志。账户的分类标志一般有两种:(1)按经济内容分类;(2)按用途和结构分类。

第一节　账户按经济内容分类

一、账户按经济内容分类的意义

账户的经济内容,是指账户所反映会计对象的具体内容。按账户的经济内容对账户进行分类,就是按账户所反映的会计对象的具体内容对账户进行分类。在借贷记账法下,不同会计对象增减变动的记账方向是不同的,不同的会计对象有不同的账户结构和用途。明确了账户的经济内容,就为明确账户的用途和结构打下了良好的基础。另外,不同的会计报表,包含不同的会计要素,明确了账户的经济内容,就能正确掌握会计账户和相应会计报表之间的关系。因此,通过对账户按经济内容的分类,可以更好地运用借贷记账法,确切地了解每类和每个账户具体应该核算和监督的内容,设置适应本单位经营管理需要的、科学完整的账户体系,同时为学习账户的其他分类奠定基础。

二、账户按经济内容分类

账户的经济内容是指账户所反映和监督的会计对象的具体内容。账户按经济内容分类,实质上是按会计对象的具体内容分类,是账户分类的基础。

企业的会计对象是资金运动,资金运动可分为静态运动和动态运动两种形式。资产、负债、所有者权益构成资金静态运动;而收入、费用和利润则构成资金动态运动。于是按经济内容分类建立的账户体系,应包括反映资金运动的静态账户和反映资金运动的动态账户两类。反映资金运动的静态账户应由反映资产、负债和所有者权益的账户所组成;反映资金运动的动态账户应由反映收入、费用和利润的账户所组成。现分别加以阐述:

(一)资产类账户

资产类账户是核算企业各种资产增减变动及结余数额的账户。按照资产流动性的不同,有反映流动资产的账户和反映非流动资产的账户。

1. 反映流动资产的账户是指可以在一年或超过一年的一个营业周期内变现或耗用的资产。有"库存现金""银行存款""其他货币资金""应收账款""应收票据""其他应收款""原材料""库存商品""交易性金融资产"和"待摊费用"等账户。

2. 反映非流动资产的账户有"长期股权投资""固定资产""累计折旧""在建工程""无形资产"和"长期待摊费用"等账户。

(二)负债类账户

负债类账户是核算企业各种负债增减变动及结余数额的账户。按照负债的还款期限不同,可分为流动负债账户和非流动负债账户两类。

1. 核算流动负债的账户有"短期借款""应付账款""其他应付款""应付职工薪酬""应交税费""应付股利"和"预提费用"等账户。

2. 核算非流动负债的账户有"长期借款""应付债券""长期应付款"等账户。

(三)所有者权益类账户

所有者权益类账户是反映所有者在企业资产中享有的经济利益。所有者权益按照来源和构成的不同,可以分为投入资本类账户和留存收益类账户。

1. 投入资本类账户有"实收资本"(或"股本")"资本公积"账户。

2. 留存收益类账户有"盈余公积""本年利润""利润分配"账户。

(四)成本类账户

成本类账户是反映企业在生产经营过程中各成本计算对象的费用归集、成本计算情况的账户。包括:"生产成本""制造费用""劳务成本""研发支出"等。

(五)损益类账户

损益类账户是企业在某一会计期间一切经营活动和非经营活动及其他活动中所引起的经济利益的总流入,可分为收入类和费用类账户。

1. 收入类账户

这里的收入是指广义的收入。收入类账户是核算企业在一定会计期间的生产经营过程中所取得的各种经济利益的账户。

按照收入的不同性质和内容,又可分为核算营业收入的账户和核算非营业收入的账户两类。

(1)核算营业收入的账户有“主营业务收入”“其他业务收入”和“投资收益”等账户。

(2)核算非营业收入的账户有“营业外收入”账户。

2. 费用类账户

这里的费用是指广义的费用。费用类账户是核算企业在生产经营过程中发生的各种费用支出的账户。

按照费用的不同性质和内容,费用类账户又可分为核算经营费用的账户和核算非经营费用的账户两类。

(1)核算经营费用的账户有“生产成本”“制造费用”“主营业务成本”“营业税金及附加”“其他业务成本”“销售费用”“管理费用”“财务费用”和“资产减值损失”等账户。

(2)核算非经营费用的账户有“营业外支出”“所得税费用”等账户。

账户按经济内容分类的具体情况如表 6.1 所示。

表 6.1 制造企业按经济内容分类的账户体系

资产类账户	流动资产账户	库存现金、银行存款、其他货币资金、交易性金融资产、应收账款、应收票据、应付账款、应收股利、应收利息、其他应收款、材料采购、在途物资、原材料、库存商品、委托加工物资、周转材料、材料成本差异
	非流动资产账户	长期股权投资、固定资产、累计折旧、在建工程、无形资产、长期待摊费用、固定资产清理
负债类账户	流动负债账户	短期借款、应付票据、应付账款、其他应付款、应付职工薪酬、应交税费、应付股利、预提费用、预收账款、应付利息
	非流动负债账户	长期借款、应付债券、长期预付款、专项应付款
所有者权益类账户	投入资本账户	实收资本、资本公积
	留存收益账户	盈余公积、本年利润、利润分配
成本类账户	经营费用账户	生产成本、制造费用、劳务成本、研发支出
损益类账户	收入账户	主营业务收入、其他业务收入、投资收益、营业外收入
	费用账户	主营业务成本、营业税金及附加、其他业务成本、销售费用、管理费用、财务费用、资产减值损失、营业外支出、所得税费用

第二节　账户按用途和结构分类

一、账户按用途和结构分类的意义

账户按经济内容分类,可以使我们了解完整的账户体系包括哪些账户,各类账户所核算的会计对象的具体内容是什么。这对于正确区分账户的经济性质,合理地设置和运用账户,以满足经营管理的需要具有重要意义。但是,仅按经济内容对账户进行分类,还不能使我们了解各种账户的作用,以及他们是如何向会计信息的使用者提供所需的信息。为了更好地运用账户来记录经济业务,掌握账户在提供核算指标方面的规律性,就需要在按经济内容分类的基础上,进一步研究账户按用途和结构分类。

账户的用途是指设置和运用账户的目的是什么,通过账户记录能够提供什么核算指标。如我们设置的"固定资产""原材料"等实物资产账户的目的是为了反映相应的实物资产,通过这些账户记录能够提供相应的实物资产的增减变动及结余数额方面的核算资料。

账户的结构是指在账户中如何记录经济业务,以取得各种必要的核算指标。在不同的记账方法下,记录经济业务的具体方法是不同的,即反映会计要素的增减变动及结余数额(如果有余额的话)的方法也不同。在借贷记账法下,账户的结构具体是指账户借方核算什么内容,账户的贷方核算什么内容,期末余额(如果有余额的话)在哪方,具体表示什么内容。

企业每一个账户都是根据经营管理和对外报告会计信息的需要而设置的,都有其特定的用途和结构,因而按账户的用途和结构分类的账户体系与按经济内容分类的账户体系,就可能不完全一致。一方面,按经济内容归为一类的账户,可能具有不同的用途和结构;另一方面,具有相同或相似用途和结构的账户,就其反映的经济内容而言可能归属于不同的类别。因此,尽管账户的用途和结构都直接或间接地依存于账户的经济内容,但按账户的经济内容分类的账户体系并不能代替按用途和结构分类的账户体系。按经济内容分类是账户的基本分类方法,按用途和结构分类的账户体系是对按经济内容分类的账户体系的必要补充。

二、账户按用途和结构的分类

制造企业按用途和结构分类的账户体系,包括基本账户、调整账户、成本账户和损益计算账户四大类。

1. 基本账户具体又可分为盘存账户、投资权益账户、结算账户和跨期摊配账户。

2. 调整账户根据调整方式不同,又可分为抵减调整账户、附加调整账户和抵减附加调整账户。

3. 成本账户具体又可分为集合分配账户、成本计算账户和对比账户。

4. 损益计算账户具体又可分为收入计算账户、费用计算账户和财务成果计算账户。

下面简要说明各类账户的用途、结构和特点。

（一）盘存账户

盘存账户是用来核算、监督各项财产物资和货币资金（包括库存有价证券）的增减变动及其实有数的账户。它是任何企业单位都必须设置的基本账户。在这类账户中，借方登记各项财产物资和货币资金的增加数，贷方登记减少数，余额总是在借方，表示期末各项财产物资和货币资金的实有数。这类账户一般都可以通过盘点方式进行清查，核对账实是否相符。盘存账户的基本结构如下：

盘存账户

借方	贷方
期初余额：财产物资或货币资金的期初数	
本期发生额：财产物资或货币资金的本期增加数	本期发生额：财产物资或货币资金的本期减少数
期末余额：财产物资或货币资金的期末实有数	

属于盘存类的账户有："库存现金""银行存款""原材料""库存商品""固定资产"等账户。盘存账户的特点是：可以通过财产清查的方法，即实际盘点或对账的方法，核对货币资金和实物资产的实际结存数与账面结存数是否相符，并检查经营管理上存在的问题。除"库存现金"和"银行存款"账户外，其他盘存账户普遍运用数量金额式明细分类账，可以提供实物和价值两种指标。

（二）资本账户

资本账户是用来核算投资者取得资本和公积金的增减变动及其实有数额的账户。在这类账户中，贷方登记投资者投资的增加数或其他所有者权益的增值额，借方登记投资者投资的减少数或其他所有者权益的抵减额。若其余额在贷方，表示投资者权益的实有数额；若没有余额或其余额在借方，在有限责任公司的企业组织形式下，表示投资者的权益已降至零。属于资本类账户有："实收资本""资本公积""盈余公积"等。

资本类账户的特点是：有的账户（如"实收资本"）应按照企业的投资者分别设置明细分类账户，以便反映各投资者对企业实际拥有所有者权益的数额；资本类账户只提供价值指标。其基本结构如下：

资本账户

借方	贷方
	期初余额：期初资本和公积金的余额
本期发生额：本期资本和公积金的减少数	本期发生额：本期资本和公积金的增加数
	期末发生额：期末资本和公积金的实有数额

（三）结算账户

结算账户是用来核算和监督企业与其他单位和个人之间往来账款结算业务的账户。由于结算业务性质的不同，决定了结算账户具有不同的用途和结构。结算账户按用途和结构分类，具体又可分为债权结算账户、债务结算账户和债权债务结算账户三类。

1. 债权结算账户

债权结算账户也称资产结算账户，是用来核算和监督企业债权的增减变动和实有数额的账户。在这类账户中，借方登记债权的增加数，贷方登记减少数，余额在借方，表示债权的实有数。属于这一类的账户有："应收账款""其他应收款""应收票据""预付账款"等账户。债权结算账户的基本结构如下：

借方　　　　债权结算账户	贷方
期初余额：债权的期初实有数 本期发生额：债权的本期增加数	本期发生额：债权的本期减少数
期末余额：债权的期末实有数	

2. 债务结算账户

债务结算账户也称负债结算账户，是用来核算和监督本企业债务的增减变动和实有数额的账户。在这类账户中，贷方登记债务的增加数，借方登记减少数，余额在贷方，表示债务的实有数。属于债务结算类账户的有："应付账款""其他应付款""应付职工薪酬""应交税费""应付股利""短期借款""长期借款""应付债券"和"长期应付款"等账户。债务结算账户的基本结构如下：

借方　　　　债务结算账户	贷方
本期发生额：债务的本期减少数	期初余额：债务的期初实有数 本期发生额：债务的本期增加数
	期末余额：债务的期末实有数

3. 债权债务结算账户

债权债务结算账户也称资产负债结算账户，是用来监督本企业与其他单位或个人以及企业内部各单位相互往来结算业务的账户。由于这种相互之间往来结算业务经常发生变动，企业有时处于债权人的地位，有时则处于债务人的地位。为了能在同一账户中反映本企业与其他单位的债权、债务的增减变化，借以减少会计科目的使用，简化核算手续，在借贷记账法下，可设置同时具有债权债务双重性质的结算账户，在这类账户中，借方登记债权的增加或债务的减少数，贷方登记债务的增加或债权的减少，期末余额如在借方，表示企业债权减去债务后的净债权的实有数；期末余额如在贷方，表示企业债务减去债权后的净债务的实有数。债权债务结算账户的基本结构如下：

借方　　　　债权债务结算账户	贷方
期初余额：债权大于债务的期初差额 本期发生额：本期债权的增加或债务的减少数	期初余额：债务大于债权的期初差额 本期发生额：本期债务的增加或债权的减少数
期末余额：净债权的实有数	期末余额：净债务实有数

债权债务结算账户所属的各明细账,有时是借方余额,表示尚未收回的净债权;有时是贷方余额,表示尚未支付的净债务。

如果企业不单独设置“预收账款”账户,而用“应收账款”账户同时核算企业应收账款和预收账款的增减变动和结果,这时的“应收账款”账户就是一个债权债务结算账户。同理,如果企业不单独设置“预付账款”账户,而用“应付账款”账户同时核算企业应付账款和预付账款的增减变动情况和结果,则此时的“应付账款”账户就是一个债权债务结算账户。在借贷记账法下,可以将“其他应收款”账户和“其他应付款”账户合并,设置一个“其他往来”账户,这时的“其他往来”账户就是债权债务结算账户。

债权债务结算账户的特点是:按照结算业务的对方单位或个人设置明细分类账户,以便及时进行结算和核对账目;结算账户只提供价值目标;结算账户要根据期末余额的方向来判断其账户性质,当余额在借方时是债权结算账户,当余额在贷方时是债务结算账户。

(四)跨期摊配账户

跨期摊配账户是用来核算和监督应由若干个会计期间共同负担的费用,并将这些费用摊配于各个相应的会计期间的账户。企业在生产经营过程中所发生的费用,有些是应由几个会计期间共同负担的,按权责发生制要求,必须严格划分费用的归属期,把应由若干个会计期间共同负担的费用,合理地分摊到各个会计期间。为此,需要设置跨期摊配账户来实现权责发生制的要求,跨期摊配账户有“待摊费用”账户和“预提费用”账户。这两个账户的性质虽然不同(“待摊费用”账户属于资产类账户,“预提费用”账户属于负债类账户),但它们都涉及跨期费用问题。它们的借方都是用来登记跨期费用的实际支出数,贷方都是用来登记由各个会计期间负担的费用的摊配数。跨期摊配账户的特点是:只提供价值指标。其账户的基本结构如下:

借方　　　　跨期摊配账户	贷方
期初余额:已支付但尚未摊配的待摊费用数	期初余额:已预提但尚未支付的预提费用数
本期发生额:本期增加的待摊费用数或预提费用的支付数	本期发生额:本期增加的预提费用或待摊费用的摊销数
期末余额:已支付但尚未摊配的待摊费用数	期末余额:已预提但尚未支付的预提费用数

(五)调整账户

1. 备抵调整账户

备抵调整账户亦称抵减账户或备抵账户,是用来抵减相关被调整账户金额的方法,以反映被调整账户实际余额的账户。其抵减方式可用下列公式表示:

被调整账户余额 - 抵减账户余额 = 被调整账户的实际余额

由于调整账户对被调整账户的调整,实际上是对被调整账户余额的抵减,因此,被调整账户余额的方向与调整账户的余额方向必定相反。如果被调整账户的余额方向在借方（或贷方），则备抵调整账户的余额方向一定在贷方（或借方）。

例如："累计折旧"和"坏账准备"等账户是较典型的备抵调整账户。"累计折旧"账户是用来备抵调整"固定资产"账户的，是"固定资产"的调整账户。用"固定资产"账户的借方账面余额（原始价值）与"累计折旧"账户的贷方账面余额相抵减，其差额就是固定资产现有的实际价值（净值）。通过这三个账户余额的对比分析，可以了解固定资产的新旧程度、资金占用状况、减值情况和生产能力。又如"坏账准备"是用来备抵调整"应收账款"账户的，是"应收账款"的调整账户，用"应收账款"账户的借方账面余额与"坏账准备"账户的贷方账面余额相抵减，其差额就是可收回的相关债权额。同理，"存货跌价准备"是用来备抵调整"存货"账户的，用存货账户的借方账面余额与"存货跌价准备"账户的贷方账面余额相抵减，其差额就是存货的实际价值。现以"固定资产""累计折旧"账户为例说明被调整账户与备抵调整账户之间的关系。如"丁字账"所示。

借方　　固定资产（被调整账户）　　贷方

借方	贷方
期末余额　200 000	

借方　　累计折旧（调整账户）　　贷方

借方	贷方
	期末余额　60 000

固定资产的实际金额（净值）= 200 000 − 60 000 = 140 000（元）

根据上述计算结果我们可以得知：固定资产原始价值 200 000 元，累计折旧 60 000 元，固定资产净值 140 000 元。

在实际工作中，"长期股权投资减值准备""累计摊销""无形资产减值准备"等账户也属于抵减账户。

2. 附加调整账户

附加调整账户是用来增加某项被调整账户的余额，从而确定某些资产、负债实有数额的账户。附加调整账户与备抵调整账户的作用相反，附加调整账户的余额与被调整账户的余额一定在同一方向。在实际工作中，单纯的附加调整账户已很少见，其调整方式是用被调整账户的余额与附加调整账户的余额相加，得出调整后的实有数额。公式如下：

被调整账户借（贷）余额 + 附加调整账户借（贷）余额 = 被调整账户实际数额

由于附加调整账户对被调整账户起到附加的作用，所以，它与被调整账户的结构是一致的。例如：企业溢价发行债券，发行时按债券票面金额记入"应付债券——面值"的贷方，溢价部分记入"应付债券——利息调整"账户的贷方。这时，"利息调整"二级账是"面值"二级账户的附加账户，两者期末贷方余额之和表示该债券的实际发行金额。两者的关系如"丁字账"所示。

被调整账户

借方 应付债券——面值	贷方
	期末余额 800 000

附加调整账户

借方 应付债券——利息调整	贷方
	期末余额 100 000

在上面"丁字账"中,我们可以计算出债券的实际发行价格:

债券发行面值	800 000
加:债券溢价总额	100 000
债券实际发行价格	900 000

3.备抵附加调整账户

备抵附加调整账户是兼有备抵和附加两种作用的调整账户。这类账户在某一时刻执行的是哪种功能,取决于该账户的余额与被调整账户的余额在方向上是否一致。当其余额与被调整账户余额在相反方向时,它起到的是抵减作用;当其余额与被调整账户余额在相同方向时,它起到的是附加的作用。如"材料成本差异""商品进销差价"账户都是备抵附加调整账户。

如果企业的材料收发业务比较频繁,则库存材料可以采用计划成本进行核算。这时,就必须设置"材料采购""原材料"和"材料成本差异"三个账户,来分别核算材料的实际采购成本和库存材料的计划成本,以及实际采购成本同计划成本之间存在的差异额。通过"材料采购"账户,将材料采购成本大于计划成本的差额记入"材料成本差异"账户的借方(即超支额),材料采购成本低于计划成本的差额记入"材料成本差异"账户的贷方(即节约额)。当期末编制会计报表时,需将"原材料"账户反映的计划成本,调整为实际成本。这时"材料成本差异"账户的期末余额如在借方,则与"原材料"账户的期末借方余额相加,将材料计划成本调整为实际成本;反之,如果"材料成本差异"账户的期末余额在贷方,则与"原材料"账户的期末借方余额相减,也将材料计划成本调整为实际成本。

"材料成本差异"账户与被调整的"原材料"账户之间的关系如下:

材料实际成本 - 材料计划成本 = 材料成本差异

(1)附加调整账户。被调整账户与附加账户的关系见下面"丁字账"。

借方 原材料(被调整账户)	贷方
期末余额 600 000(计划成本)	

借方 材料成本差异(调整账户)	贷方
期末余额 50 000(超支额)	

根据上述“丁字账”中数据计算：

“原材料”账户的借方余额（计划成本）	600 000
加：“材料成本差异”账户借方余额（超支数）	50 000
计算得出：库存材料的实际成本	650 000（元）

（2）备抵调整账户。被调整账户与备抵账户的关系见下面“丁字账”。

借方　原材料（被调整账户）	贷方
期末余额　600 000	

借方　材料成本差异（调整账户）	贷方
	期末余额　50 000（节约额）

根据上述“丁字账”中数据计算：

“原材料”账户的借方余额（计划成本）	600 000
减：“材料成本差异”账户贷方余额（节约数）	50 000
计算得出：库存材料的实际成本	550 000（元）

总之，调整账户是一种从属账户，虽然有其自身的意义，但其最重要的作用是用来调整被调整账户，来阐明特定的经济含义，提供相应的价值指标。

（六）集合分配账户

集合分配账户是用来汇集和分配企业生产产品和提供劳务过程中所发生应该由多个成本计算对象共同负担的各种间接费用，并选择合理的标准进行分配费用的账户。如“制造费用”账户，这类账户的借方登记发生的各项间接费用，贷方登记该费用的分配转出数额，期末一般无余额。集合分配账户的结构如下面“丁字账”所示。

集合分配账户

借方　制造费用	贷方
期初无余额 本期发生额：本期发生的制造费用数额	本期发生额：本期制造费用的分配转出数额

集合分配账户的特点是：具有明显的过渡性质，平时用它归集那些不能直接计入某个成本计算对象的间接费用，期末将费用全部分配出去，由有关成本计算对象负担。

（七）成本计算账户

成本计算账户是用来核算生产经营过程中某一阶段所发生的全部费用，并确定各个成本计算对象实际成本的账户。属于成本计算账户的有“在途物资”“生产成本”和“在建工程”等账户。在这类账户中，借方登记本期发生的各项费用（其中一部分是在费用发生时直接记入的，另一部分是在会计期末通过集合分配账户转入的），贷方登记转出的实际成本，期末如有余额，通常在借方，表示正处于采购过程中的在途材料、尚未完成生产过程的在产品的实际成本，以及尚未完工工程的实际成本等。如“生产成本”账户的期末借方余额,表示尚未完成全部生产过程的在产品。现以“生产成本”账户为例,阐述成本计算账户的结构,如下面“丁字账”所示。

成本计算账户

借方	生产成本账户 贷方
期初余额:在产品成本 本期发生额:本期发生的应计入产品成本的全部费用(料、工、费)	本期发生额:验收入库产品的成本
期末余额:尚未完工入库的在产品成本	

成本计算账户的特点是:除了设置总分类账户外,还应按照各个成本计算对象和成本项目设置专栏,分别设置明细分类账户,进行明细分类核算;既提供实物指标,又提供价值指标。

(八)对比账户

对比账户是用来核算生产经营过程中某一阶段某项经济业务按照两种不同的计价标准进行对比,借以确定其业务成果的账户。

按计划成本进行材料日常核算的企业所设置的“材料采购”账户,就属于对比账户。该账户的借方登记材料的实际成本,贷方登记按照计划价格核算的材料的计划成本,通过借贷双方两种计价对比,可以确定材料采购业务成果。对比账户的基本结构如下面(丁字账)所示。

借方	材料采购账户 贷方
期初余额:已购入但尚未入库的材料的实际成本	
本期发生额: ①本期尚未入库材料的实际成本 ②转入“材料成本差异”账户的(实际成本小于计划成本)节约差额	本期发生额: ①入库材料的计划成本 ②转入“材料成本差异”账户的(实际成本大于计划成本)超支差额
期末余额:在途材料的实际成本	

这类账户的特点是:借贷双方的计价标准不一致,该账户的借方余额是剔除了计价差异后的按借方计价方式计价资产的价格。例如,“材料采购”账户的借方余额表示按实际成本计价的在途材料的实际成本。

(九)收入账户

收入账户是用来核算和监督企业在一定时期(月、季或年)内所取得的各种收入和收益的账户。收入账户的贷方登记取得的收入和收益,借方登记收入和收益的减少数和期末转入“本年利润”账户的收入和收益额。

由于当期实现的全部收入和收益都要在期末转入“本年利润”账户,所以收入账户期末无余额。该类账户的基本结构如下面“丁字账”所示。

借方　　　　　　收入账户	贷方
本期发生额： ①本期收入和收益的减少数 ②期末转入“本年利润”账户的收入和收益额	本期发生额：本期收入和收益的增加额

属于这一类的账户有：“主营业务收入”“营业外收入”“其他业务收入”等账户。

收入账户的特点是：除了设置总分类账户外，还应按照业务类别设置明细分类账户进行明细分类核算，收入计算账户只提供价值指标。

（十）费用账户

费用账户是用来核算和监督企业在一定时期（月、季或年）内所发生的应计入当期损益的各个费用、成本和支出的账户。费用账户的借方登记费用支出的增加额，贷方登记费用支出的减少数和期末转入“本年利润”账户的费用支出数。由于当期发生的全部费用支出数都要在期末转入“本年利润”账户，所以该类账户期末无余额。费用账户的基本结构如下面“丁字账”所示。

借方　　　　　　费用账户	贷方
本期发生额：本期费用、支出的增加数	本期发生额： ①本期费用、支出的减少数 ②期末转入“本年利润”账户费用、支出数额

属于这一类的账户有：“主营业务成本”“营业税金及附加”“其他业务成本”“销售费用”“管理费用”“财务费用”“营业外支出”“所得税费用”等账户。

费用类账户的特点是：除了设置总分类账户外，还应按业务内容等设置明细分类账户进行明细分类核算，费用计算账户只提供价值指标。

（十一）财务成果账户

财务成果计算账户是用来核算和监督企业在一定时期（月、季或年）内全部经营活动最终成果的账户。“本年利润”账户属于典型的财务成果计算账户。财务成果计算账户的贷方登记期末从收入计算账户转入的各种收入和收益数，借方登记期末从费用计算账户转入的各种费用支出数。平常月份（1～11月份），贷方余额表示企业所实现的利润数，借方余额表示企业所发生的亏损数。年终时将实现的利润或亏损数额全部转入“利润分配”账户，结转后应无余额。财务成果计算账户的基本结构如下：

借方　　　　　　财务成果账户	贷方
本期发生额：本期转入的各项成本、费用数	本期发生额：本期转入的各项收入、收益数

期末余额:发生的亏损数	期末余额:实现的利润数

财务成果账户的特点是:借方和贷方所登记的内容,应遵循权责发生制和配比要求。贷方登记的各项收入、收益数与借方登记的各项费用、支出数,一方面要与相应的会计期间相配合,另一方面从事某类业务活动所取得的收入与相应的成本费用相配比。也就是说借方登记的各项费用、成本,是为取得贷方所登记的各项收入、收益而发生的;相反,贷方登记的各项收入、收益数是因为支付了借方所登记的各项费用、成本而取得的,两者在时间和收益关系上只有相互配比,会计期间的财务成果才是真实准确的。财务成果计算账户只提供价值指标。1～11 月份期末的余额如在贷方即是实现的利润数,如在借方则为发生的亏损数,年终结账后无余额。

综上所述,按用途和结构分类的账户体系,如表 6.2 所示。

表 6.2　账户体系

账户按用途和结构分类	盘存账户	库存现金、银行存款、原材料、库存商品、固定资产
	资本账户	实收资本、资本公积、盈余公积
	结算账户	应收票据、应收账款、预付账款、其他应收款、短期借款、应付票据、应付职工薪酬、应付账款、预收账款、其他应付款、应交税费、应付利润、长期借款
	跨期摊配账户	待摊费用、预提费用
	调整账户	累计折旧、材料成本差异、存货跌价准备、利润分配
	集合分配账户	制造费用
	成本计算账户	物资采购、生产成本、在建工程
	对比账户	材料采购
	收入账户	主营业务收入、其他业务收入、营业外收入、投资收益
	费用账户	主营业务成本、其他业务成本、营业税金及附加、营业外支出、所得税费用、管理费用、财务费用、销售费用
	财务成果账户	本年利润

练习题

一、简答题

1. 为什么要对账户按照不同的标志进行分类?
2. 账户按照经济内容可分为几类?
3. 账户为什么要按用途和结构分类?
4. 为什么要设置跨期摊配账户?

5. 结算账户分为哪几种？其用途结构如何？

6. 备抵调整账户有哪些？这些账户的特点是什么？

7. 为什么要设置集合分配账户和成本计算账户？它们之间有何区别？

8. 收入、费用和财务成果账户之间存在什么关系？

二、练习调整账户和备抵账户之间的关系

资料：某企业“固定资产”账户期末余额 500 000 元，“累计折旧”账户期末余额60 000 元。

要求：1. 请计算固定资产净值。

2. 请分析两个账户之间有何关系？

三、掌握调整账户和被调整账户之间的关系

资料：某企业的原材料按计划成本核算，“原材料”账户期末借方余额 85 000 元，“材料成本差异”账户期末贷方余额 9 000 元。

要求：1. 请计算原材料的实际成本。

2. 请分析两账户之间有何关系？

3. 如果“材料成本差异”账户期末借方余额 3 000 元，材料的实际成本是多少？两个账户之间又是什么关系？

第七章 会计凭证

第一节 会计凭证概述

一、会计凭证的概念

会计凭证是记录经济业务、明确经济责任的书面证明,也是据以登记账簿的依据。填制和审核会计凭证是会计核算的一种专门方法,也是进行会计核算工作的第一步。进行会计核算,必须要有会计凭证,即对于发生的一切经济业务和账务处理,都必须取得书面证明;一切会计凭证只有经过审核无误以后,才能作为经济业务的证明和记账依据,并据此登记账簿。

二、会计凭证的作用

正确填制和严格审核会计凭证是检查和监督一切单位经济活动的基础,是把握财务收支的第一关,对于完成会计任务、发挥会计在经济管理中的作用具有重要意义。填制和审核会计凭证的重要作用主要表现在以下几方面:

(一)会计凭证能够正确反映经济业务,是提供会计信息的载体

各企业单位在日常的生产经营活动中,会发生各种各样的经济业务,如各项资产的取得和使用、各项债务的发生和偿付、财务成果的形成和分配等,既有货币资金的收付,又有财产物资的进出。通过会计凭证的填制,可以将日常发生的大量经济业务真实地记录下来,及时地反映各项经济业务的发生和完成情况,即为经营管理提供有用的会计信息,又为会计分析、会计检查提供了基础资料。

(二)会计凭证是正确登记账簿的依据

对于任何一项经济业务的发生,都必须由有关部门和人员及时取得或填制会计凭证,如实记录经济业务的内容和金额,并经过审核无误以后,才能据以登记入账。不准无凭证入账或先记账后补办凭证手续。这样,才能保证会计记录的客观、真实和正确,防止弄虚作假。

(三)会计凭证是加强岗位责任制的重要手段

会计凭证有利于强化经济管理的岗位责任制。在会计凭证中,列明了经济业务发生的日期、内容、数量、金额以及有关经办人员的签名盖章等。一旦发生差错和纠纷,也可以借助会计凭证进行正确的裁决,从而增强业务人员的责任心。这样就能促进有关人员在自己的职责范围内严格按照有关政策、法令、制度、计划和预算办事,加强会计人员的责任感。

(四)会计凭证是实行会计监督、控制经济活动的必要条件

通过取得和填制会计凭证,可以检查每项经济业务是否符合国家的财经法纪,是否真实、正确、合理,及时发现经济管理上的不足之处和各项管理制度上的漏洞,从而采取必要的措施来改进工作。

三、会计凭证的种类

会计凭证虽然多种多样,但按其填制程序和用途不同,可以分为原始凭证和记账凭证两大类。

(一)原始凭证

原始凭证是在经济业务发生或完成时取得或填制的,用以记录或证明经济业务的发生或完成情况,是明确经济责任、具有法律效力的书面证明。

1. 原始凭证按照来源不同,分为外来原始凭证和自制原始凭证

(1)外来原始凭证是指在经济业务发生或完成时,从其他单位或个人直接取得的原始凭证。例如,购进原材料时从购货单位取得的发票,住宿时酒店的发票,或者向外单位付款时取得的收据、车票等。发票的一般格式如表7.1,7.2所示。

表7.1　(单位名称)发票

购货单位　　　　年　月　日　　　　No

货号及品名	规格	数量	单位	单价	金额
金额(大写)					

第二联　报销凭证

收款人:　　经办人:　　开票单位(未盖章无效):

表 7.2　××省增值税专用发票　NO00012345

发票联　2010 年 5 月 10 日

购货单位	名称					密码区	
	税务登记号						
	地址、电话						
	开户银行及账号						
货物应税劳务名称	规格型号	计量单位	数量	单价	金额	税率	税额
合计							
价税合计	(大写)佰　拾　万　仟　佰　拾　元　角　分(小写)¥						
销货单位	名称				备注	发票专用章	
	税务登记号						
	地址、电话						
	开户银行及账号						

收款人：　复核人：　开票人：　销货单位(未盖章无效)

(2)自制原始凭证是指由本单位内部经办业务部门和人员,在执行或完成某项经济业务时填制的、仅供本单位内部使用的原始凭证,如:产品入库单、收料单、领料单等,如图7.3所示。

表 7.3　产品入库单

交库单位　产品仓库　凭证号数

产品编号	产品名称	规格	计量单位	交付数量	检验结果		实收数量	单价	金额
					合格	不合格			
备注:					合计				

记账:　检验:　仓库:　经手:

2. 原始凭证按照填制手续及内容不同,分为一次凭证、累计凭证和汇总凭证

(1)一次凭证。一次凭证是指填制手续是一次完成的,用以记录一项经济业务或若干项同类经济业务的凭证。外来的原始凭证几乎都是一次凭证。自制的原始凭证绝大多数也是一次凭证。如"领料单""收料单"和"职工借款单"等。领料单的格式如表 7.4 所示。

表 7.4　(企业名称)领料单

领料单位　　　　　　　　　　　　　　　　　　　　　　凭证编号
用途　　　　　　　　　年　　月　　日　　　　　　　　发料仓库

材料类别	材料编号	材料名称及规格	计量单位	数量		单价	金额	供货单位
				请领	实发			

记账：　　　　发料：　　　　领料部门负责人：　　　　领料：

(2)累计凭证。累计凭证是指在规定期限内,为了减少凭证数量和简化凭证填制手续,将重复发生、且性质相同的经济业务登记在一起,进行连续反映的一种自制原始凭证。累计凭证的填制手续不是一次完成的,而是把经常发生的同类经济业务登记在一张凭证上,直到期末求出累计总数以后才完成凭证的填制手续,此时才能够作为记账的原始依据。如企业的"限额领料单"格式如表 7.5 所示。

表 7.5　限额领料单

领料部门　　　　　　　　　　　　　　　　　　　　　　凭证编号
用　　途　　　　　　　　　　　　　　　　　　　　　　发料仓库

<table>
<tr><td>材料类别</td><td>材料编号</td><td>材料名称及规格</td><td>计量单位</td><td>领用限额</td><td>实际领用</td><td>单价</td><td>金额</td><td>备注</td></tr>
<tr><td></td><td></td><td></td><td></td><td></td><td></td><td></td><td></td><td></td></tr>
<tr><td colspan="5">供应部门负责人：</td><td colspan="4">生产计划部门负责人：</td></tr>
</table>

<table>
<tr><td rowspan="2">日期</td><td colspan="2">数量</td><td rowspan="2">领料人签章</td><td rowspan="2">发料人签章</td><td colspan="3">退料</td><td rowspan="2">限额结余</td></tr>
<tr><td>请领</td><td>实发</td><td>数量</td><td>发料人</td><td>发料人</td></tr>
<tr><td></td><td></td><td></td><td></td><td></td><td></td><td></td><td></td><td></td></tr>
<tr><td></td><td></td><td></td><td></td><td></td><td></td><td></td><td></td><td></td></tr>
<tr><td>合计</td><td></td><td></td><td></td><td></td><td></td><td></td><td></td><td></td></tr>
</table>

(3)汇总原始凭证。汇总原始凭证也称原始凭证汇总表,是根据一定时期内若干张反映同类经济业务的原始凭证汇总编制而成的凭证。如"发料凭证汇总表""现金收入汇总表"等。"发料凭证汇总表"格式如表 7.6 所示。

表 7.6 发料凭证汇总表

年 月 日 附领料单 张

会计科目	领料部门	原材料	燃料	合 计
生产成本	一车间			
	二车间			
	小 计			
制造费用	一车间			
	二车间			
	小 计			
管理费用	行政部门			
合 计				

会计主管: 记账: 审核: 制表:

3. 原始凭证按用途不同,可以分为计算凭证、通知凭证和执行凭证

(1)计算凭证是根据有关资料计算而形成的原始凭证。如制造费用分配表、工资费用分配表等。制造费用分配表格式如表 7.7 所示。

(2)通知凭证是指要求、指示或命令企业进行某项经济业务的原始凭证,如"罚款通知书""收款通知书""银行进账单"等。

(3)执行凭证是用来证明某项经济业务已经发生或已执行完毕的凭证,也被称为证明凭证。执行凭证大多可以立即据以编制会计凭证,如"收料单""发货票"等。

表 7.7 制造费用分配表

产品名称	生产工人工时	分配率	分配金额
甲产品	60 000		30 000
乙产品	20 000		10 000
合计	80 000	0.5	40 000

4. 原始凭证按照格式不同,分为通用凭证和专用凭证

(1)通用凭证是指由有关部门统一印制、在一定范围内使用的具有统一格式和使用方法的原始凭证。如:银行汇票、税务部门统一使用的发货票等。

(2)专用凭证是指由单位自行印制、仅在本单位内部使用的原始凭证,如"差旅费报销单""工资费用分配表"等。

(二)记账凭证

记账凭证是根据审核无误的原始凭证、按照经济内容的性质和应用的会计科目加以归类整理而编制的会计凭证,它是登记账簿的直接依据。

1. 记账凭证按照用途和适用的范围不同,可分为专用记账凭证和通用记账凭证

(1)专用记账凭证

专用记账凭证是专门用于某一类经济业务的记账凭证。专用记账凭证一般分为收款凭证、付款凭证和转账凭证。在实际工作中,为了便于识别和避免差错,各种专用记账凭证通常用不同颜色的纸张来印刷。

①收款凭证。收款凭证是指专门用来记录现金和银行存款收入业务的记账凭证，是根据现金收入和银行存款收入业务的原始凭证填制的，如表 7.8 所示。收款凭证又可分为现金收款凭证与银行存款收款凭证。收款凭证是登记库存现金日记账和银行存款日记账以及有关明细账和总分类账的依据，也是出纳人员收入款项的依据。

表 7.8　收款凭证

应借科目　　　　　　　　　　年　月　日　　　　　　　　　　字第　　号

摘　要	应　贷　科　目		金　额									记账符号
	一级科目	明细科目	百	十	万	千	百	十	元	角	分	

会计主管：　　记账：　　出纳：　　审核：　　制单：（附件　　张）

②付款凭证。付款凭证是指专门用来记录现金和银行存款支付业务的记账凭证，是根据现金或银行存款支付业务的原始凭证填制的，格式如表 7.9 所示。付款凭证又分为现金付款凭证和银行存款付款凭证。付款凭证是登记库存现金日记账与银行存款日记账以及有关明细账和总分类账的依据，也是出纳人员付出款项的依据。

表 7.9　付款凭证

应贷科目　　　　　　　　　　年　月　日　　　　　　　　　　字第　　号

摘　要	应　借　科　目		金　额									记账符号
	一级科目	明细科目	百	十	万	千	百	十	元	角	分	

会计主管：　　记账：　　出纳：　　审核：　　制单：（附件　　张）

③转账凭证。转账凭证是指专门用以记录除现金和银行存款收、付款业务以外的其他经济业务的记账凭证，格式如表 7.10 所示。转账凭证是登记有关明细账与总分类账的依据。

表 7.10 转账凭证 转字第 号

年 月 日 附件 张

摘要	会计科目		借方金额									记账符号	贷方金额									记账符号
	一级科目	二级科目	百	十	万	千	百	十	元	角	分		百	十	万	千	百	十	元	角	分	
	合计																					

会计主管： 记账： 出纳： 审核： 制单：(附件 张)

(2)通用记账凭证

通用记账凭证是适用于所有经济业务的记账凭证。采用通用记账凭证的单位,无论是款项的收付还是转账业务,都采用统一格式的记账凭证。通用记账凭证通常适用于规模不大,款项收、付款业务不多的企业。通用记账凭证的基本格式与专用记账凭证的转账凭证的格式相同,如表 7.11 所示。

表 7.11 通用记账凭证

年 月 日 字第 号

摘要	会计科目		借方金额									贷方金额									记账符号
	一级科目	二级科目	百	十	万	千	百	十	元	角	分	百	十	万	千	百	十	元	角	分	
	合计																				

会计主管： 记账： 出纳： 审核： 制单：(附件 张)

2. 记账凭证按照填制方式不同,可以分为复式记账凭证和单式记账凭证

(1)复式记账凭证

复式记账凭证是将一项经济业务涉及的借方和贷方的各个会计科目都集中填列在一张记账凭证上。如前面列举的收款凭证、付款凭证和转账凭证都是复式记账凭证。复式记账凭证可以集中反映账户的对应关系,便于了解经济业务的全貌,但不便于汇总每一个会计科目的发生额。在实际工作中,会计核算一般都采用复式记账凭证。

(2)单式记账凭证

单式记账凭证是指每一张凭证只填列一个会计科目的记账凭证。即把每一项经济业务所涉及的会计科目分别填列在两张或两张以上的借项记账凭证和贷项记账凭证上。单式记账凭证便于分别汇总每一个会计科目的发生额,但不能反映账户的对应关系,在相同经济业务量的条件下,记账凭证的数量也较多,因而一般只在经济业务较多,会计人员分工较细的情况下有选择的采用。单式记账凭证的格式见表7.12和表7.13所示。

表7.12　借项记账凭证

对应科目　　　　年　月　日　　　　编号

摘要	一级科目	二级或明细科目	金额	记账

会计主管:　　记账:　　出纳:　　审核:　　制单:

表7.13　贷项记账凭证

对应科目　　　　年　月　日　　　　编号

摘要	一级科目	二级或明细科目	金额	记账

会计主管:　　记账:　　出纳:　　审核:　　制单:

在实际工作中,为了简化登记总账的工作,可以将一定时期内全部记账凭证汇总编制科目汇总表,如表7.14所示;或者将一定时期内的各种记账凭证分别按照科目编制汇总收款凭证、汇总付款凭证和汇总转账凭证,如表7.15所示。

表7.14　科目汇总表

年　月　日至　日　　　　编号

科目	凭证张数	借方金额	贷方金额	总账页次
银行存款		500 000	300 000	3
应付账款		400 000	600 000	8
(以下内容略)				
合计		900 000	900 000	

会计主管:　　记账:　　审核:　　制表:

表 7.15 ××凭证汇总表

年 月 日至 日 ×字第 号

会计科目	账页号	本期发生额		记账凭证号
		借方	贷方	
合计				

会计主管： 记账： 审核： 制表：

第二节 原始凭证的填制与审核

一、原始凭证的基本内容

由于企业的经济业务是多种多样、纷繁复杂的，所以，记录和反映经济业务事项的原始凭证也来源于不同渠道，原始凭证的内容、格式也不尽相同。但是，作为反映经济业务事项已经发生或完成并承担明确经济责任的书面文件，无论是哪一种原始凭证，都必须具备以下相同的基本内容：

1. 原始凭证的名称，如发货票、入库单；
2. 原始凭证的填制日期和编号，一般应当是经济业务事项发生或完成的日期；
3. 接受原始凭证单位名称或个人姓名；
4. 经济业务的内容摘要；
5. 经济业务所涉及品名、数量、计量单位、单价和金额；
6. 填制原始凭证的单位名称或填制人的姓名；
7. 有关经办人员的签名或盖章。

从外单位取得的原始凭证，应该使用统一的发票，发票上印有税务专用章，并且必须盖有填制单位的公章。从个人取得的原始凭证，必须有填制人员的签名或者盖章。自制原始凭证必须有经办部门的负责人或者指定人员的签名或者盖章，对外开出的原始凭证必须加盖本单位的公章。

原始凭证为了满足其他业务需要，还可列入相应的内容，如预算项目、合同号数等等，使原始凭证能够发挥多方面的作用。

原始凭证的上述内容，又称原始凭证的基本要素，一般不得缺少，否则，就不能成为具有法律效力的书面证明。

二、原始凭证的填制要求

尽管各种原始凭证的具体填制依据和方法不尽相同，但为了确保原始凭证能够正确、及时地反映各项经济业务的真实情况，使会计核算资料更加准确，其填制方法应该符合下列要求：

1. 内容真实、可靠。原始凭证所填列的经济业务内容和数字，必须符合实际情况，不得有任何歪曲或弄虚作假。如果从外单位取得的原始凭证丢失，应取得原签发单位盖有"财务专用章"的证明，并注明原始凭证的号码、金额等内容，以确保原始凭证反映的经济业务内容真实、可靠。

2. 项目完整、手续完备。原始凭证所要求填列的项目必须逐项填列齐全，不得遗漏和省略。而且，凭证填写的手续必须完备，符合内部控制原则。

(1)从外单位取得的原始凭证必须盖有填制单位公章；从个人取得的原始凭证要有填制人的签字或盖章。

(2)凡是填有大小写金额的原始凭证，大写和小写金额必须相符。

(3)经有关部门批准办理的经济业务，应将批准文件作为原始凭证的附件，并注明批准机关的名称、日期和文件字号。

(4)购买实物的原始凭证必须要有验收证明；支付款项的原始凭证，必须有收款单位和收款人的收款证明。发生销售退回的，必须有退货验收证明。

(5)一式几联的原始凭证，应当注明各联的用途，只能以一联作为登记账簿的依据。

(6)单位自制的原始凭证，必须有经办单位领导人或者其他指定人员的签名盖章。

3. 书写清楚、规范。

(1)原始凭证要用蓝色或黑色笔填写。填写规范，文字简要，字迹清楚，易于辨认，不得使用未经国务院公布的简化汉字，更不得涂改、刮擦、挖补。原始凭证如果有错误，应当由出具单位重开或更正，更正处应当加盖出具单位印章，不得在原始凭证上更正。

(2)大小写金额必须相符且填写规范，小写金额用阿拉伯数字逐个书写，不得写连笔字，在金额前要填写人民币符号"￥"，人民币符号"￥"与阿拉伯数字之间不得留有空白，金额数字一律填写到角分，无角分的，写"00"或符号"－"，有角无分的，分位写"0"，不得用符号"－"；大写金额用汉字壹、贰、叁、肆、伍、陆、柒、捌、玖、拾、佰、仟、万、亿、元、角、分、零、整等，一律用正楷或行书字书写，大写金额前未印有"人民币"字样的，应加写"人民币"三个字，"人民币"字样和大写金额之间不得留有空白，大写金额到元或角为止的，后面要写"整"或"正"字，有分的，不写"整"或"正"字。如小写金额为￥1 008.00，大写金额应写成"壹仟零捌元整"。

4. 编号连续。如果原始凭证已预先印定编号，在写坏作废时，应加盖"作废"戳记，要单独妥善保管，不得撕毁。

5. 填制及时。各种原始凭证一定要及时填写，并按规定的程序及时送交会计机构、会计人员进行审核。

三、原始凭证填制的方法

下面介绍几种常用的原始凭证填制方法。

1. 收料单的填制

收料单是在外购的材料物资验收入库时填制的凭证，一般一式三联。一联由验收人员留底,一联交仓库保管人员据以登记明细账,一联连同发票交财会部门办理结算。收料单的填制格式参见表 7.16。

表 7.16 收料单

2012 年 5 月 29 日　　第一仓库收料第 2 号

供应单位:华联钢厂 发票:NO056878				2012 年 5 月 9 日				
编号	材料名称	规格	应收数量	实收数量	单位	单价	金额	第 联
0100001	钢材	3 号	10	10	吨	9 000	90 000	
备注:					验收人盖章:			

核算:　主管:　保管:　检验:　交库:

2. 普通领料单的填制

为了便于分类汇总,领料单要“一单一料”填制,即:一种原材料填写一张单据。领用原材料需经领料车间负责人批准后,方可填制领料单,并且车间负责人、仓库保管员、领料人均需在领料单上签名或盖章。领料单的填制格式如表 7.17 所示。

表 7.17 领料单

领料部门:第一车间

生产通知单号:5　　2012 年 5 月 29 日　　第一仓库发料 6 号

产品名称:车床制造 数量:10 台 领料用途:制造产品								
编号	品名	规格	单位	请领数量	实领数量	单价	金额	第 号
010	钢材	3 号	吨	2	2	5 000	10 000	
合计:								

核算:　主管:　保管:　检验:　交库:

3. 普通发票的填制

填制普通发票,首先要写清购货单位的全称,然后按凭证格式和内容逐项填写齐全,最后由经办人签字,单位加盖公章。普通发票的填制格式如表 7.18 所示。

表 7.18 蓝海市工商业统一发票

发票联

购货单位:大华公司　　2012 年 5 月 29 日　　NO:00012588

商品名称	规格	单位	数量	单价	金额	备注
打印纸	A4	箱	5	200	1 000	
合计:人民币(大写)壹仟元整					¥1 000	

单位盖章:　收款员:　营业员:

4. 增值税专用发票的填制

增值税专用发票是一般纳税人在销货时开具的销货发票，一式四联，销货单位和购货单位各两联。销货单位两联，一联存放有关业务部门，一联作为财会部门的记账凭证；购货单位两联，一联作为购货单位的结算凭证，一联作为购货单位税款抵扣凭证。增值税专用发票填制格式如表 7.19 所示。

表 7.19　××省增值税专用发票　NO00012345

发 票 联　2012 年 5 月 10 日

<table>
<tr><td rowspan="4">购货单位</td><td colspan="3">名称</td><td colspan="9">实惠股份有限公司</td><td colspan="5" rowspan="4">密码区</td></tr>
<tr><td colspan="3">税务登记号</td><td colspan="9">220015790666788</td></tr>
<tr><td colspan="3">地址、电话</td><td colspan="9">南京路 888 号、666889900</td></tr>
<tr><td colspan="3">开户银行及账号</td><td colspan="9">工商银行珠海路支行、1209008899566</td></tr>
<tr><td>货物应税劳务名称</td><td rowspan="2">规格型号</td><td rowspan="2">计量单位</td><td rowspan="2">数量</td><td rowspan="2">单价</td><td colspan="8">金额</td><td rowspan="2">税率%</td><td colspan="4">税额</td></tr>
<tr><td></td><td>十</td><td>万</td><td>千</td><td>百</td><td>十</td><td>元</td><td>角</td><td>分</td><td>百</td><td>十</td><td>元</td><td>角</td></tr>
<tr><td>电脑</td><td>586</td><td>台</td><td>1</td><td>4 000</td><td></td><td></td><td>4</td><td>0</td><td>0</td><td>0</td><td>0</td><td>0</td><td>17</td><td>6</td><td>8</td><td>0</td><td>0</td></tr>
<tr><td></td><td></td><td></td><td></td><td></td><td></td><td></td><td></td><td></td><td></td><td></td><td></td><td></td><td></td><td></td><td></td><td></td><td></td></tr>
<tr><td>合计</td><td></td><td></td><td></td><td></td><td></td><td></td><td></td><td></td><td></td><td></td><td></td><td></td><td></td><td></td><td></td><td></td><td></td></tr>
<tr><td>价税合计</td><td colspan="17">（大写）肆仟陆佰捌拾元整（小写）¥4 680.00</td></tr>
<tr><td rowspan="4">销货单位</td><td colspan="2">名称</td><td colspan="6">前锋公司</td><td colspan="3" rowspan="4">备注</td><td colspan="6" rowspan="4">发票专用章</td></tr>
<tr><td colspan="2">税务登记号</td><td colspan="6">22003300400000000</td></tr>
<tr><td colspan="2">地址、电话</td><td colspan="6">华山路 9999 号、77889966</td></tr>
<tr><td colspan="2">开户银行及账号</td><td colspan="6">工商银行珠海支行、2233990007788</td></tr>
</table>

收款人：　复核人：　开票人：　销货单位：（未盖章无效）

四、原始凭证的审核

原始凭证填制完毕以后，为了确保会计资料的真实、合法，必须按照规定的程序及时送交会计部门，由会计人员对原始凭证进行严格的审核。

原始凭证审核的内容主要包括：原始凭证的真实性、合法性、合理性、完整性、正确性和及时性。

经审核的原始凭证应根据不同情况处理：

1. 对于完全符合要求的原始凭证，应及时据以编制记账凭证入账；

2. 对于真实、合理、合法但内容不够完整、填写有错误的原始凭证，应退回有关经办人员，由其负责将有关凭证补充完整、更正错误或重开，再办理正式会计手续；

3. 对于不真实、不合法的原始凭证，会计机构、会计人员有权不予接受，并向单位负责人报告，不能草率处理。

第三节 记账凭证的填制与审核

一、记账凭证的基本内容

由于原始凭证只表明经济业务的内容，并且数量庞大、种类繁多、格式不一，因而不能直接入账。为了做到分类反映经济业务的内容，必须按照会计核算方法的要求，将其分类、整理、编制记账凭证。虽然记账凭证的表现形式有多种，各种记账凭证在格式上又有所不同，但记账凭证必须具备以下基本内容，才能作为登记账簿的依据，保证账簿记录的正确性。

1. 记账凭证的名称；
2. 填制单位的名称；
3. 填制凭证的编号、日期；
4. 经济业务内容摘要；
5. 应借、应贷会计科目的名称及金额；
6. 所附原始凭证的张数；
7. 有关经办人员的签章。

二、记账凭证的填制要求

记账凭证一般是以审核无误的原始凭证或原始凭证汇总表为依据填制的。在填制各种记账凭证时，都必须按照规定的格式和内容填制，除必须做到记录真实、内容完整、填制及时、书写清楚外，还必须符合下列要求：

1. 摘要是对经济业务内容的简要说明，要求文字说明简练、确切。

2. 应当根据经济业务的内容，按照企业会计准则的规定，确定应借、应贷科目。科目使用必须正确，不得任意改变、简化会计科目的名称。有关的二级科目和明细科目要填写齐全。应借、应贷账户必须保持清晰的对应关系。

3. 记账凭证必须连续编号，以免凭证散失。如果企业采用通用记账凭证，记账凭证的编号可以采取顺序编号法，即按月编制序号。如果是采取收款凭证、付款凭证和转账凭证的专用记账凭证形式，则记账凭证应该按照字号编号法，即把不同类型的记账凭证用“字”加以区别，再把同类的记账凭证按照顺序加以连续编号。如“收字第××号”“付字第××号”“转字第××号”等。如果一项经济业务需要填制两张或两张以上的记账凭证时，记账凭证的编号可以采取分数编号法。如1号会计分录需要填制三张记账凭证，即可以编成$1\frac{1}{3}$号、$1\frac{2}{3}$号、$1\frac{3}{3}$号。

4. 记账凭证可以根据一张原始凭证填制，或者根据若干张同类原始凭证汇总填制，也可以根据原始凭证汇总表填制。但是不得将不同内容和类别的原始凭证汇总填制在一张记账凭证上。

5.除结账和更正错误的记账凭证可以不附原始凭证外,其他记账凭证必须附有原始凭证。如果一张原始凭证涉及几张记账凭证,可以把原始凭证附在一张主要的记账凭证后面,并在其他记账凭证上注明附有该原始凭证的记账凭证编号或者附原始凭证的复印件。一张原始凭证所列支出需要几个单位共同负担的应当将其他单位负担的部分,开给对方原始凭证分割单,进行结算。原始凭证分割单必须具备原始凭证的内容和费用分摊情况。

6.如果在填制记账凭证时发生错误,应当重新填制。已经登记入账的记账凭证,在发现填写错误时,可用红字填写一张与原内容相同的记账凭证,同时再用蓝字重新填制一张正确的记账凭证。如果会计科目正确,只是金额错误,也可以将正确数额与错误数额间的差额,另编一张调整的记账凭证,调增数额用蓝字,调减用红字。

7.记账凭证填制后,如果有空行,应当自金额栏最后一笔金额数字下的空行处至合计数上的空行处划线注销,可划斜线或S线。

8.实行会计电算化的单位,对于机制记账凭证应当符合记账凭证的一般要求,打印出来的机制记账凭证要加盖制单人员、审核人员、记账人员及会计机构负责人、会计主管人员的印章或者签名,以明确经济责任。

三、记账凭证填制的方法

在实际工作中,一般大中型企业现金和银行存款收支频繁、业务较多,为了加强对现金和银行存款业务的管理,便于汇总和登记现金、银行存款账簿,通常采用收款凭证、付款凭证、转账凭证三种格式。下面详细说明三种凭证的填制方法。

1.收款凭证的填制方法

收款凭证是根据有关现金和银行存款收款业务的原始凭证填制的。收款凭证的左上角“借方科目”,应填写“库存现金”或“银行存款”科目;右上角应填写凭证的编号;“摘要”栏应填写所记录的经济业务的简要内容;“贷方科目”栏应填写与现金收入或银行存款收入相对应的一级科目和二级科目或明细科目;“金额”栏应填写现金与银行存款的收入金额;入账后要在“过账”栏打“√”或注明登记入账的页数,以防止重复记账或漏账;“附件张数”栏记录记账凭证所附的原始凭证张数。

例如:2010年5月12日,企业销售A产品100件给南方公司,每件不含税售价200元,货款20 000元,增值税销项税额3 400元,企业收到转账支票一张23 400元。编制收款凭证如表7.20所示。

表 7.20 收款凭证 收字第 10 号

借方科目:银行存款 2010 年 5 月 12 日 附件 2 张

对方单位	摘要	贷方科目		金额									记账符号
		总账科目	明细科目	百	十	万	千	百	十	元	角	分	
南方公司	销售A产品	主营业务收入	A产品			2	0	0	0	0	0	0	
		应交税费	应交增值税				3	4	0	0	0	0	
银行结算方式及票号(略)			合计			2	3	4	0	0	0	0	

会计主管: 记账: 审核: 出纳: 制证:

2. 付款凭证的填制方法

付款凭证是根据有关现金和银行存款付款业务的原始凭证填制的。付款凭证的填制方法与收款凭证基本相同。不同的是凭证左上角应填列相应的贷方科目;"借方科目"栏应填写与现金付出或银行存款付出相应的一级科目和二级科目或明细科目。

对于现金与银行存款之间的相互划转业务,如"从银行提取现金"或"将现金送存银行",一般只填制银行存款或现金的付款凭证,以避免重复记账。

例如:2010 年 5 月 15 日,企业用现金在沃尔玛超市购买行政管理部门办公用品 3 000元。编制付款凭证如表 7.21 所示。

表 7.21 付款凭证 付字第 15 号

贷方科目:库存现金 2010 年 5 月 15 日 附件 1 张

对方单位	摘要	贷方科目		金额									记账符号
		总账科目	明细科目	百	十	万	千	百	十	元	角	分	
沃尔玛	购买办公用品	管理费用	办公费				3	0	0	0	0	0	
银行结算方式及票号(略)			合计				3	0	0	0	0	0	

会计主管: 记账: 审核: 出纳: 制证:

3. 转账凭证的填制方法

转账凭证是根据转账业务的原始凭证编制的。转账凭证中一级科目和二级科目或明细科目应分别填列应借、应贷的一级科目和所属的二级科目或明细科目,借方科目的应记金额应在同一行的"借方金额"栏填列;贷方科目的应记金额应在同一行的"贷方金额"栏填列。"借方金额"栏合计数与"贷方金额"栏的合计数应相等。

例如:2010 年 5 月 31 日,根据工资分配汇总表,分配结转本月工资费用。其中,生产 A 产品工人工资 100 000 元,生产 B 产品工人工资 200 000 元,车间管理人员工资 50 000

元,企业管理人员工资30 000元。编制转账凭证如表7.22所示。

表7.22　转账凭证

2010年5月31日

转字第5号

附件1张

摘要	会计科目		借方金额									记账符号	贷方金额									记账符号
	一级科目	二级科目	百	十	万	千	百	十	元	角	分		百	十	万	千	百	十	元	角	分	
分配工资	生产成本	A产品		1	0	0	0	0	0	0	0											
		B产品		2	0	0	0	0	0	0	0											
	制造费用				5	0	0	0	0	0	0											
	管理费用				3	0	0	0	0	0	0											
	应付职工薪酬													3	8	0	0	0	0	0	0	
合计			¥	3	8	0	0	0	0	0	0		¥	3	8	0	0	0	0	0	0	

会计主管：　　记账：　　出纳：　　审核：　　制单：　（附件　　张）

四、记账凭证的审核

记账凭证是登记账簿的直接依据,所以,记账凭证填制以后,必须经过专人认真审核,才能登记账簿。为确保账簿记录的正确性,记账凭证的审核主要包括以下内容:

1. 审核记账凭证是否附有原始凭证,所附原始凭证的内容和张数是否与记账凭证相符;

2. 审核记账凭证所确定的应借、应贷会计科目(包括二级或明细科目)是否正确,对应关系是否清楚,金额是否正确;

3. 审核记账凭证所反映的经济业务是否合理、合法;

4. 审核记账凭证中的有关项目是否填列齐全,有无错误,有关人员是否签名或者盖章;

5. 在记账凭证的审核过程中,如果发现已经入账的记账凭证填写出现错误,应区别不同情况,采用会计规定的方法进行更正。

第四节　会计凭证的传递和保管

一、会计凭证的传递

会计凭证的传递是指会计凭证从填制或取得开始,经过审核、记账、装订到保管归档为止,在本单位内部各职能部门和人员之间,按照规定的传递时间、传递线路和处理程序进行的传递。

各种会计凭证,所记录的经济业务不尽相同,所以办理会计手续的程序和占用的时间也不同。在实际工作中,应该为每种会计凭证的传递程序和在各个环节上的停留时间做出规定。即会计凭证填制后,应当交到哪个部门、哪个工作岗位上,由谁接办业务手续,直到归档保管为止。会计凭证的传递是会计准则的一个重要组成部分,应在会计准则中做出明确规定。

正确组织会计凭证的传递,对及时地反映和控制经济业务的发生与完成情况,合理地组织会计核算,强化经济责任制,具有重要的意义。科学的传递程序,应该使会计凭证按最快捷、最合理的流向运行。因此,在制定会计凭证传递程序时,应该着重考虑以下几点:

1. 根据经济业务的特点,在企业内部的机构设置和人员分工以及经营管理上的需要,要具体规定各种凭证的联数和传递程序,注意传递流程的合理性,避免不必要的环节,以免影响传递的速度和时间。

2. 根据有关部门与经办人员对经济业务办理手续的需要,确定会计凭证在各个环节的停留时间。防止在各个环节发生过多的、不必要的耽搁。

3. 建立严格的会计凭证交接和签收制度,保证会计凭证的安全完整,做到责任明确,手续齐全、严谨。

二、会计凭证的保管

会计凭证的保管是指会计凭证登记入账以后的整理、装订和归档保存。

会计凭证是一个单位的重要经济档案和历史资料,任何单位在会计凭证记账以后,必须按照《会计档案管理办法》规定,对会计凭证进行整理归档和妥善保管,以备日后查阅。会计凭证保管的方法和要求,主要包括以下几方面:

1. 每月记账完毕,要将本月的记账凭证按编号顺序整理,检查有无缺号和附件是否齐全,然后加上封面封底,装订成册,以防散失。在封面上应注明单位名称、所属的年份和月份、记账凭证的种类、起讫号数、总计册数等,并由有关人员签章。为了防止任意拆装,在装订线上要加贴封签,并由会计主管人员签章,会计凭证封面的格式如表 7.23 所示。

表 7.23　会计凭证封面

凭证种类　　　　　　　　××年度

本月共　册之第　册 本册号数:自　号起至　号 本册日期:自　月　日起至月　日止

2. 对一些性质相同、数量很多或随时需要查阅的原始凭证,可以单独装订保管,在封面上写明原始凭证日期、编号、种类,同时在凭证上注明"附件另订"字样。

3. 各种经济合同和重要的涉外文件等应另编目录、单独记录,并在有关原始凭证和记账凭证上注明。

4. 其他单位因有特殊原因需要使用已入账的原始凭证时,经本单位领导批准,可以复制,但应在专门的登记簿上进行登记,并由提供人和收取人共同签章。

5. 会计凭证装订成册后,应由专人负责保管,年终应移交财会档案室保管一年,期满后,应由财会部门编制清册移交单位的档案保管。

6. 会计凭证的保管期限和销毁手续,必须严格按照《会计档案管理办法》的有关规定执行。对于保管期满需要销毁的会计凭证,必须开列清单,经本单位领导审核,报经上级主管部门批准后,才能销毁,任何人不得自行销毁会计凭证。

练 习 题

一、简答题

1. 什么是原始凭证? 填制原始凭证应符合哪些基本要求?
2. 会计凭证有哪些种类?
3. 原始凭证应具备哪些内容? 如何审核原始凭证的主要内容?
4. 填制和审核会计凭证有什么作用?
5. 记账凭证应具备哪些内容? 填制记账凭证的具体要求有哪些?
6. 怎样审核记账凭证?
7. 什么是会计凭证的传递? 设计会计凭证传递程序应该考虑哪些因素?
8. 会计凭证如何进行保管?

二、练习原始凭证的填制

资料:A 企业为一般纳税人。该企业于 2012 年 12 月 12 日向 B 公司购买钢材 10 吨,单价 2 000 元/吨,增值税税率为 17%,增值税为 3 400 元,总计支付价税合计 23 400 元,以银行汇票支付,B 公司开具一张增值税专用发票。

A 企业的基本信息如下:

企业名称:A 企业

开户银行:工商银行交大办事处

账户:105249086778

税务登记号:240204556399867

联系电话:010 - 67568798

B 公司的基本信息如下:

企业名称:B 公司

开户银行:交通银行哈滨办事处

账号:105249077897

税务登记号:238400968786225

联系电话:010 - 67476868

要求:根据以上的资料填制增值税专用发票,如表 7.24 所示。

表 7.24　× × 省增值税专用发票

开票日期:　　年　　月　　日

购货单位	名称				税务登记号		
	地址、电话				开户银行及账号		
货物应税劳务名称	规格型号	计量单位	数量	单价	金额	税率	税额
合计							
价税合计	佰 拾 万 仟 佰 拾 元 角 分 ¥						
备注							
销货单位	名称				税务登记号		
	地址、电话				开户银行及账号		

三、练习记账凭证的填制

资料:某企业 2012 年 12 月发生下列经济业务:

1.4 日,收到 A 公司归还前欠货款 80 000 元,存入银行。

2.6 日,从银行提取现金 5 000 元备用。

3.7 日,以现金暂付张某的差旅费 900 元。

4.7 日,出售甲产品 10 台,单价 5 000 元,增值税税率为 17%,价税合计为 58 500 元,对方交来转账支票一张并存入银行。

5.10 日,以银行存款支付购买材料款 4 000 元,增值税 680 元,价税合计 4 680 元。

6.15 日,基本生产车间领用甲材料 2 000 元,用以生产甲产品。

7.15 日管理人员张某出差回来,报销差旅费 800 元,补付现金 200 元。

8.20 日,以银行存款支付购买办公用品款 500 元。

9.28 日,以银行存款 3 000 元归还银行短期借款。

10.30 日,以银行存款支付本月电费 2 500 元。

要求:1. 根据上列经济业务,确定应填制的记账凭证的种类。

2. 根据上列经济业务填制记账凭证。

第八章　会计账簿

第一节　会计账簿的意义和种类

一、会计账簿的意义

（一）会计账簿的概念

会计账簿是以会计凭证为依据，由具有一定格式、相互联系的账页所组成，用以连续、系统、全面、综合地记录一定时期各项经济业务的簿籍。

会计账簿是会计资料的主要载体之一，也是会计资料的重要组成部分。会计账簿是账户的表现形式，账户记录才是会计账簿的内容，因此，会计账簿和账户既有区别又有密切联系，它们所反映的经济内容是一致的，区别在于：账户只是在会计账簿中按规定的会计科目设置的户头，是对会计对象进行分类反映和监督的工具；而账簿则是账户的集结和综合，可以连续、系统地记录和反映经济业务事项，是积累、储存经济活动信息资料的簿籍。

（二）会计账簿的意义

在会计核算中，填制和审核会计凭证是不可缺少的一个重要环节，但是，仅有这一环节还不能提供加强经营管理所必需的诸多会计信息。因为填制和审核会计凭证，虽然能够将每天发生的经济业务事项进行如实、正确的记录，明确其经济责任。但每一张会计凭证只能反映一项经济业务事项，说明个别经济业务事项的内容，其数量多、信息分散、缺乏系统性，不便于会计信息的整理与报告，也不便于日后查阅和使用，因而不能满足经营管理的需要。为了全面、系统、连续地核算和监督企业单位的经济活动及其财务收支情况，应设置会计账簿。设置和登记账簿，是对会计资料进行加工整理的一种专门方法，是会计核算工作的又一个重要环节，它对加强经济核算、改善和提高经营管理方面的意义，主要表现在以下几方面：

1. 设置和登记账簿，能够全面、连续、系统地提供会计信息

在实际工作中，各单位每天发生的经济业务都记录在会计凭证上，而会计凭证数量多、缺乏系统性，无法反映经济管理需要的各种会计信息，为了全面、连续、系统地反映各单位的经济活动和财务收支情况，必须通过设置账簿将大量分散的会计资料加以分类、

整理、归纳、总结，最终提供完整的会计信息，为经济管理服务。

2. 设置和登记账簿，可以发挥会计的监督作用，保护各项财产物资的安全与完整

通过设置账簿，可以加强会计核算的日常监督，随时了解和掌握各项财产物资的增减变化情况，监督和检查账实是否相符，监督经济活动的合理性、合法性，使企业的各项财产物资得到妥善保管，防止贪污、浪费和丢失。

3. 设置和登记账簿，能够为编制会计报表提供数据资料

企业为了反映一定日期的财务状况及一定时期的经营成果和现金流动情况，必须定期进行结账工作；进行有关账簿之间的核对；计算出本期发生额和期末余额；据以编制会计报表，向有关各方提供经济管理所需要的各种会计信息。账簿记录是编制会计报表的主要依据，账簿反映的数据真实与否，直接影响会计报表的质量。所以，正确、完整、系统地设置和登记账簿，是保证会计报表质量的重要前提。

二、会计账簿的种类

由于各单位经济业务的具体内容和经营管理的要求不同，所设置的账簿种类也并不相同。

不同的会计账簿所登记的内容、方法各有差异，为了满足不同经济业务对账簿的不同需要，通常对会计账簿按其用途、外表形式和账页格式的不同进行分类。

（一）账簿按用途分类

会计账簿按用途的不同，可以分为序时账簿、分类账簿和备查账簿。

1. 序时账簿

序时账簿，又称日记账，是按经济业务发生或完成时间的先后顺序逐日逐笔登记的账簿。

在实际工作中，序时账是按照记账凭证号数的先后顺序逐日逐笔登记的，在古代会计中也称其为"流水账"。设置和登记日记账，可以及时、连续、完整地提供经济业务的会计记录，反映会计对象的具体变化情况，便于随时核对账目。

日记账按其登记内容的不同，可分为普通日记账和特种日记账。

（1）普通日记账

普通日记账，又称会计分录簿，是记载一定时期内发生的全部经济业务会计分录的日记账。普通日记账是根据全部经济业务的原始凭证或记账凭证逐日逐笔登记的，因此账内可以全面反映经济业务的发生情况。其缺点是将全部业务都记入日记账，不能分类地反映经济业务，也不便于各个会计岗位的分工记账，而且查阅也不方便；在使用记账凭证为登记依据的条件下，登记普通日记账与填制记账凭证会增加会计人员的核算工作量，同时存在较多过账错误的可能。目前，手工记账的企业较少采用这种日记账，主要适用于采用电子计算机数据处理系统的企业。

（2）特种日记账

特种日记账是将发生频繁、需要经常查核、性质相同的经济业务，按业务发生的先后时间顺序逐日逐笔登记的日记账。为了避免重复，设置普通日记账的单位，一般情况下不再单独设置特种日记账。但是，在绝大多数情况下，各个单位只对现金和银行存款的

收付业务,设置库存现金日记账和银行存款日记账,用以加强对货币资金的监督和控制,防止不法行为的发生。

2. 分类账簿

分类账簿是对全部经济业务按总分类科目和明细分类科目设置和登记的账簿。设置和登记分类账,可以按照会计科目类别分类归集、汇总会计资料,根据需要提供经营管理者所需要的不同的会计信息。

分类账簿按其记录内容详尽程度的不同,可分为总分类账簿和明细分类账簿。

(1)总分类账簿

总分类账簿,简称总账,是根据一级科目开设的账户,概括地记录各类经济业务,提供总括会计核算资料的账簿。通过总分类账,既能提供总括的经济指标,为编制会计报表和进行会计检查提供依据;又能统驭日记账和明细分类账,建立账簿间的勾稽关系,保证会计账簿记录的正确性。

(2)明细分类账簿

明细分类账簿,亦称明细账,是根据二级科目或明细科目开设的账簿,详细记录某类经济业务,提供会计核算详细资料的分类账簿。通过明细分类账簿,既能提供详细的经济指标,为日常的管理和监督提供依据;又能表明总分类账簿的构成要素,作为总分类账簿的补充说明。

在实际工作中,若经济业务比较简单、总账科目数量不多的单位,可将日记账和分类账合并设置和登记,使一本账簿有日记账和分类账两种用途。这种将不同用途的账簿内容相结合的账簿,称为联合账,如将日记账和总分类账结合而成为日记总账等。

(3)备查账簿

备查账簿,亦称辅助账簿,是为便于查询而对日记账和分类账等主要账簿中不能记载或记载不全的经济业务进行补充登记的账簿。例如,租入固定资产登记簿、委托加工材料登记簿、代销商品登记簿等。备查账簿是对日记账和分类账记录的一种补充,与其他账簿之间不存在严密的依存和勾稽关系。

在上述三种账簿中,日记账和分类账是主要账簿,备查账为辅助账簿。各种账簿相互联系、相互制约形成一个账簿体系。总分类账统驭日记账和明细账,其总括指标制约日记账和明细账的明细指标;日记账和明细账的指标,是对总分类指标的具体说明,要与其核对相符。备查账簿的资料是对某些经济业务的补充说明。

(二)账簿按外表形式分类

会计账簿按外表形式不同,可分为订本式账簿、活页式账簿和卡片式账簿。

1. 订本式账簿

订本式账簿是在启用之前,就将一定数量进行连续编号的账页固定装订成册的簿记。订本式账簿可防止账页散失或任意抽换,保证账簿的使用安全和记录完整。但订本式账簿的账页总数和账簿中各账户预留账页数同实际需用量不一致时,账页不足会影响账户的连续记录,账页过多又造成浪费;同时,订本式账簿不便在同一时间内分工记账。订本式账簿一般用于总分类账簿、库存现金日记账和银行存款日记账等账簿。也就是说,订本式账簿一般用于比较重要的账簿。

2. 活页式账簿

活页式账簿是将一定数量零散的账页置于活页账夹内，可根据记账内容的变化而随时增加或减少部分账页的账簿。活页式账簿可适应经济业务事项的数量变化随时加入、抽出或移动账页，使用灵活，便于分工记账、分类计算和汇总；空白账页可由账簿中取出另用，避免浪费。但账页容易散失和被抽换。活页式账簿在使用前须由有关人员编制账户目录和账户编号，并在账页上加盖有关人员图章，以防弊端。会计期末，将活页式账簿装订成册。活页账一般用于明细分类账簿。

3. 卡片式账簿

卡片式账簿是将一定数量的卡片式账页，按一定顺序置于卡片箱内，根据需要可随时存入或取出账卡，可以跨年度使用。卡片式账簿除具有一般活页式账簿的优缺点外，它不需要每年更换。在实际应用时，账卡上应有连续编号并加盖有关人员的印章，以保证记录内容的完整和安全。卡片式账簿一般用于固定资产明细账。

（三）账簿按账页格式分类

会计账簿按账页格式的不同，可分为两栏式账簿、三栏式账簿、数量金额式账簿和多栏式账簿。

1. 两栏式账簿

两栏式账簿是指只有借方和贷方两个主要金额栏目的账簿。普通日记账和转账日记账一般采用两栏式账簿，格式如表8.1所示。

2. 三栏式账簿

三栏式账簿是指有借方、贷方、余额三个主要金额栏目的账簿。总分类账、特种日记账以及债权、债务明细分类账一般采用三栏式账簿，格式如表8.3、表8.11和表8.13所示。

3. 数量金额式账簿

数量金额式账簿是指采用数量与金额双重记录的账簿。即在账簿的借方、贷方、余额三个主要金额栏目内，分别设置数量、单价、金额三个小栏。原材料、产成品、库存商品等存货类账户一般采用数量金额式账簿，格式如表8.14所示。

4. 多栏式账簿

多栏式账簿是指采用一个借方栏目、多个贷方栏目或一个贷方栏目、多个借方栏目的账簿。成本计算账户、费用账户、收入账户等一般采用多栏式账簿，格式如表8.15和表8.16所示。

第二节　会计账簿的设置和登记

一、会计账簿设置的原则

由于各单位经济管理模式不同，因而账簿的设置也不尽相同。每个单位都需要结合本单位的经营规模、业务特点和管理需求设置会计账簿，力求科学严密。一般情况下，会计账簿设置应遵循以下原则：

1. 系统性

各单位必须按照国家会计制度的规定，结合本单位的特点和发展需要设置账簿。所设置的账簿要全面、系统地反映本单位的各种经济业务，满足各方了解本单位财务状况和经营成果的需要，为加强经济管理提供各种会计信息。

2. 科学性

账簿的设置要组织严密、层次分明。账簿之间要互相衔接、互相补充、互相制约，要清晰地反映账户之间的对应关系，为企业的经营管理、国家的有关部门及投资者、债权人等提供完整、系统的会计信息资料。

3. 实用性

账簿设置要根据企业规模的大小、经济业务的繁简以及业务量的多少为出发点，综合考虑单位的具体条件和实际需要，既要防止过于简化，也要防止过于繁杂，力求避免重复记账和遗漏。

4. 合法性

各单位发生的各项经济业务应当在依法设置的会计账簿上统一登记、核算，不得违反《会计法》和《企业会计准则》私设会计账簿。违反规定账外设账，主要表现为在法定会计账簿之外，另设一套或多套账簿用于登记没有纳入法定会计账簿之内统一核算的其他经济业务，以达到种种非法目的。账外设账，是一种极为严重的违法行为，会严重干扰正常的经济秩序，必须杜绝。

二、会计账簿的基本内容

由于各个单位经济业务类型不同，其所设置的账簿也就存在差别，反映经济业务的内容也会有所不同。但是，无论会计账簿的形式和格式如何，作为各单位设置的账簿均应具备以下基本内容：

（一）封面

封面是用于填写账簿的名称、使用年度等内容。订本式账簿通常将账簿名称印刷在封面中央和账背上，封面使用时可不必填写；活页式账簿需要在封面中央填写账簿的名称和使用年度，以便于使用和查阅。

（二）扉页

扉页一般是封面之后账页之前印有“账簿启用及交接表”的一页。它记载着账簿使用单位、账簿名称、账簿编号、启用日期、经管人员和交接记录、账簿启用及交接表的格式。

（三）账页

账页是会计账簿的主要组成部分。不同的账簿其账页格式虽然存在很大区别，但一般都包括以下主要内容：

1. 账户名称，填写该账页所设立账户的名称。

2. 日期栏，填写记账凭证的日期。

3. 凭证种类及号数栏,填写凭证的字和号。

4. 摘要栏,填写经济业务的简要情况。

5. 金额栏,填写经济业务引起资金的数量增减变化和结存金额。

6. 页次,填写该账页的页次。

三、日记账的设置和登记

由于各个企业的规模不同,经济业务的内容和数量就存在差异。根据企业的不同需要,一般情况下,企业设置的日记账有普通日记账和特种日记账。

(一)普通日记账

1. 普通日记账的设置

普通日记账是指将全部经济业务不分类别而是按经济业务发生的时间先后顺序进行登记的账簿。它将发生的经济业务以会计分录的形式记录下来,因此普通日记账也称分录簿。在不设特种日记账的企业,则需设置普通日记账,序时地逐笔登记企业的全部经济业务。

普通日记账是会计人员根据经济业务发生的原始凭证直接登记的,其格式如表8.1所示,它一般分为"借方金额"和"贷方金额"两栏,登记每一分录的借方账户和贷方账户及金额,这种账簿不结余额。

【例8.1】现将某企业2014年2月1日发生的全部经济业务登记在普通日记账上,如表8.1所示。

表8.1 普通日记账第页

2014年		摘要	账户名称	借方金额	贷方金额	过账
月	日					
2	1	收回职工李红借款	库存现金	500.00		√
			其他应收款		500.00	√
	1	从银行提现金	库存现金	900.00		√
			银行存款		900.00	√
	1	支付购料款	在途物资	20 000.00		√
			应交税费	3 400.00		√
			银行存款		23 400.00	√
	1	赊购机器一台	固定资产	30 000.00		√
			应付账款		30 000.00	√
	1	购买办公用品	管理费用	700.00		√
			库存现金		700.00	√
	1	王光借差旅费	其他应收款	1 000.00		
			库存现金		1 000.00	

续表 8.1

2014 年		摘要	账户名称	借方金额	贷方金额	过账
月	日					
	1	销售产品，取得存款	银行存款	35 100.00		
			主营业务收入		30 000.00	
			应交税费		5 100.00	
	1	王上报销差旅费	库存现金	300.00		
			管理费用	1 700.00		
			其他应收款		2 000.00	
	1	赊销产品	应收账款	5 850.00		
			主营业务收入		5 000.00	
			应交税费		850.00	
	1	收到购货单位偿还欠款	银行存款	23 400.00		
			应收账款		23 400.00	
	1	用现金支付业务招待费	管理费用	200.00		
			库存现金		200.00	

2. 普通日记账的登记

(1)将发生的经济业务事项的日期记入日期栏内，年度记在日期栏的上方，月和日记入会计分录的第一行。

(2)摘要栏内，简单摘录经济业务的内容。

(3)将应借账户记入“账户名称”栏第一行，并将金额记入借方金额栏；将应贷账户名称记入“账户名称”栏第二行（缩进一格），并将金额记入贷方金额栏。

(4)根据日记账登记总账后，在该账户对应行内“过账”栏画“√”，或注明总账账户所在页数，表示已记过总账。

(二)特种日记账

特种日记账是专门记载一定时期内发生的某类经济业务的日记账。企事业单位通常设置的特种日记账有“库存现金日记账”和“银行存款日记账”。除此之外，企业可根据核算和管理的需要设置一些记载转账业务的转账日记账，记载有关采购业务的购货日记账，记载有关销售业务的销售日记账等。

1. 库存现金日记账

库存现金日记账是由出纳人员根据审核无误的现金收、付款凭证和银行存款付款凭证（从银行提取现金业务），按照经济业务发生的先后顺序逐日逐笔登记的。企事业单位均应设置库存现金日记账，以便及时核算和监督本单位现金的收入、支出和结存情况。对于拥有外币（人民币以外的货币）现金的单位，还需根据不同币种分设不同的库存现金日记账，以反映不同币种现金的收付和结存情况。

（1）库存现金日记账的账簿形式

库存现金日记账视企事业单位核算和管理的需要可选用不同的账页形式，一般采用三栏式账页，也可采用多栏式账页；对于外币（人民币以外的货币）现金的登记需要采用双币式账页。

①三栏式库存现金日记账，通常是指在账页上设置“收入”“支出”和“结余”三个基本栏目，在金额栏和摘要栏之间设置“对方科目”，以表明库存现金收入的来源或库存现金支出的用途。

【例8.2】现以某企业2010年2月1日发生的库存现金收、付业务为例，说明三栏式库存现金日记账的登记方法。

某企业2010年2月1日发生的现金收、付业务如表8.2所示。

表8.2 某企业部分现金经济业务

记账凭证号数	摘要	会计分录
现收字1号	收回职工李红借款	借：库存现金 500 贷：其他应收款——李红 500
银付字1号	从银行提现金	借：库存现金 900 贷：银行存款 900
现付字1号	购买办公用品	借：管理费用 700 贷：库存现金 700
现付字2号	王光借差旅费	借：其他应收款——王光 1 000 贷：库存现金 1 000
现收字2号	王光报销差旅费	借：库存现金 300 贷：其他应收款——王光 300
现付字3号	用现金支付业务招待费	借：管理费用 200 贷：库存现金 200

根据表8.2经济业务，登记三栏式库存现金日记账如表8.3所示。

表8.3 库存现金日记账（三栏式）

2010年		凭证种类及编号	摘要	对方科目	收入	支出	结余
月	日						
2	1		期初余额				360.00
	1	现收001	收回李红借款	其他应收款	500.00		860.00
	1	银付001	提取现金	银行存款	900.00		1 760.00
	1	现付001	购买办公用品	管理费用		700.00	1 060.00

续表 8.3

2010年		凭证种类及编号	摘要	对方科目	收入	支出	结余
月	日						
	1	现付 002	王光借差旅费	其他应收款		1 000.00	60.00
	1	现收 002	王上报差旅费余款	其他应收款	300.00		360.00
	1	现付 003	支付业务招待费	管理费用		200.00	160.00
	1		本日合计		1 700.00	1 900.00	160.00

②多栏式库存现金日记账,在现金收付业务较多、使用会计科目较少的单位,为反映一定时期内现金的收入渠道和支出方向,监督现金合理、正确地收支,可设置使用多栏式现金日记账。多栏式的设计是在三栏式的基础上,将原“对方科目”删除,而将借方和贷方金额分别按其对应科目设置专栏,将每笔业务金额依借、贷方向按对应科目记入相应专栏中。登记多栏式库存现金日记账应注意将业务金额准确记入相应栏目中,防止因数字串行出现记账错误,其格式如表 8.4 所示。

【例 8.3】以表 8.2 所示的经济业务资料为例,登记多栏式库存现金日记账。

表 8.4 库存现金日记账(多栏式)

2010年		凭证种类及编号	摘要	收入				支出				结余
				应贷科目			合计	应借科目			合计	
月	日			其他应收款	银行存款			管理费用	其他应收款			
2	1		期初余额									360.00
	1	现收 001	收回李红借款	500.00			500.00					860.00
	1	银付 001	提取现金		900.00		900.00					1 760.00
	1	现付 001	购买办公用品					700.00			700.00	1 060.00
	1	现付 002	王光借差旅费						1 000.00		1 000.0	60.00
	1	现收 002	王上报差旅费余款	300.00			300.00					360.00
	1	现付 003	支付业务招待费					200.00			200.00	160.00
	1		本日合计	800.00	900.00		1 700.00	900.00	1 000.00		1 900	160.00

采用多栏式库存现金日记账格式时,如果会计科目过多,收入栏和支出栏下需要设

置多个专栏，导致账簿账页过长，不利于使用，在这种情况下，可以将多栏式库存现金日记账分设为库存现金收入日记账和库存现金支出日记账两部分，其格式如表8.5和表8.6所示。

表8.5　库存现金收入日记账

2010年		凭证种类及编号	摘要	贷方科目			收入合计	支出合计	余额
月	日			其他应收款	银行存款				
2	1		期初余额						360.00
	1	现收001	收回李红借款	500.00			500.00		860.00
	1	银付001	提取现金		900.00		900.00		1 760.00
	1	现收002	王上报差旅费余款	300.00			300.00		2 060.00
	1		本日合计	800.00			1 760.00	1 900.00	160.00

表8.6　库存现金支出日记账

2010年		凭证种类及编号	摘要	借方科目			支出合计
月	日			管理费用	其他应收款		
2	1	现付001	购买办公用品	700.00			700.00
	1	现付002	王光借差旅费		1 000.00		1 000.00
	1	现付003	支付业务招待费	200.00			1 900.00
	1		本日合计	900.00	1 000.00		1 900.00

【例8.4】以表8.2所示的经济业务资料为例，登记库存现金收入日记账和库存现金支出日记账如表8.5和表8.6所示。

多栏式库存现金日记账的登记方法：

出纳人员根据审核无误的收、付款凭证逐日逐笔登记库存现金收入日记账和库存现金支出日记账，每日应将支出日记账中的当日合计数，记入库存现金收入日记账中当日支出合计栏中，以结出当日账面余额。

③双币式库存现金日记账，双币式库存现金日记账的格式见银行存款日记账内容。每日终了，应分别计算库存现金收入和支出的合计数，结出余额，并以账面余额同库存现金的实存数相核对，保证账实相符，即通常说的“日清”。如账实不符应查明原因，并记录备案。月终同样要计算库存现金收、付和结存的合计数，即通常所说的“月结”。

(2)库存现金日记账的登记方法

①日期栏：记账凭证的日期，应与现金实际收付日期一致。

②凭证栏：登记入账的收付款凭证的种类和编号，如，现金收款凭证第1号，简写为“现收001”。

③摘要栏：简要说明经济业务的内容。

④对方科目栏：与“库存现金”科目对应的会计科目，如，从银行提取现金，其对应科

目就是“银行存款”。对应科目栏的作用是了解经济业务的来龙去脉。

⑤收入、支出栏:现金实际收付的金额。

⑥余额栏:库存现金的余额。经济业务发生后,出纳员要随时结出库存现金的余额,做到日清月结。

2.银行存款日记账

银行存款日记账是由出纳人员根据审核无误的银行存款收款凭证、银行存款付款凭证和库存现金付款凭证(将现金存入银行业务),按经济业务发生时间的先后顺序,逐日逐笔进行登记的账簿,每日经济业务登记完毕后应结算出当日余额,并定期以账面余额同银行对账单余额相核对。

银行存款日记账采用订本式账簿形式,一般采用三栏式和多栏式账页格式,如果有外币银行存款的企业可以采用双币式账页格式。

(1)三栏式银行存款日记账

三栏式银行存款日记账的格式及登记方法与三栏式库存现金日记账基本相同,不同之处是增设了“结算凭证”栏目,目的是为了反映办理银行存款收付手续所用单据的种类,便于同银行核对账目。

【例8.5】现以某企业2010年2月1日发生的银行存款增、减经济业务为例,说明三栏式银行存款日记账的登记方法,某企业2010年2月1日发生的银行存款增、减业务如表8.7所示。

表8.7 某企业部分银行存款业务

凭证数号	摘要	会计分录
银付001	提取现金	借:库存现金 1 600 贷:银行存款 1 600
银付002	支付购料款	借:在途物资 40 000 应交税费——应交增值税 6 800 贷:银行存款 46 800
银收001	销售产品收到款项	借:银行存款 70 200 贷:主营业务收入 60 000 应交税费——应交增值税 10 200
银收002	收到购货单位偿还欠款	借:银行存款 46 800 贷:应收账款 46 800

根据以上经济业务登记三栏式银行存款日记账,如表8.8所示。

表 8.8　银行存款日记账(三栏式)

2010 年		凭证种类及编号	摘要	结算凭证		对方科目	收入	支出	结余
月	日			种类	号码				
2	1		期初余额						500 200
	1	银付 001	提取现金	现支	271	库存现金		1 600	498 600
	1	银付 002	支付购料款	转支	412	在途物资		40 000	458 600
						应交税费		6 800	451 800
	1	银收 001	现销产品	转支	357	主营业务收入	60 000		511 800
						应交税费	10 200		522 000
	1	银收 002	收回欠款			应收账款	46 800		568 800
	1		本日合计				117 000	48 400	568 800

多栏式、收付分页式银行存款日记账的格式和填制方法与库存现金日记账基本相同,略。

(2)双币式银行存款日记账

由于全球经济一体化,企事业单位与国际经济联系日益频繁,持有的外币也不断增多,对于企事业单位所持有的外币(人民币以外的货币)存款,应按外币种类的不同分设不同的外币银行存款日记账,其账页格式称为双币式。双币式日记账是在三栏式日记账的基础上,将借方、贷方和余额三个金额栏分别设立"外币""汇率"和"人民币(记账本位币)"栏目而成,以便同时记录各种外币及折算人民币(记账本位币)的增减变化和结存情况。

登记双币式日记账时,借方登记外币金额和折合人民币(记账本位币)金额的增加值及折合人民币(记账本位币)的记账汇率;贷方登记外币金额和折合人民币(记账本位币)金额的减少值及折合人民币(记账本位币)的记账汇率;将每日的外币余额记入余额的外币栏,人民币(记账本位币)余额记入余额的人民币栏,并将人民币余额和外币余额的比值作为账面汇率记入"余额"栏的"汇率"栏。双币式银行存款日记账格式如表 8.9 所示。

表 8.9　外币银行存款日记账

明细科目

年		凭证号	摘要	借方			贷方			余额		
月	日			外币	汇率	人民币	外币	汇率	人民币	外币	汇率	人民币

四、分类账的设置和登记

分类账簿分为总分类账簿和明细分类账簿两种。

(一)总分类账簿的设置和登记

总分类账簿又称一级账簿,概括地反映经济业务,一般只提供较总括的金额指标,因此,其格式一般采用借、贷、余三栏式订本账簿或活页式账簿(如表8.11所示),按科目分类进行连续登记。由于企业根据其经济管理模式不同而采用不同的账务处理程序,所以,总分类账簿就有不同的登记方法。在登记的过程中,即可以根据记账凭证逐笔登记,也可以将记账凭证按一定方式进行汇总,然后一次性登记到总分类账中去。

【例8.6】某企业2010年2月初原材料账户期初余额如下:原材料——A材料1 000千克,单价100元,金额100 000元;原材料——B材料2 000千克,单价200元,金额400 000元;两者合计500 000元。该企业2010年2月发生的部分原材料经济业务,如表8.10所示。

表8.10 某企业部分原材料经济业务

记账凭证号数	摘要	会计分录
转字001	向白山公司采购原材料	借:原材料——A 400 000 原材料——B 200 000 贷:应付账款 600 000
转字002	向大力公司采购材料	借:原材料——C 40 000 贷:应付票据 40 000
转字003	生产产品领料	借:生产成本 430 000 贷:原材料——A 300 000 原材料——B 100 000 原材料——C 30 000

根据上述经济业务登记原材料总分类账,如表8.11所示。

表8.11 总分类账(三栏式)

会计科目:原材料　　　　单位:元

2010年		凭证种类及编号	摘要	借方	贷方	借或贷	余额
月	日						
2	1		期初余额			借	500 000.00
2	5	转字001	向白山公司采购原材料	500 000.00		借	1 000 000.00
2	10	转字002	向大力公司采购材料	40 000.00		借	1 040 000.00
2	12	转字003	生产产品领料		430 000.00	借	610 000.00
		(略)					
2	28		本月合计	540 000.00	430 000.00	借	610 000.00

(二)明细分类账簿的设置和登记

明细分类账簿简称明细账,是根据总账科目所属的明细分类科目设置的,是总分类账簿的必要补充,是用以记录某一类经济业务明细核算资料的分类账。明细分类账簿一般采用活页式账簿,有的也采用卡片式账簿。明细分类账账页格式通常采用三栏式、数量金额式和多栏式三种格式。

1. 三栏式明细分类账

三栏式明细分类账的结构与总分类账结构相同(如表 8.12 所示),即账页只设有借方、贷方和余额三个金额栏,不设数量栏。这种格式适用于仅要求提供货币信息而不需要提供非货币信息(实物量指标等)的账户,如债权、债务结算账户等,常用于"应付账款""应收账款""其他应收款""其他应付款"等账户的登记使用。

【例 8.7】某企业 2010 年 2 月初"应付账款——白山公司"账户余额为 50 000 元。2 月份发生的应付账款经济业务如表 8.12 所示。

表 8.12 某企业"应付账款——白云公司"的经济业务

记账凭证号数	摘要	会计分录
转字 001	向白山公司采购原材料	借:原材料——A 400 000 原材料——B 200 000 贷:应付账款——白山公司 600 000
银付 053	归还白山公司前欠材料款	借:应付账款——白云公司 600 000 贷:银行存款 600 000
转字 045	向白山公司采购原材料	借:原材料——A 40 000 贷:应付账款——白山公司 40 000

根据上述经济业务登记"应付账款——白山公司"明细分类账,如表 8.13 所示。

表 8.13 应付账款明细分类账(三栏式)

二级科目或明细科目:白山公司　　单位:元

2010 年		凭证种类及编号	摘要	借方	贷方	借或贷	余额
月	日						
2	1		期初余额			贷	50 000.00
	5	转字 001	向白山公司采购原材料		600 000.00	贷	650 000.00
	15	银付 053	归还白山公司前欠材料款	650 000.00		平	0.00
	21	转字 045	向白山公司采购原材料		40 000.00	贷	40 000.00
2	28		本月发生额及余额	650 000.00	640 000.00	贷	40 000.00

2. 数量金额式明细分类账

数量金额式明细分类账的账页,分别设有收入、发出和结余的数量栏和金额栏,以同时提供货币信息和实物量信息。这种格式适用于既要进行金额核算,又要进行实物数量核算的财产物资项目,如原材料、产成品、库存商品等账户的明细分类账。

【例8.8】以【例8.6】所示的经济业务资料为例,登记材料的明细分类账,如表8.14所示。

表8.14 材料明细分类账(数量金额式)

明细科目:B材料　　　　单位:元

2010年		凭证种类及编号	摘要	收入			发出			结存		
月	日			数量	单价	金额	数量	单价	金额	数量	单价	金额
2	1		期初余额							2 000	200	400 000
	5	转字001	向白山公司采购原材料	100	200	20 000				2 100	200	420 000
	12	转字003	生产产品领料				500	200	100 000	1 600	200	320 000

3. 多栏式明细分类账

多栏式明细分类账簿是根据经济业务的特点和经营管理的需要,将属于同一个一级账户或二级账户的明细分类账户合并在一张账页上进行登记,用以在同一张账页上,集中反映有关明细项目的详细资料。这种格式如表8.15所示。它适用于费用、成本和收入等账户的明细分类核算。在实际工作中,如:“生产成本”“制造费用”“管理费用”“销售费用”等账户一般都采用这种账簿核算。

表8.15 生产成本明细账(多栏式)

明细科目:A产品　　　　第　页

2010年		凭证种类及编号	摘要	成本项目					贷方	余额
月	日			直接材料	直接工资	其他直接费用	制造费用	合计		
			月初余额							
			本月领用材料							
			生产工人工资							
			计提福利费							
			本月制造费用							
			生产费用合计及余额							
			产品完工入库							

五、备查账簿的设置和登记

备查账簿是一种辅助账簿,是对主要账簿起补充说明作用的账簿,因此,它没有固定的格式，一般是根据各单位会计核算和经营管理的需要而自行设置，如实登记有关经济业务发生的时间、原因、经手人、期限等。表 8.16 为租入固定资产登记簿。

表 8.16　租入固定资产登记簿（备查账）

<table>
<tr><th rowspan="2">固定资产名称及规格</th><th rowspan="2">租约合同编号</th><th rowspan="2">租出单位名称</th><th rowspan="2">租入日期</th><th rowspan="2">租金</th><th colspan="2">使用记录</th><th rowspan="2">归还日期</th><th rowspan="2">备注</th></tr>
<tr><th>单位</th><th>日期</th></tr>
<tr><td></td><td></td><td></td><td></td><td></td><td></td><td></td><td></td><td></td></tr>
</table>

第三节　账簿的记账规则

一、账簿的启用规则

1. 账簿是重要的会计档案，为了保证账簿记录的合法性和完整性，明确记账责任，在账簿启用时，应当在账簿封面上写明单位名称和使用年度；并在扉页的“账簿启用及交接表”上详细写明账簿名称、单位全称、账簿编号、账簿册数、账簿共计页数、启用日期，由会计主管人员、记账人员等签章，并加盖公章。账簿启用及交接表一般内容和格式见表 8.17 所示。

表 8.17　账簿启用及交接表

<table>
<tr><td colspan="4">单位名称</td><td colspan="5">（加盖公章）</td><td colspan="3" rowspan="5">贴印花处</td></tr>
<tr><td colspan="4">账簿名称</td><td colspan="5">账簿第　册</td></tr>
<tr><td colspan="4">账簿编号</td><td colspan="5">第　号</td></tr>
<tr><td colspan="4">启用日期</td><td colspan="5">年　月　日</td></tr>
<tr><td colspan="4">账簿页数</td><td colspan="5">本账簿共计　页</td></tr>
<tr><td rowspan="3">经管人员</td><td colspan="5">会计主管</td><td colspan="4">记账人员</td><td colspan="2" rowspan="3"></td></tr>
<tr><td colspan="3">姓名</td><td colspan="2">盖章</td><td colspan="2">姓名</td><td colspan="2">盖章</td></tr>
<tr><td colspan="3"></td><td colspan="2"></td><td colspan="2"></td><td colspan="2"></td></tr>
<tr><td rowspan="4">交接记录</td><td colspan="3">日期</td><td colspan="2">监交</td><td colspan="3">移交</td><td colspan="3">接管</td></tr>
<tr><td>年</td><td>月</td><td>日</td><td>职务</td><td>姓名</td><td>职务</td><td>姓名</td><td>盖章</td><td>职务</td><td>姓名</td><td>盖章</td></tr>
<tr><td></td><td></td><td></td><td></td><td></td><td></td><td></td><td></td><td></td><td></td><td></td></tr>
<tr><td></td><td></td><td></td><td></td><td></td><td></td><td></td><td></td><td></td><td></td><td></td></tr>
<tr><td colspan="3">备注</td><td colspan="9"></td></tr>
</table>

2. 表8.17的内容填写完毕之后，应在扉页上贴印花税票，并划线注销，表明该账簿开立的合法性。

3. 中途更换记账人员，应办理有关交接手续，记录交接日期，由移交人和接管人双方签章，以明确责任。同时，须有会计主管人员监交并签章。

4. 在分类账中，应在“启用表”后增加目录，注明每一账户的名称和页次，以便查阅，注意一张活页账不得开设两个账户。

二、账簿的登记规则

1. 账簿登记必须根据审核无误的记账凭证，连续、系统地登记，不能漏记、重记和错记。为了加强数据之间的稽核，减少信息传递过程中的失误，总分类账和明细分类账的登记必须遵循平行登记的原则，即总分类账和明细分类账均以记账凭证为依据进行登记，而不能互为依据。

2. 为使账簿记录更加清晰整洁，便于长期保存，防止篡改，记账时必须以蓝、黑墨水书写，不能使用铅笔或圆珠笔（银行复写账簿除外），红色墨水只能在画线、改错和冲账时使用（会计中的红色数字表示负数）。账簿中的文字书写要端正清楚，数字要登记在金额线内，不能占满格，一般应占行距的二分之一高度，为更正错误留有余地。

3. 根据记账凭证内容登记账簿相关栏目。“时间”栏内登记的是记账凭证的填制日期而非登记账簿的日期；“凭证”栏内登记凭证的种类和编号，以利于会计凭证和账簿记录相核对；“摘要”栏一般以记账凭证的摘要栏内容填写，要求简要、准确；“金额”栏的数字应与账页上标明的位数对准，并按记账凭证金额栏相应的记账方向和金额进行登记，不能记错方向，没有角分的整数，小数点后应写“00”字样，不可省略；需要结出余额的账户，要结出余额，并在“借或贷”一栏内写“借”或者写“贷”字，表示余额方向；没有余额的账户，应当在“借或贷”一栏内写“平”字，并在“余额”栏内写“0”。

4. 记账时应按照账户页次逐页逐行登记，不得隔页或跳行。如不慎发生此种情况，应在空页或空行处用红色墨水划线注销，或者注明“此行空白”“此页空白”字样，并由记账人员签名或盖章。对各种账簿的账页不得任意抽换和撕毁，以防舞弊。

5. 过账。账簿根据记账凭证登记完毕，应在记账凭证的“记账”栏（或“√”栏）内注明账簿的页数，或画“√”表示已登记入账，避免重记或漏记，也便于查阅、核对，并在记账凭证上签名或盖章。

6. 为了保持账簿记录的连续性，每一张账页登记完毕时（最后一行不记），要办理转页手续。在最后一行加计本页发生额合计数及余额，写在本页最后一行，并在摘要栏内注明“转次页”，然后将结出的发生额合计数和余额记入下一张账页的第一行有关栏内，并在摘要栏注明“承上页”或“承前页”，以便对账和结账。

7. 账簿记录发生错误时，不能刮擦、挖补、涂抹或用褪色药水更改字迹，不准重新抄写，应根据具体情况，采用账簿规定的方法予以更正。

第四节　错账的查找与更正方法

一、错账查找与更正方法

(一)错账查找

在实际工作过程中,错账的原因各种各样,除了记账凭证编制错误以外,还会产生错账,如重记、漏记、数字颠倒、数字错位、数字记错、科目记错、借贷方向记反(反向)等,从而影响会计信息的准确性,应及时找出差错,并予以更正。检查错账要针对差错数字的具体情况,采用不同的查找方法,下面介绍几种常用的查找数字错误的主要方法。

1. 差数法

差数法是指按照错账的差数查找错账的方法。例如,在记账过程中只登记了会计分录的借方或贷方,漏记了另一方,从而形成试算平衡中借方合计与贷方合计不等。其表现形式是:借方金额遗漏,会使该金额在贷方超出;贷方金额遗漏,会使该金额在借方超出。对于这样的差错,可由会计人员通过回忆和相关金额的记账核对来查找。

2. 尾数法

对于发生的角、分的差错可以只查找小数部分,以提高查错的效率。

3. 除 2 法

除 2 法是指以差数除以 2 来查找错账的方法。当某个借方金额错记入贷方(或相反)时,出现错账的差数表现为错误的 2 倍,将此差数用 2 去除,得出的商即是反向的金额。例如,应记入"库存现金"日记账借方的 1 000 元误记入贷方,则库存现金日记账的期末余额将小于现金总分类账期末余额 2000 元,被 2 除的商 1 000 元即为借贷方向反向的金额。同理,如果借方总额大于贷方 400 元,即应查找有无 200 元的贷方金额误记入借方。如非此类错误,则应另寻差错的原因。

4. 除 9 法

除 9 法是指以差数除以 9 来查找错数的方法。适用于以下三种情况:

(1)将数字写小。如将 500 写为 50,错误数字小于正确数字 9 倍。查找的方法是:以差数除以 9 后得出的商即为写错的数字,商乘以 10 后所得的积为正确的数字。上例差数 450(即 500 - 50)除以 9,商 50 即为错数,扩大 10 倍后即可得出正确的数字 500。

(2)将数字写大。如将 30 写为 300,错误数字大于正确数字 9 倍。查找的方法是:以差数除以 9 后得出的商为正确的数字,商乘以 10 即为错误数字。上例差数 270(即 300 - 30)除以 9 后,所得的商 30 为正确数字,30 乘以 10(即 300)为错误数字。

(3)数字颠倒。如将 36 写为 63,将 68 写为 86,将 96 写为 69 等。颠倒数的差数最小为 1,最大为 8(9 - 1)。查找的方法是:将差数除以 9,得出的余数连续加 11,直到找出颠倒的数字为止。如 36 与 63 的差数为 27,除 9 得 3,连加 11 为 14,25,36,47,58,69,如有 36 数字的业务,即有可能是颠倒的数字。参见表 8.18。

表 8.18　错账查找中的数字颠倒

颠倒数的差数	1		2		3		4		5		6		7		8	
颠倒的数字	12	21	13	31	14	41	15	51	16	61	17	71	18	81	19	91
	23	32	24	42	25	52	26	62	27	72	28	82	29	92		
	34	43	35	53	36	63	37	73	38	83	39	93				
	45	54	46	64	47	74	48	84	49	94						
	56	65	57	75	58	85	59	95								
	67	76	68	86	69	96										
	78	87	79	97												
	89	98														

(二)错账的更正方法

在登记账簿的过程中,由于各种原因,难免发生记账错误,这就是通常所说的错账。对于错账,会计人员必须按规定的更正方法进行更正,不得任意涂改。一般常用的错账更正方法有划线更正法、红字更正法和补充登记法。

1. 划线更正法

在记账以后或在结账之前,如果发现账簿记录有文字或数字错误,但记账凭证正确,即纯属过账时笔误或计算错误,一般即可采用划线更正法更正。更正时,先将错误的文字或数字划一条红线予以注销,但应使划销的文字或数字保持原有字迹且仍可辨认,以备考查。然后,将正确的文字或数字用蓝笔写在原数字或文字的上端,并由记账人员在更正处盖章,以明确责任。

对于文字错误,可只划去错误的部分并进行更正;对于数字错误,必须将整个数字全部划线注销,不能只划销整个数字中的个别错误数码。如记账员登账时,将 1 560.00 元误记为 1 650.00 元,应先在 1 650.00 上划一条红单线以示注销,并保证原来的字迹仍可辨认,然后在其上方空白处填写正确的蓝色数字 1 560.00,而不能只将“65”划去更正为“56”。

2. 红字更正法

在记账以后,如果发现(指本会计年度内)记账错误是由于记账凭证中的应借应贷科目有误,或者科目没错,而是所记金额大于应记金额引起的,可以采用红字更正法更正错误。红字在记账中表示减少或冲销,它起到抵消的作用。

在实际工作中,红字更正法详细操作如下:

(1)记账以后,如果发现记账凭证中的应借、应贷科目有误,从而引起账簿记录错误,可用红字更正法予以更正。

更正时,先用红字填制一张与原错误记账凭证完全相同的记账凭证,在摘要栏内注明“注销 × 月 × 日第 × 号凭证”,并据以用红字登记入账,冲销原来的错误记录;然后再用蓝字填写一张正确的记账凭证，在摘要栏内注明“订正×月×日第×号凭证”，并据以用蓝字登记入账。

【例 8.9】某单位开出支票支付购买办公用品款 6 000 元。这笔业务应贷记“银行存款”，但在编制记账凭证时，误操作下列会计分录，并据以登记入账。

①借：管理费用　　6 000
　　贷：库存现金　　6 000

②更正时，应先用红字填制一张与原错误凭证内容完全相同的凭证，并据以用红字金额登记入账，冲销错账。（方框代表红字）

借：管理费用　　$\boxed{6\ 000}$
　　贷：库存现金　　$\boxed{6\ 000}$

或者用蓝字在记账凭证上编制相反的会计分录并据以登记入账，将错误记录冲销。

借：库存现金　　6 000
　　贷：管理费用　　6 000

③然后再用蓝字编制一张正确的记账凭证，并用蓝字登记入账。

借：管理费用　　6 000
　　贷：银行存款　　6 000

将②③两张记账凭证的会计分录登记到相应的账簿中去以后，使记录的错账得到了更正，保证了会计信息的准确性和可靠性（账簿记录的更正见下面“丁”字账）。

管理费用

借方	贷方
①6 000	②6 000
③6 000	

库存现金

借方	贷方
①6 000	①6 000

银行存款

借方	贷方
③6 000	

（2）记账以后，如果发现记账凭证中应借、应贷科目并无错误，只是所记金额大于应记金额，并已记账，这时也用红字更正法进行更正。

更正时，用红字将多记的金额（错误金额超过正确金额部分）填制一张应借应贷会计科目与原错误记账凭证相同的记账凭证，在摘要栏内注明“注销某月某日第×号凭证多记金额”，并据以用红字登入账簿，以冲销多记的金额。

【例 8.10】某生产车间领用 8 000 元材料用于生产甲产品，但记账凭证的会计分录却错误记为：

④借：生产成本　　80 000

贷:原材料 80 000

并据以登记入账。

发现上述错误属于多记金额,更正时,先计算多记金额80 000 - 8 000 = 72 000元,然后将多记金额72 000元用红字填制一张与原记账凭证上应借、应贷科目完全相同的记账凭证(会计分录如⑤)予以更正,并据以登记入账(方框代表红字),账簿记录的更正见"丁"字账所示。

⑤借:生产成本 72 000

贷:原材料 72 000

或者,会计分录为:

⑥借:原材料 72 000

贷:生产成本 72 000

借方	生产成本	贷方
④80 000		⑤72 000

借方	原材料	贷方
期初余额 100 000		④80 000
⑤72 000		

3. 补充登记法

如果在记账过程中出现了与上述情况恰好相反的错误,即记账以后,发现记账凭证中应借、应贷科目并无错误,只是所记金额小于应记金额,并已记账,应该采用补充登记法更正。

更正时,先计算少记金额,用蓝字填制一张与原记账凭证应借、应贷科目完全相同的记账凭证,并在凭证上记入少记金额,在摘要栏内注明"补记×月×日第×号凭证少记金额",并据以用蓝字补充登记有关账簿,补足账内少记的金额。

【例8.11】如某车间领用7 900元的乙材料生产A产品,记账凭证的会计分录误写为

⑦借:生产成本 7 600

贷:原材料 7 600

并据以登记入账。

发现上述少记金额后,先计算少记金额7 900 - 7 600 = 300元,然后将少记金额300元用蓝字填制一张记账凭证,并据以登记入账进行更正,账簿记录的更正见"丁"字账所示。

⑧借:生产成本 300

贷:原材料 300

借方	生产成本	贷方
⑦7 600		
⑧300		

借方	原材料	贷方
		⑦7 600
		⑧300

第五节　对账与结账

一、对账

对账就是核对账簿记录，也称账目核对，是保证会计账簿记录质量的重要程序。按照《会计法》有关规定，各单位应当在会计期间结束时，为了保证账簿记录的正确、真实和完整，要定期将会计账簿记录与实物、款项及有关资料相互核对，保证账实相符、账证相符、账账相符和账表相符。

（一）账实核对

账实相符，就是将会计账簿的账面数字与实物、款项和有价证券的实有数相核对，保证账实相符。由于会计账簿记录是实物、款项和有价证券使用情况的价值量的反映，实物、款项和有价证券的增减变化情况，必须在会计账簿记录上如实记录和登记。因此，通过账实核对，可以检查、验证会计账簿记录的正确性，发现财产物资和款项、有价证券管理中存在的问题，有利于查明原因、明确责任、加强经济管理，保证会计资料的真实和完整。

账实核对包括：

1. 库存现金日记账的账面余额与库存现金实有数相核对；
2. 银行存款日记账的账面余额与银行对账单相核对；
3. 各种财产物资明细账的结存数量应定期与库存实物数量相核对；
4. 各种应收、应付款项的明细账账面余额与有关的债权、债务单位相核对。

（二）账证核对

账证核对，是对各种账簿记录与记账凭证、原始凭证有关内容核对的简称。账证核对，是会计核算的基本要求。由于会计账簿记录是根据会计凭证等资料编制的，两者之间存有逻辑联系，因此，通过账证核对，可以检查、验证会计账簿记录和会计凭证的内容是否正确无误，以保证会计资料真实、完整。各单位应当定期将会计账簿记录与其相应的会计凭证记录（包括时间、编号、内容、金额、记账方向等）逐项核对，检查是否一致。如果发现有不同之处，应该逐项检查原始依据和记账凭证，并根据差错的原因，按照会计规定予以更正。

（三）账账核对

账账核对，是对有关账簿之间记录的数字相核对的简称。账账核对，是会计核算的基本要求。由于会计账簿之间，包括总账之间、总账与明细账之间、总账与日记账之间、会计机构的财产物资明细账与保管部门、使用部门的有关财产物资明细账之间等相对应的记录存在着内在的联系,通过定期核对,可以检查、验证会计账簿记录的正确性,便于及时发现问题,纠正错误,保证会计资料的真实、完整和准确无误。账账核对的主要内容包括以下几个方面:

1. 全部总账账户借方发生额合计与贷方发生额合计相互核对;

2. 全部总账账户借方余额合计与贷方余额合计相互核对;

3. 有关总账账户余额与其所属明细分类账余额合计相互核对;

4. 库存现金日记账和银行存款日记账的余额与其总账余额相互核对;

5. 会计机构有关财产物资明细账余额与财产物资保管、使用部门的有关明细账余额相互核对。

(四)账表核对

账表核对,是会计账簿记录与会计报表有关内容相互核对的简称。账表核对,同样也是会计核算的基本要求。由于会计报表是根据会计账簿记录及有关资料编制的,两者之间存在相对应的关系,因此,通过检查会计报表各项目的数据与会计账簿相关数据是否相符,可以验证账簿记录和会计报表数据是否正确无误,确保会计信息的准确性。

二、结账

结账就是在把一定时期内所发生的经济业务全部登记入账的基础上,结出每个账户的本期发生额和期末余额,从而根据账簿记录编制会计报表。

《会计基础工作规范》规定,结账可分为月结、季结和年结。结账是保证会计报表编制正确、报送及时的重要基础工作。为了总括反映企业一定时期内的(月、季、年)账簿记录情况,各单位必须在每个会计期末定期结账,不能为赶编财务会计报告而提前结账,更不能先编制财务会计报告后结账。

(一)结账前应做的准备工作

结账是在月份、季度和年度终了时进行的,具体内容包括:

1. 认真检查本期内所发生的经济业务是否已经全部登记入账,是否有记录错误,以便在结账前及时更正。

2. 在本期发生的经济业务全部入账的基础上,按照权责发生制的原则,认真检查本期内所有应收未收、应付未付的各种债权、债务和已经发生而尚未实际收付的业务,是否按规定手续记入有关账簿,对需要调整的账项要及时调整。即根据权责发生制要求确定本期应计的收入和费用,以正确划分上、下期的财务收支,并合理地核算财务成果。

3. 认真进行对账工作,保持账面记录的正确性,并做到账证相符、账账相符和账实相符。

(二)结账

上述准备工作做好以后,才能办理正式结账手续,结账的程序为:先结平收入(收益)、费用(损失)等虚账户;其次结清“本年利润”账户;再结清“利润分配”各明细账户;最后结出资产、负债和所有者权益等实账户的余额。

1. 结平虚账户

收入、费用等属于虚账户，在会计期末，首先应将该类账户结平，一般采用账结法，即每月终了编制结账分录，并过入各收入（收益）、费用（损失）类账户和“本年利润”账户，使收入（收益）、费用（损失）类账户的月末余额为零，在“本年利润”账户结出本月份实现利润（或发生亏损）总额。

2. 年末结清“本年利润”账户

“本年利润”账户是用来计算会计年度内所实现的利润（或亏损）总额的一个过渡性账户，期末余额表示本年累计实现的利润（或累计亏损）。为了分别反映每一个会计期间的经营成果，在每一个会计期间开始时，经营成果的计算都是从零开始，所以在年度终了时，企业应将本年度实现的利润总额（或亏损总额），全部从“本年利润”账户转入“利润分配——未分配利润”账户，以结清“本年利润”账户。

3. 年末结清“利润分配”账户的有关明细分类账户

“利润分配”账户是用来核算企业利润的分配（或亏损的弥补）和历年分配（或弥补）后的结存余额的账户，为了反映企业利润的分配（或亏损的弥补）情况，该账户一般须设置“盈余公积转入”“提取法定盈余公积”“提取任意盈余公积”“应付现金股利或利润”“未分配利润”等明细账户。年末，除“利润分配——未分配利润”明细账户外，应结清“利润分配”总账所属的各明细账的余额。结账后，“利润分配——未分配利润”明细账户若有贷方余额，则表示历年来结存的未分配利润；若有借方余额，则表示历年以来未弥补的亏损。

4. 结出各实账户的本期发生额和余额

结账时，应当根据不同的账户记录，分别采用不同的方法：

（1）对不需要按月结计本期发生额的账户，如各项应收、应付款项的明细账和各项财产物资明细账等，每次记账以后，都要随时结出余额，每月最后一笔余额即为月末余额。也就是说，月末余额就是本月最后一笔经济业务记录的同一行内余额。月末结账时，只需要在最后一笔经济业务记录之下划通栏单红线，不需要再结计一次余额。

（2）库存现金、银行存款日记账和需要按月结计发生额的收入（收益）、费用（损失）等明细账，每月结账时，要在最后一笔经济业务记录下面划通栏单红线，结出本月发生额和余额，在摘要栏内注明“本月合计”字样，在下面再划通栏单红线。

（3）需要结计本年累计发生额的某些明细账户，每月结账时，应在“本月合计”行下结出自年初起至本月末止的累计发生额，登记在月份发生额下面，在摘要栏内注明“本年累计”字样，并在下面再划通栏单红线。值得注意的是，12 月末的“本年累计”就是全年累计发生额，全年累计发生额下通栏划双红线（表示封账）。

（4）总账账户平时只需结出月末余额。年终结账时，为了总括反映全年各项资金运动情况的全貌，核对账目，要将所有总账账户结出全年发生额和年末余额，在摘要栏内注明“本年合计”字样，并在合计数下划通栏双红线。采用科目汇总表代替总账的单位，年终结账，应当汇编一张全年合计的科目汇总表。

5. 年终结转余额

年度终了结账时，有余额的账户，要将其余额结转下年。结转的方法是，在“摘要栏”

注明“结转下年”，并在新账的第一栏“摘要栏”注明“上年结转”的字样，将上年的余额转入相应新账的余额栏内，不需要编制记账凭证，也不必将余额再记入本年账户的借方或者贷方，使本年有余额的账户余额变为零。因为，既然年末是有余额的账户，其余额应当如实地在账户中加以反映，否则，容易混淆有余额账户和没有余额账户之间的区别。

第六节　账簿的管理

一、会计账簿启用的规则

会计账簿是储存数据资料的重要会计档案，为了保证账簿记录的合法性和所记资料的完整性以及会计核算工作的质量，明确会计工作责任，必须按照一定的规则启用账簿。

1. 启用新的会计账簿，应当在账簿的封面上写上单位名称和该账簿的名称。

2. 填写账簿扉页上的“账簿使用登记表”或“账簿启用和经管人员一览表”。

账簿使用登记表的内容包括：启用日期、账簿页数（如果是活页账则是在装订成册后填写）、记账人员和会计机构负责人、会计主管人员姓名等，并加盖单位公章和法人名章。如果有更换记账人员时，要在“账簿使用登记表”上注明交接日期、移交人员、接管人员和监交人员姓名，并由交接双方签名或者盖章，以明确经管人员的责任，加强经管人员的责任感，维护会计账簿记录的严肃性。

3. 账簿第一页应设置科目索引，内容包括账户名称、各账户的页数。

4. 应用订本式和活页式账簿的要求。

使用订本式账簿时，因为已经编定了页数，登记时应当按顺序使用，不可跳页使用；在使用活页式账簿时，先要按照科目的顺序填写账户，于年度终了时，抽出空白未使用的账页后，再按顺序编号。

二、会计账簿的更换

所谓会计账簿更换是指在会计年度终了，将上年旧账更换为次年新账。总账和日记账必须每年更换一次，大部分明细分类账也应每年更换。只有个别明细账如固定资产明细账及其他财产物资、债权、债务类明细账可以跨年连续使用。

更换新账的程序比较简单，就是将上年度末各账户的年末余额直接记入新启用的有关账户中去。新、旧账簿之间的转记余额，不需编制记账凭证，但需要在旧账年度余额“摘要”栏内加盖“结转下年”戳记。

建立新账后，即在新的会计年度开始时，把上年旧账余额转入新账中，才能开始登记新发生的经济业务事项。建立新账时，除了登记启用规则中规定的事项外，还必须注意下列事项：

1. 更换新账时，要注明各账户的年份，然后在第一行日期栏内写明 1 月 1 日，记账凭证栏空置不填，摘要栏注明“上年结转”字样；最后，根据上年旧账的年末余额直接写入该行的“余额”栏内，作为新年度开始的年初余额。

2. 总账应根据各账户经济业务事项发生数量的多少和每月记账次数，详细计算各账户所需页数，并填写账户目录，然后据以设立账户。

3. 有些明细分类账户，如应收账款、应付账款、其他应收款、其他应付款等，须将各明细账户余额的构成内容，详细或逐笔结转到新账户中去，以备清算或查阅。

三、会计账簿的保管

会计账簿和会计凭证一样，都属于重要的经济档案和历史资料，必须建立科学管理制度，进行妥善保管，以供检查、分析和审计。账簿管理制度分为日常管理和归档保管两部分。

（一）日常管理的具体要求

1. 各种账簿要明确分工，指定专人管理，账簿经管人员既要负责保证账簿安全，又要负责记账、对账、结账等全部工作，每日下班前，整理账册、加锁保存、以防丢失。

2. 会计账簿未经单位负责人和会计负责人或有关人员批准，非经管人员不能随意翻阅查看会计账簿。

3. 会计账簿除需要与外单位核对外，一般不能携带外出。对携带外出的账簿，一般应由经管人员或会计主管指定专人负责。会计账簿绝不许随意交与其他人员管理，以保证账簿安全和防止任意涂改账簿等问题发生。

（二）归档管理

年度终了更换并启用新账以后，对更换下来的旧账要整理装订成册，归档保管。

1. 旧账在归档前的整理工作

（1）检查和补齐应办的手续，如改错盖章、结账划线、结转余额、注销空行及空页等；

（2）活页账应撤出账簿中未使用的空白账页，再装订成册，并注明各账页的总账页号及每一账户的明细账页号。

2. 旧账装订时应注意以下事项

（1）活页账装订时一般按账户（科目）分类装订成册，一个账户装订成一册或数册。某些账户账页较少，也可以几个账户合并装订成一册，但应分别按资产、负债及所有者权益类账户分别装订。

（2）装订时应检查账簿扉页的内容是否填写齐全，要将账簿启用和交接表及账户目录放在账页前面，并加封面封底。

（3）装订时，应将账页整齐牢固地装订在一起，并在装订线处贴封签，由经办人员及装订人员、会计主管人员在封口处签名或盖章。

3. 会计账簿的保管期限

旧账装订完毕先暂由本单位会计机构保管一年。保管期满之后，原则上应由会计机构编制账簿移交清册，移交给本单位的档案部门保管；未设立档案部门的，应当在会计机构内部指定专人保管，但出纳人员不得兼管会计档案。企业的总账、明细分类账等账簿的保管期限见十二章。（表 12.1 企业会计档案保管期限表）

4. 会计账簿的销毁

账簿保管期满,可以按照下列程序销毁:

(1)由本单位档案机构会同会计机构提出销毁意见,编制账簿档案销毁清册,列明销毁档案的名称、卷号、册数、起止年度和档案编号、应保管期限、已保管期限、销毁时间等内容。

(2)单位负责人在会计账簿销毁清册上签署意见。

(3)销毁会计账簿时,应当由档案机构和会计机构共同派员监销。国家机关销毁会计账簿时,应当由同级财政部门、审计部门派员参加监销。财政部门销毁会计账簿时应当由同级审计部门派员参加监销。

(4)监销人员在销毁会计账簿前应当按照会计账簿销毁清册所列内容,清点核对所销毁的会计账簿;销毁后,应当在会计账簿销毁册上签名盖章,并将监销情况报告本单位负责人。

练 习 题

一、简答题

1. 什么是账簿? 为什么要设置账簿?
2. 账簿有哪些种类?
3. 比较库存现金日记账和银行存款日记账的内容和登记方法?
4. 明细分类账有哪几种格式? 各应如何登记?
5. 试述账簿的启用规则和登记规则。
6. 什么是对账? 对账工作包括哪些内容?
7. 什么是结账? 结账工作包括哪些内容?
8. 更正错账的方法有哪几种? 怎样进行更正?

二、单项选择题

1. 总分类账簿应采用(　　)外表形式。

A. 活页式　　B. 卡片式
C. 订本式　　D. 备查式

2. 租入固定资产备查登记簿按用途分类属于(　　)。

A. 分类账簿　　B. 通用日记账
C. 备查账簿　　D. 专用日记账

3. 会计人员在结转前发现,在根据记账凭证登记入账时,误将600元记成6 000元,而记账凭证无误,应采用(　　)。

A. 补充登记法　　B. 划线更正法
C. 红字更正法　　D. 蓝字登记法

4. 活页账簿与卡片账簿可适用于(　　)。

A. 现金日记账　　B. 联合账簿

C. 通用日记账　　D. 明细分类账

5. 原材料明细账的外表形式可采用(　　)。

A. 订本式　　B. 活页式

C. 三栏式　　D. 多栏式

6. 固定资产明细账的外表形式一般采用(　　)。

A. 三栏式　　B. 数量金额式

C. 多栏式　　D. 卡片式

7. 下列会计科目中,采用三栏式明细账格式的是(　　)。

A. 生产成本　　B. 销售费用

C. 原材料　　D. 待摊费用

8. 新的会计年度开始,启用新账时,可以继续使用,不必更换新账的是(　　)。

A. 总分类账　　B. 银行存款日记账

C. 固定资产卡片　　D. 管理费用明细账

三、多项选择题

1. 任何会计主体都必须设置的账簿有(　　)。

A. 日记账　　B. 辅助账簿

C. 总分类账簿　　D. 备查账簿

E. 明细分类账

2. 现金、银行存款日记账的账页格式有(　　)。

A. 三栏式　　B. 多栏式

C. 订本式　　D. 数量金额式

E. 联合式

3. 明细分类账可以根据(　　)登记。

A. 原始凭证　　B. 汇总原始凭证

C. 累计凭证　　D. 经济合同

E. 记账凭证

4. 多栏式明细分类账的账页格式适用于(　　)。

A. 应收账款明细账　　B. 管理费用明细账

C. 主营业务收入　　D. 材料采购

E. 待摊费用

5. 对账的具体内容包括(　　)。

A. 账证核对　　B. 账账核对

C. 账表核对　　D. 账内核对

E. 账实核对

6. 账簿组成的基本内容是(　　)。

A. 单位名称　　B. 账簿封面

C. 账簿扉页　　D. 账页

E. 登记人员

7. 必须每年更换的账簿有(　　)。

A. 普通日记账　　B. 总分类账簿

C. 明细分类账　　D. 固定资产卡片

E. 特种日记账

8. 年度结束后,对于账簿的保管应做到(　　)。

A. 装订成册　　B. 加上封面

C. 统一编号　　D. 归档保管

E. 定期检查

四、判断题

1. 登记账簿的目的在于为企业提供各种总括的核算资料。(　　)

2. 现金日记账和银行存款日记账,必须采用订本式。(　　)

3. 为了实行钱账分管原则,通常由出纳人员填制收款凭证和付款凭证,由会计人员登记现金日记账和银行存款日记账。(　　)

4. 多栏式总分类账是指把所有的总账科目并在一张账页上。(　　)

5. 对于"原材料"账户的明细分类账,应采用多栏式账簿。(　　)

6. 结账就是结算、登记每个账户期末余额的工作。(　　)

7. 总分类账及其明细分类账必须在同一会计期间内登记。(　　)

8. 账簿是重要的经济档案和历史资料,必须长期保存,不得销毁。(　　)

五、练习库存现金日记账的登记方法

资料:某企业2012年4月1日"库存现金日记账"的余额为600元,当日发生与现金收付有关的经济业务事项:

1. 用现金120元支付购买材料的运杂费。

2. 销售部门人员张鸣出差回来报销差旅费2 400元,出差前借款2 000元,垫付部分已付给张鸣本人。

3. 从银行提取现金50 000元,以备发放工资。

4. 用现金50 000元发放工资。

5. 张顺出差报销差旅费2 250元,出差前借款3 000元,交回借款余额750元。

6. 处理积压材料,收入现金936元。

7. 将现金1 000元存入银行。

要求:1. 根据上述经济业务编制专用记账凭证。

　　2. 开设并登记库存现金日记账。

　　3. 登记库存现金总账,计算出当日余额。

六、练习错账更正的基本方法

资料:某企业2012年3月发生错账如下(假定以下资料中所给出的经济业务已全部入账):

1. 收到投资者投入的货币资金投资400 000元,已存入银行。收款凭证上编制的会计分录为

借:银行存款　　40 000

　　贷:实收资本　　　　　　　　40 000

2. 用银行存款 60 000 元购入一台不需安装的设备。付款凭证上编制的会计分录为:

借:固定资产　　　　　　　　600 000

　　贷:银行存款　　　　　　　　600 000

3. 用银行存款 30 000 元偿还应付账款。付款凭证上编制的会计分录为:

借:应收账款　　　　　　　　30 000

　　贷:银行存款　　　　　　　　30 000

4. 生产产品领用原材料一批,价值 12 000 元。转账凭证上编制的会计分录为:

借:生产成本　　　　　　　　12 000

　　贷:原材料　　　　　　　　　12 000

在账簿中登记该项经济业务时,"生产成本"账户的借方登记 1 200 元。

要求:1. 根据资料分析错账原因。

　　2. 确定更正方法。

　　3. 运用所学方法对错账进行更正。

七、练习错账的更正方法

资料:某企业将账簿与记账凭证进行核对,发现下列经济业务的凭证内容或账簿记录有错误:

1. 开出转账支票一张 200 元,支付管理部门零星开支。原凭证为:

借:管理费用　　　　　　　　200

　　贷:库存现金　　　　　　　　200

并据以登记入账。

2. 用现金支付管理部门零星购置费 78 元。原记账凭证为:

借:管理费用　　　　　　　　87

　　贷:库存现金　　　　　　　　87

并据以登记入账。

八、练习现金日记账的登记

资料:某工厂 2014 年 7 月 1 日现金日记账的期初余额为 960 元,该厂 7 月份发生下列有关经济业务:

1. 1 日,车间技术员李英借支差旅费 300 元,以现金支付。

2. 1 日,厂长江海预借差旅费 600 元,以现金支付。

3. 2 日,开出现金支票,从银行提取现金 650 元备用。

4. 2 日,以现金购买财务科办公用品 100 元。

5. 3 日,以现金支付工厂行政管理部门设备修理费 170 元。

6. 10 日,以现金支付法律咨询费 160 元。

7. 11 日,开出现金支票,从银行提取现金 29 000 元,备发工资。

8. 12 日,以现金 29 000 元发放工资。

9. 18 日,以现金 60 元购买车间办公用品。

10. 19 日,以职工江英缴来工具赔偿费 120 元。

11.23 日,用现金支付采购材料运杂费 80 元。

12.27 日,外单位职工以现金支付借打长途电话费 6 元。

13.30 日,车间技术员李英报销差旅费 260 元,其余 40 元以现金退付。

14.30 日,厂长江海报销差旅费 660 元,多余部分以现金补付。

要求:1. 设置三栏式现金日记账,将 7 月 1 日期初余额记入现金日记账。

2. 根据以上业务登记现金日记账,并结出余额。

现金日记账

2014 年		凭证		摘要	对方科目	收入	付出	余额
月	日	字	号					

第九章 财产清查

第一节 财产清查的意义和种类

一、财产清查的意义

财产清查是指通过盘点实物、核对账目来确定各项财产物资、货币资金和往来款项的实存数,并查明实存数与账存数是否相符的一种专门方法。

(一)造成账实不符的原因

在日常会计工作中,由于许多自然和人力的原因,往往使得账簿记录与财产物资的实存数不符,从而影响会计核算指标的真实性和正确性。造成账实不符的原因是多种的,有时是工作上的差错,有时则是外界的影响;有些是可避免的,有些是不能完全避免的,一般说来,主要有以下两方面:

1. 客观原因

(1)各项财产物资在保管过程中,由于受自然因素或其他条件的影响,使有些财产物资在数量上或者质量上发生了变化,如汽油的自然挥发损失、油漆的干耗或袋装材料漏失等造成的数量短缺等等。

(2)由于发生风、水、火等不可抗力的自然灾害造成的损失。

2. 主观原因

(1)财产收发时,由于计量、检验不准确而造成品种、数量或质量上的差错,使得所填凭证与实际情况不符;或者由于财产物资发错品种、规格,从而造成某种财产物资账实不符。

(2)在凭证和账簿中,出现漏记、错记或计算上的错误。

(3)由于管理不善或工作人员失职而造成的财产损坏、变质或短缺,以及货币资金、往来款项的长短。

(4)由于坏人的破坏或不法分子的贪污盗窃、营私舞弊,而发生的财产数量上的变化和损失。

(5)结算过程中账单未到或拒付等原因,造成本单位与其他企业结算、往来款项数额上的不符。

因此,为了保证会计核算资料的正确性,提高会计信息的质量,必须运用财产清查这一会计方法,对各种财产物资进行定期和不定期的盘点和核对,使账簿所反映的各项财产物资数额与实际数额相一致,做到账实相符。

（二）财产清查的意义

1. 保证会计核算资料的准确性

通过财产清查,可以确定各项财产物资的实存数,查明实存数与账存数之间的差异以及产生差异的原因和责任,以便及时调整账面记录,使账存数与实存数相符,从而保证会计核算资料的真实性和准确性。

2. 挖掘财产物资潜力,加速资金周转

通过财产清查,可以查明各项财产物资的储备和利用情况,既要防止因储备不足而延误生产经营,又要避免财产物资积压、呆滞而造成的浪费,从而可以充分挖掘财产物资的潜力,避免损失,加速资金周转。

3. 健全财产物资的管理制度,保护财产物资的安全与完整

通过财产清查,可以查明有关财产物资验收、保管、收发、调拨、报废情况,及时发现财产物资管理上存在的问题,促使单位采取相应措施,建立有关规章制度,提高经营管理水平,确保财产物资的安全与完整。

4. 保证财经纪律和结算制度的贯彻执行

通过对现金、往来款项的清查,可以检查单位财经纪律的执行情况,有无贪污盗窃、挪用公款行为的发生;查明各项债权、债务的结算状态;对于各项应收款项应及时催收,对确认的坏账应及时处理,对于各项应付款项应及时清偿,避免长期拖欠,从而使会计人员更加自觉地遵守财经纪律和结算制度。

二、财产清查的种类

财产清查可按清查的范围、清查的时间和清查的执行单位进行分类。

（一）按照清查的范围不同,财产清查可分为全面清查和局部清查两种

1. 全面清查

全面清查是指对全部财产进行盘点和核对。就制造业而言,清查对象一般包括:货币资金、存货、固定资产、债权资产及对外投资等的清查。

全面清查的范围广、时间长、工作量大、参加的人员多,甚至有时还会影响企业生产经营的正常进行,所以一般只有在以下几种情况下才能采用全面清查:

(1)年终决算之前,为确保年终决算的会计信息具有真实性和准确性,企业需要进行一次全面清查;

(2)单位主要负责人调离工作,需要进行全面清查;

(3)如果进行中外合资或者国内联营,必须进行全面清查;

(4)企业开展清产核资,必须进行全面清查;

(5)如果企业发生关、停、并、转或改变其隶属关系,需要进行全面清查。

2. 局部清查

局部清查是指根据需要对企业的部分财产进行的清查。如对库存现金应每日盘点

一次；对银行存款至少每月（业务量大的企业，每旬）同银行核对一次；对各种材料、在产品和产成品除年度清查外，应有计划地每月重点抽查，尤其对贵重的财产物资应至少每月清查一次；对债权资产，应在会计年度内至少核对一至两次。

（二）按照清查的时间不同，财产清查可分为定期清查和不定期清查两种

1. 定期清查

定期清查是指根据计划安排的时间对财产所进行的清查。这种清查一般在财产管理制度中予以规定，通常在年末、季末或月末结账前进行。其清查的对象和范围，根据实际情况和需要，可以是全面清查，也可以是局部清查。

2. 不定期清查

不定期清查是指根据需要所进行的临时清查。不定期清查通常在以下几种情况下进行：

（1）更换财产物资保管员和现金出纳员时，要对所保管的财产物资和库存现金进行清查；

（2）发生非常损失和意外灾害时，要对受灾的财产进行清查；

（3）上级主管部门对本企业进行会计检查时，应按要求进行清查；

（4）单位负责人发生贪污盗窃行为；

（5）企业产权关系发生变化；

（6）根据有关要求，进行临时的清产核资。

（三）按照清查的执行单位不同，财产清查可分为内部清查和外部清查两种

1. 内部清查

内部清查是指由本企业有关人员对本企业的财产物资进行的清查。这种清查也称为“自查”。

2. 外部清查

外部清查是指由企业外部有关部门或人员根据国家有关法律制度规定对企业所进行的财产清查。

第二节　财产清查的程序和方法

财产清查是一项复杂而又细致的工作，它涉及面广、政策性强、工作量大。在清查前，要组织清查人员学习财经政策和相关的业务知识，做好清查前的思想准备，使清查工作有计划、按步骤地顺利进行。

一、财产清查的程序

为了保证清查结果的真实性，必须在单位主要负责人的领导下，组织一个有领导干部、专业人员、职工群众参加的专门小组，确定清查的对象、范围、路线和时间，负责财产清查的具体工作。财产清查的具体工作程序如下：

(一)财产清查准备工作

1. 组织准备

为了使财产清查能够顺利地进行,首先要成立清查小组,具体负责财产清查的领导工作。清查小组一般以单位负责人为领导,由各职能部门的主管人员、技术人员、保管人员等参加,根据需要还可以分成各专门小组,负责各种实物资产、货币资金和结算款项的盘点、核对工作。清查小组事前应当订出清查计划,配备必要的人员,并在清查过程中做好组织、检查和督促工作,对清查结果要填写清查结果报告表。

2. 账簿记录的准备

清查以前,会计部门和会计人员应将截至清查日止的所有实物收发凭证,全部登记入账,并结出总分类账和明细分类账的余额,相互核对,做到账证相符、账账相符,为账实核对提供正确的账簿资料,对于银行存(借)款和结算款项,应及时取得核对凭证,以便查对。

3. 实物整理准备

财产物资管理部门和实物保管人员应将截至清查日止的所有实物收发凭证,全部登记入账,并结出余额;将准备清查的各种实物整理清楚,排列整齐,挂上标签标明实物的名称、规格、品种、编号和结存数量,以备查对。

4. 度量衡的准备

要准备必要的度量衡器具,事先要进行校验,保证计量的准确可靠;并准备财产核对时的各种记录表格,以作清查盘点之用。

(二)实施财产清查

在做好财产清查准备工作以后,就可以实施财产物资的清查工作。清查时,要按照事先制订的清查计划有条不紊地进行。

(三)财产清查结果的处理

财产清查结束之后,由财产清查小组根据清查结果写出书面报告,并对盘盈、盘亏的现象提出整改意见。

二、财产物资的盘存制度

财产物资的盘存制度,又称为定期盘存制度或财产物资盘存法,按照确定财产物资账面结存数额的依据不同,可以分为实地盘存制和永续盘存制两种。

(一)实地盘存制

实地盘存制,又称实地盘存法,是指平时在账簿中只登记财产物资的增加数,不登记减少数,月末结账时,根据实地盘点的财产物资结存数,倒挤出本月财产物资的发出数,并据以登记账簿的一种盘存核算方法。

本期耗用(或销售)成本 = 期初库存成本 + 本期购货(或收进)成本 - 期末库存成本

期末库存成本 = 库存数量 × 进货单价

采用实地盘存制,在实际工作中,有些部门称之为“以存计耗制”或“盘存计耗制”;也可称之为“以存计销制”或“盘存计销制”。

实地盘存制的优点是：核算工作比较简单，工作量较小。缺点是：手续不够严密，不能通过账簿记录随时反映和监督各项财产物资的收、发、结存情况。同时，反映的数字也可能不精确，仓库管理中尚有多发少发、财产物资遭受毁损、盗窃、丢失等情况，在账面上均无反映，并且全部隐藏在本期的发出数额内，不利于存货的管理，也不利于监督检查。因此，实地盘存制只适应数量大、价值低、收发频繁的存货；或者是零售商店的非贵重商品、鲜活商品等，与永续盘存制比较财产的安全性较差。

（二）永续盘存制

永续盘存制又称账面盘存制，是指平时对各项财产物资的增加数和减少数，都要根据会计凭证逐项、连续地记入有关账簿，并随时计算出各种财产物资账面结存数额的一种盘存制度。其计算公式为

$$期初结存数额+本期增加数额-本期减少数额=期末结存数额$$

永续盘存制的优点是：可以随时反映财产物资的收入、发出和结余情况，从数量和金额上进行双重控制，加强了财产物资的管理，在实际工作中广泛应用这种方法。其缺点是：财产物资的明细核算工作量较大，特别是在财产物资品种复杂、繁多的企业，需要投入大量的人力和物力。但是，从加强存货管理以及提供会计信息的角度出发，除特殊情况下采用实地盘存制外，应尽量采用永续盘存制。

但是，在实际工作中，由于主观和客观等原因，即使采用了永续盘存制，也可能发生账实不符的情况，因此，对各项财产物资仍须定期或不定期地进行清查和盘点，以便核对账面结存数和实际结存数是否相符。

三、财产清查的方法

企业的财产物资品种繁多，各有不同的形态和特征，因此，财产清查的方法也就不尽相同，常用的方法有实地盘点法、技术推算法、抽样检查法、余额核对法和函证法。

（一）实物资产的清查

实物的清查是指对原材料、在产品、库存商品、固定资产等财产物资的清查。对这类财产物资的清查通常可按其实物特点，如体积、形态、数量、质量及堆垛方式的不同，而采用不同的方法。主要有以下两种方法：

1. 实地盘点法

实地盘点法是指在财产物资存放现场逐一进行点数或量尺、过秤确定其实存数的一种方法。在清点中，对于包装完整的商品、物资，可按大件清点，必要时可抽查细点。此方法数字准确可靠，但工作量较大。

2. 技术推算法

技术推算法是指利用技术方法推算财产物资实存数的一种方法。例如煤炭、砂石等堆垛笨重的商品因为点数、过秤确有困难，这时就可采用技术测算的方法，以确定其实存数。此方法盘点数字不够准确，但工作量较小。

在财产清查过程中，实物保管人员与盘点人员必须同时在场才能清查，以明确经济责任。对于清查盘点的结果，应及时登记在“盘存单”上（见表9.1），由盘点人员和实物

保管人签字或盖章。

表 9.1 盘存单

财产类别： 存放地点： 盘点时间： 编号：

编号	名称	规格	计量单位	盘点数量	单价	金额	备注

盘点人盖章： 实物保管人盖章：

盘存单是记录实物盘点结果的书面文件，也是反映资产实有数的原始凭证。为了进一步查明盘点结果同账簿余额是否一致，还应根据“盘存单”和账簿记录编制“实存账存对比表”（见表 9.2）。该表是非常重要的原始凭证，在这个凭证上所确定的各种实物的实存数同账存数之间的差异，既是经批示后调整账簿记录的依据，也是分析差异形成原因，查明相关责任的重要依据。

表 9.2 实存账存对比表

单位名称： 年 月 日 编号：

编号	类别及名称	计量单位	单价	实账		账存		对比结果				备注
								盘盈		盘亏		
				数量	金额	数量	金额	数量	金额	数量	金额	

盘点人签章： 会计签章： 制表：

3. 抽样盘点法

抽样盘点法就是对某些价值小、数量多、不便逐一点数的财产，采取从其总体或总量中抽取少量样品，确定其样品的数量，然后再计算其总体数量的方法。抽样盘点法又分为随机抽样、机械抽样、分层抽样等具体方法。

随机抽样就是从样本总体单位中抽取部分单位进行盘点，以其结果推算总体的有关指标的一种抽样方法。

机械抽样也称系统抽样，就是总体单位按一定的顺序排列，根据总体单位数和样本单位数，算出抽取间隔，再按此间隔抽取样本单位的抽样方法。

分层抽样也称类型抽样，就是总体中各单位按某一标志分成若干类，从各类抽取若干清查单位的抽样方法。

(二)货币资金的清查

1. 库存现金的清查

库存现金是企业流动性最强的财产,应经常对现金进行定期和不定期清查。库存现金清查时一般采用实地盘点法来确定库存现金的实有数额,并与库存现金日记账的余额进行核对,以查明账实是否相符。它包括出纳人员每日终了前进行的现金账款核对和清查小组进行的定期或不定期的现金盘点。

在进行库存现金清查时,为明确经济责任,在盘点现金时,出纳人员必须在场。在清查小组盘点之前,出纳人员应将现金收、付款凭证全部登记入账,并结出余额;盘点时由清查人员逐一清点现钞,由出纳监督。如发生盘盈或盘亏,应由盘点人员和出纳共同核实。现金盘点应当有突击性,盘点中要注意有无违反现金管理规定行为,如以白条、收据抵充现金或库存现金超过规定限额等现象。清查结束后,应根据清查结果编制"库存现金盘点报告表",并由盘点人员和出纳人员签名盖章方能生效。"库存现金盘点报告表"既是盘存清单,又是实存账存对比表,其一般格式如表 9.3 所示。

表 9.3　库存现金盘点报告表

单位名称:　　　　　　　　　　　年　月　日

账存金额	实存金额	账存与实存对比结果		备注
		盘盈	盘亏	

盘点人签章:　　　　　　　　　　　　　　　　出纳员签章:

对于国库券、公司债券、其他金融债券、股票等有价证券的清查,其清查方法和库存现金相同。

2. 银行存款的清查

银行存款的清查,同实物、现金的清查方法不同。它是运用企业开户银行发出的"对账单"与本单位银行存款日记账相互核对,以查明账实是否相符的一种清查方法。即采用与银行核对往来账目的方法(核对法)进行财产清查。

银行送来的"对账单",它完整地记录了本单位银行存款的增加、减少和结存数额,是清查银行存款账目的重要依据。

企业在同银行核对账目前,应先检查本单位银行存款日记账的正确性、完整性,再与"对账单"逐笔核对。核对时,如发生错账、漏账,应及时查清更正。尽管银行对账单与本单位的银行存款日记账所记录的内容相同,但银行对账单上的存款余额与本单位银行存款日记账上的余额,仍会出现不一致的现象。这除了本单位与银行之间的一方或双方记账有错误外,另一个原因就是双方之间往往会发生"未达账项"。

所谓"未达账项",是指本单位和开户银行之间对于同一款项的收、付业务,由于双方凭证传递时间及记账时间不一致,一方接到凭证已经入账,而另一方尚未接到有关凭证没有入账的款项。企业与开户银行之间的“未达账项”，具体有以下四种情况：

第一，企业已收款记账，银行尚未收款记账；

第二，企业已付款记账，银行尚未付款记账；

第三，银行已收款记账，企业尚未收款记账；

第四，银行已付款记账，企业尚未付款记账。

上述任何一种情况发生，都会使企业和银行之间产生未达账项，从而导致双方的账面余额不一致，在第一、第四两种情况下，会使企业的账面结存数额大于银行的账面结存数额；在第二、第三两种情况下，又会使企业的账面结存数额小于银行的账面结存数额。

在对账的实际工作中，如果发现有“未达账项”，为了排除“未达账项”的影响，保持双方银行存款余额一致，企业应编制“银行存款余额调节表”进行调整，以便检查账簿记录的正确性。经过核对调整后，“银行存款余额调节表”中调整后的本单位日记账存款余额与调整后的银行账面存款余额应当相符。如果不符，则说明银行或本单位记账有错，则需进一步查明原因予以更正。

下面举例说明利用编制“银行存款余额调节表”的方法调整未达账项。编制“银行存款余额调节表”的方法有两种，一种是补充式调整法，也是企业常用的调整方法；另一种是冲销式调整法，也叫还原式调整法。

(1)补充式调整法

补充式调整法是在原有账面余额的基础上，将对方已经入账而本单位没有入账的款项补充登记，使调整后的双方账面余额相等。

调整公式：

企业银行存款日记账余额 + 银行已收企业未收款项 - 银行已付企业未付款项

= 银行对账单余额 + 企业已收银行未收款项 - 企业已付银行未付款项

【例9.1】假设某企业2012年10月31日“银行存款日记账”的账面存款余额为820 000元，银行送来的对账单上存款余额为950 000元，经逐笔核对，发现有下列“未达账项”。

①10月28日，企业销售产品从某单位收到转账支票6 000元已送存银行，企业已登记入账，而银行尚未入账。

②10月29日，企业开出转账支票4 500元支付购货款，企业已登记入账，而银行尚未入账。

③10月30日，企业委托银行代收销货款133 000元，银行已收到并登记入账，而企业尚未接到收账通知，尚未入账。

④10月30日，银行代企业支付水电费1 500元，银行已记企业存款减少，企业尚未接到付款通知，尚未入账。

据此编制“银行存款余额调节表”，如表9.4所示。

表 9.4　银行存款余额调节表

2012 年 10 月 31 日

项目	金额	项目	金额
企业银行存款日记账账面余额	820 000	银行对账单余额	950 000
③加:银行已收,企业未收款项	133 000	①加:企业已收,银行未收款项	6 000
④减:银行已付,企业未付款项	1 500	②减:企业已付,银行未付款项	4 500
调节后的存款余额	951 500	调节后的存款余额	951 500

(2)冲销(还原)式调整法

冲销(还原)式调整法是在原有账面余额的基础上,将对方已入账而本单位没有入账的款项从对方账面余额中冲销(减掉),还原到该项经济业务入账前的状态,使调整后的双方余额相等。

调整公式:

企业银行存款日记账余额 + 企业已付银行未付款项 - 企业已收银行未收款项
= 银行对账单余额 + 银行已付企业未付款项 - 银行已收企业未收款项

如上例资料,用冲销式调整法编制"银行存款余额调节表"如表 9.5 所示。

表 9.5　银行存款余额调节表

2012 年 10 月 31 日

项目	金额	项目	金额
企业银行存款日记账账面余额	820 000	银行对账单余额	950 000
①减:企业已记增加,银行未记	6 000	③减:银行已记增加,企业未记	133 000
②加:企业已记减少,银行未记	4 500	④加:银行已记减少,企业未记	1 500
调节后的存款余额	818 500	调节后的存款余额	818 500

从上述两种调整方法我们可以看到,编制银行存款余额调节表,只是为了检查银行存款日记账的记录是否正确,并不是要更改账簿的记录,不能据此记账。对于银行已入账而本单位尚未入账的业务,待以后会计凭证到达后,再作账务处理。经过调节后重新求得的余额,既不等于本单位账面余额,也不等于银行账面余额,而是银行存款的真正实有数,是单位可动用的存款数额。

(三)往来款项的清查

对于各种往来款项的清查,主要采用"函证核对法"。往来款项主要是指各种应收款、应付款、暂收款、暂付款等。清查单位应在各种往来款项账簿记录正确、完整的基础上,编制对账单,寄发或派人送交对方单位进行核对。对账单按往来款项明细科目逐笔抄列,一式两联,其中一联作为回单,对方单位核对无误后,应在回单上盖章后退还本单位;如发现数字不符,应在回单上注明不符情况,或另抄对账单退回,作为进一步核对的依据。如有未达账项,双方都应采用调节账面余额的方法,核对是否相符,并将清查结果编制"往来款项清查表",其格式一般如表9.6所示。

表9.6 往来款项清查表

总分类科目名称: 年 月 日

明细分类科目		清查结果		核对不符原因			备注
名称	账面余额	核对相符金额	核对不符金额	未达账项金额	有争议款项金额	其他	

清查人员签章: 记账员签章:

通过往来款项的清查,可以查明有无双方发生争议的款项以及无法收回的款项,以便及时采取措施,避免或减少坏账损失。

第三节 财产清查结果的处理

一、财产清查结果的处理程序

对于财产清查中发现的有关财产管理和会计核算方面的问题,必须按照国家有关财务制度的规定,严肃认真地给予处理。财产清查中发现的盘盈、盘亏、毁损和变质或超储积压等问题,应认真核对数字,按规定的程序上报批准后再作相关的会计处理;对于长期不清或有争执的债权、债务,也应该核准数额上报,待批准后再行处理。其具体工作程序如下:

1. 核准数字,查明原因,明确责任

根据清查情况,编制全部清查结果的"实存账存对比表"(亦称"财产盈亏报告单"),对各项差异产生的原因进行分析,明确经济责任,据实提出处理意见,呈报有关领导和部门批准。对于债权、债务在核对过程中出现的争议问题,应及时组织清理;对于超储积压物资应及时提出处理方案。

2. 根据清查结果,调整账簿,做到账实相符

对于财产清查中所发现的问题以及对问题处理的结果,在核准数字、查明原因的基础上,根据"财产盈亏报告单"编制记账凭证,并据以登记账簿,使各项财产物资做到账实相符。在做好以上调整账簿工作后,即可将所编制的"财产盈亏报告单"和所撰写的文字说明,一并报送有关领导和部门批准,并在会计报表附注中作出说明。如果以后批准处理的金额与已处理的金额不一致,调整会计报表相关项目的年初数。

3. 认真总结经验教训,提出改进工作措施,建立和健全财产管理制度

针对财产清查中发现的问题,应及时查明原因,认真总结经验教训,并据以制订改进

工作的具体措施,建立和健全以岗位责任制为中心的财产管理制度,明确财产管理责任,保证企业财产的安全和完整。

二、财产清查结果的账务处理

对于财产清查中所发现的问题及其处理方法,都必须通过对账簿记录的调整予以反映,做到账实相符。由于清查结果要报经上级主管部门批准后才能进行处理,所以在账务处理上要分两步进行。

1. 审批前。在上级主管部门审批之前,企业应将已查明的财产物资盘盈、盘亏和损失,根据有关原始凭证,编制记账凭证,在账簿上据实登记,使各项财产做到账实相符。

2. 审批后。根据上级主管部门的审批意见,编制记账凭证,记入有关账簿,结束财产清查的处理工作。

(一)账户设置

为了反映和监督各种财产物资的盘盈、盘亏和毁损及处理情况,应设置和运用"待处理财产损溢"账户。通过"待处理财产损溢"账户,以财产盘盈、盘亏和毁损的数字来调整有关账户,使账实相符;然后根据批准的处理意见,再从"待处理财产损溢"账户转入有关账户,以反映财产盈亏经济责任的处理情况。

"待处理财产损溢"是一个暂记账户,也称过渡账户,是属于双重性质的账户。核算盘亏资产时属于资产类账户;核算盘盈资产时属于负债类账户。其借方用来登记发生的财产物资的盘亏、毁损金额,待盘亏、毁损的原因查明,并经批准作出具体处理时,再从该账户的贷方转入有关账户的借方。另外,"待处理财产损溢"账户的贷方也用来登记发生的财产物资盘盈金额,待查明原因并经批准处理后,再从该账户的借方转入有关账户的贷方。处理前的借方余额,表示尚未处理的各种财产的净损失;处理前的贷方余额,表示尚未处理的各种财产的净溢余。期末,经过批准账务处理以后本账户应无余额。"待处理财产损溢"账户的核算内容如表9.7所示。

表9.7 "待处理财产损溢"账户的核算

借方　　　　待处理财产损溢	贷方
发生额: (1)发生的待处理财产盘亏和毁损数 (2)结转已批准处理的财产盘盈数	发生额: (1)发生的待处理财产盘盈数 (2)结转已批准处理的财产盘亏或毁损数
处理前余额:表示尚未处理的各种财产的亏损数	处理前余额:表示尚未处理的各种财产的盘盈数

在会计核算中,"待处理财产损溢"总分类账下应设置"待处理固定资产损溢"和"待处理流动资产损溢"两个明细账,分别用来核算固定资产和流动资产的盘盈、盘亏和毁损及处理情况。

（二）财产清查结果的会计处理

1. 财产物资盘盈的会计处理

（1）现金溢余的会计处理

在现金清查中，如果发现账实不符，应及时查明原因，并将长款记入“待处理财产损溢——待处理流动资产损溢”账户。待查明原因后，应分别情况处理。

如果现金发生溢余，属于应支付给有关人员或单位的长款，应向对方支付现金；无法查明原因的长款，经批准后计入“营业外收入”等账户。

【例9.2】现金清查中，发现库存现金比账面余额多出500元。

批准前

借：库存现金　　500

　贷：待处理财产损溢——待处理流动资产损溢　　500

经反复核查，上述长款原因不明，经批准转作“营业外收入”处理。

借：待处理财产损溢——待处理流动资产损溢　　500

　贷：营业外收入　　500

（2）存货盘盈的会计处理

企业在发生存货盘盈后，应查明发生的原因，及时办理存货入账手续，调整存货账簿记录，借记有关存货账户，贷记“待处理财产损溢”账户，报经批准后，借记“待处理财产损溢”账户，贷记有关账户。

【例9.3】某企业在财产清查中，发现盘盈甲种材料10千克，单价200元；经查是由于收发计量上的原因造成的。（不考虑税费）

①在报批前，应根据“实存账存对比表”所确定的甲种材料盘盈数额，作如下会计分录：

借：原材料——甲材料　　2 000

　贷：待处理财产损溢——待处理流动资产损溢　　2 000

②报经批准后，冲减管理费用，作如下会计分录：

借：待处理财产损溢——待处理流动资产损溢　　2 000

　贷：管理费用　　2 000

（3）固定资产盘盈的会计处理

企业在财产清查过程中，如果发现有盘盈的固定资产，经查确实属于本企业所有，应根据盘存凭证填制固定资产交接凭证，经有关人员签字后送交会计部门，填写固定资产卡片，并按重置价值和估计已提折旧额记账。

【例9.4】某企业在财产清查中，发现账外设备一台，其重置价值200 000元，估计折旧为50 000元。（不考虑税费）

①在批准之前，作如下会计分录：

借：固定资产　　200 000

　贷：待处理财产损溢——待处理固定资产损溢　　150 000

　　　累计折旧　　50 000

②报经批准后，列为“营业外收入”，作如下会计分录：

借:待处理财产损溢——待处理固定资产损溢 150 000
  贷:营业外收入 150 000

2. 财产物资盘亏的会计处理

(1)现金短缺的会计处理

在现金清查中,如果发现库存现金短款,应记入"待处理财产损溢——待处理流动资产损溢"账户。待查明原因后,应分别情况处理:如为出纳人员失职造成的短款或属于保险公司赔偿的部分,应责成其赔偿;无法查明的其他原因,经批准后记入"管理费用"账户。

【例9.5】现金清查中,发现库存现金短缺100元。

①借:待处理财产损溢——待处理流动资产损溢 100
  贷:库存现金 100

经查明,上述现金短缺属于出纳员责任,应由该出纳员赔偿。

②借:其他应收款——应收现金短款(×××) 100
  贷:待处理财产损溢——待处理流动资产损溢 100

(2)存货盘亏和毁损的会计处理

企业的存货如果发生盘亏和毁损,应该在报批前转入"待处理财产损溢"账户,待批准后根据不同情况,分别进行处理:属于定额内的自然损耗,按规定转作"管理费用";属于超定额损耗以及存货毁损,能确定过失人的,应由过失人赔偿;属于保险公司责任范围的,应向保险公司索赔,扣除过失人或保险公司赔偿和残值后,计入管理费用;属于自然灾害所造成的存货损失,扣除保险公司赔款和残值后,计入"营业外支出"账户。

【例9.6】某企业在财产清查中发现乙材料盘亏10 000元,经查属定额内损耗2 000元,属保管人员过失造成损失7 000元,自然灾害损失为1 000元。(不考虑税费)

①批准前,根据"实存账存对比表"作如下调整分录:

借:待处理财产损溢——待处理流动资产损溢 10 000
  贷:原材料——乙种材料 10 000

②批准后,属于定额内的自然损耗,转作管理费用;属于管理人员过失造成,由过失人赔偿;属于非常灾害造成的,则列作营业外支出。作如下会计分录:

借:管理费用 2 000
  其他应收款 7 000
  营业外支出 1 000
  贷:待处理财产损溢——待处理流动资产损溢 10 000

(3)固定资产盘亏的会计处理

在财产清查中,如发现固定资产盘亏,企业应及时办理固定资产注销手续,按盘亏的固定资产净值,借记"待处理财产损溢"账户,按已提折旧额,借记"累计折旧"账户,按原值贷记"固定资产"账户。

【例9.7】某企业在财产清查中,发现盘亏机器一台,其原始价值为300 000元,已提折旧100 000元。

①在报批前,作如下会计分录:

借:待处理财产损溢——待处理固定资产损溢 200 000

累计折旧 100 000

贷:固定资产 300 000

②报经批准后,列作营业外支出,作如下会计分录:

借:营业外支出 200 000

贷:待处理财产损溢——待处理固定资产损溢 200 000

练习题

一、简答题

1. 存货的盘存制度有几种?各种制度的具体内容和优缺点是什么?

2. 什么是财产清查?为什么要进行财产清查?作用是什么?

3. 财产清查是如何分类的?具体内容有哪些?

4. 财产清查的方法有哪些?在财产清查中如何应用?

5. 什么是未达账项?未达账项有几种类型?如何编制银行存款余额调节表?

6. 财产清查的核算应设置什么账户?其结构如何?

7. 对财产清查的结果怎样进行账务处理?

二、练习财产清查结果的处理

资料:某企业在财产清查中发现如下情况。

1. 甲材料盘亏100千克,每千克50元,经查系材料定额内损耗,经批准后转入管理费用。

2. 丙材料盘盈200千克,每千克20元,经查系材料收发过程中计量误差所致,批准后冲减管理费用。

3. 乙材料盘亏10千克,每千克100元,经查系保管员的责任,经批准责成其赔偿,赔偿款尚未收到。

4. 丁材料盘盈800元,经查系材料自然升溢,批准后冲减管理费用。

5. 盘亏机器一台,账面原值90 000元,已提折旧25 000元,经批准后按其净值转营业外支出。

6. 没收逾期未退包装物押金2 000元。

要求:根据上述经济业务事项编制财产清查的有关会计分录。

三、练习银行存款余额调节表的编制

资料:某企业2010年3月份银行存款日记账的余额为50 000元,银行对账单余额为61 000元,经过逐笔核对,发生如下未达账项。

1. 3月24日,银行代收8 000元,银行已入账,但企业尚未入账。

2. 3月25日,结算银行存款利息2 000元,银行已入账,但企业尚未入账。

3. 3月26日,银行代扣电费1 000元,银行已入账,但企业尚未入账。

4.3月27日，企业存入转账支票一张计3 000元，企业已入账，但银行尚未入账。

5.3月27日，企业采购材料开出现金支票一张计5 000元，企业已入账，但银行尚未入账。

要求：根据以上资料编制“银行存款余额调节表”。

表9.8　银行存款余额调节表

2010年3月31日

银行存款日记账	金额	银行对账单	金额
账面存款余额		对账单余额	
加：银行已收单位未收款项		加：企业已收银行未收款项	
减：银行已付单位未付款项		减：企业已付银行未付款项	
调节后的存款余额		调节后的存款余额	

第十章　财务报告

第一节　财务报告概述

一、财务报告的概念与组成

（一）财务报告的概念

财务报告，是指企业对外提供的反映企业某一特定日期的财务状况和某一会计期间的经营成果、现金流量等会计信息的报告文件。

编制财务报告是会计核算过程的最终环节，也是企业会计工作重要结果的体现。它是向财务报告使用者提供决策有用信息的媒介和渠道，是沟通投资者、债权人等财务报告使用者与企业管理层之间信息的桥梁和纽带。财务报告的主要含义如下：

1. 财务报告应当是对外报告，其服务对象主要是投资者、债权人等外部使用者，专门为了内部管理需要的、具有特定目的的报告不属于财务报告的范畴。

2. 财务报告应当综合反映企业的生产经营状况，包括某一时点的财务状况和某一时期的经营成果与现金流量等信息，以勾画出企业经营状况的整体和全貌。

3. 财务报告必须形成一个系统的文件，不应是零星的或者不完整的信息。

（二）财务报告与会计报表的区别

财务报告、会计报表是人们经常使用的概念，并且经常将两者等同起来，下面让我们对它们之间的关系作一个简单的区分：

1. 在西方财务会计实务中，会计报表是财务报告的主要手段；有助于使用者进行决策的财务会计信息，主要是通过一系列会计报表提供的。因此，人们自然就把会计报表等同于财务报告。但是，会计报表虽然是财务报告最基本的手段，但并不是唯一的手段。在财务报告中，还应当考虑可用于提供使用者决策所需信息的其他手段。

2. 自20世纪90年代以来，由于使用者的信息需求在质和量上都有很大的提高，财务会计所提供信息的形式和内容都有明显增加。所以，就会计核算系统的最终信息而言，财务报告逐渐代替了传统的会计报表概念。美国财务会计准则委员会发表的“财务报告的目的”中明确提出：“财务报告不仅包括会计报表，而且包括传递直接或间接的与会计系统所提供的信息有关的各种信息的其他手段。”在财务会计实务中，会计报表相比于财务报告更侧重于财务会计的职能。会计报表作为正式对外提供的规范化信息报告,为了维护使用者利益和稳定资本市场,其编制必须遵守会计准则的约束,无论在报表的形式或内容方面都有较为严格或统一的要求。某些非正式要求的信息,特别是侧重于管理会计职能的信息,就不能列入会计报表,而要求通过其他报告手段予以揭示或反映。一般来说,财务报告除了会计报表以外,往往还包括一些附表或补充报告。例如:有关应收票据贴现而存在的或有负债的补充报告,已经发生或预计可能发生的重大财务事项等。

在我国,人们习惯使用"会计报表"或"财务报表"这一概念。也通常将"会计报表"或"财务报表"与"财务报告"等同使用。

(三)财务报告的组成

财务报告由财务报表本身及其附注两部分组成。一套完整的财务报告至少应当包括"四表一注",即资产负债表、利润表、现金流量表、所有者权益(或股东权益下同)变动表以及附注。

1. 资产负债表,是反映企业在某一特定日期的财务状况的财务报表。企业编制资产负债表的目的是如实反映企业的资产、负债和所有者权益的金额及其结构情况,从而有助于使用者评价企业资产的质量以及短期偿债能力、长期偿债能力、利润分配能力等。

2. 利润表,是反映企业在一定会计期间的经营成果的财务报表。企业编制利润表的目的是如实反映企业实现的收入、发生的费用以及应当计入当期利润的利得和损失金额及其构成等情况,从而有助于使用者分析、评价企业的盈利能力与质量等。

3. 现金流量表,是反映企业在一定会计期间的现金和现金等价物流入和流出的财务报表。企业编制现金流量表的目的是通过如实反映企业各项活动的现金流入、流出情况,从而有助于使用者评价企业的现金流量和资金周转情况。

4. 所有者权益变动表,反映的是构成所有者权益的各组成部分当期的增减变动情况。企业的净利润及其分配情况是所有者权益变动的组成部分,相关信息已经在所有者权益变动表及其附注中反映,企业不需要再单独编制利润分配表。

5. 附注,是对在财务报表中列示项目所作的进一步说明,以及对未能在这些报表中列示项目的说明等。附注由若干附表和对有关项目的文字性说明组成。企业编制附注的目的是通过在财务报表之外披露补充信息,以更加全面、系统地反映企业财务状况、经营成果和现金流量的全貌,从而有助于向使用者提供更为有用的信息,便于其作出更加科学合理的决策。

二、编制财务报告的意义

企业编制财务报告的目的是向财务报告使用者提供与企业财务状况和经营成果以及现金流量等有关的会计信息,反映企业管理层受托责任的履行情况,有助于财务报告使用者做出经济决策。财务报告使用者通常包括投资者、债权人、政府及其有关部门和社会公众等。编制财务报告的意义主要有以下几点:

1. 对投资人、债权人的经营决策具有重要意义

编制财务报告,有助于向投资者和债权人提供有用的经济信息,便于他们做出正确合理的经济决策。对投资者和债权人来说,运用财务报表提供的财务信息,可以掌握企

业的财务状况、经营成果和现金流量情况，进而分析企业的盈利能力、偿债能力、投资收益和发展前景，为他们投资、贷款和贸易往来提供决策依据。

2. 对财政、税务、工商、审计等部门的监督管理具有重要意义

编制财务报告，有利于满足财政、税务、工商、审计等部门监督企业的经营管理。通过财务报告可以向政府提供该企业完成和承担社会责任的信息，可以检查、监督各企业是否遵守国家的各项法律、法规和制度，有无偷税漏税行为。企业是国民经济的细胞，通过对企业提供的财务报表中的资源进行汇总分析，国家有关部门可以考核国民经济各部门的运行情况、各种财经法律制度的执行情况，一旦发现问题即可及时采取相应措施，以保证国民经济的正常运行。

3. 对国家经济管理部门的宏观调控具有重要意义

编制财务报告，有利于国家经济管理部门了解国民经济的运行状况，进行宏观调控。通过对各单位提供的财务报表进行汇总、分析，了解和掌握各行业、各地区的经济发展状况，以便宏观调控，优化资源配置，保证国民经济稳定持续发展。

4. 对企业内部的经营管理具有重要意义

财务报告是企业内部加强经营管理的重要依据。编制财务报表，可以向企业提供有关内部所需的重要信息，了解企业的经营状况和存在问题，总结经验，找出差距，制定改进措施，为企业做出合理的生产经营决策提供重要依据。

三、财务报告的分类

财务报告可以按照不同的标准进行分类。

1. 按会计报表所反映的资金状态不同，分为静态报表和动态报表

静态报表是综合反映企业在某一特定日期的资金取得与资金运用情况的报表，如资产负债表；动态报表是综合反映企业一定时期的经营成果、现金流量及所有者权益变动情况的报表，如利润表、现金流量表和所有者权益变动表。

2. 按财务报表编报期间的不同，可以分为中期财务报表和年度财务报表

中期财务报表是以短于一个完整会计年度的报告期间为基础编制的财务报表，包括月报、季报和半年报等。中期财务报表至少应当包括资产负债表、利润表、现金流量表和附注。其中中期资产负债表、利润表和现金流量表应当是完整报表，其格式和内容应当与年度财务报表相一致，与年度财务报表相比中期财务报表中的附注披露可适当简略。

3. 按财务报表编报主体的不同，可以分为个别财务报表和合并财务报表

个别财务报表是由企业在自身会计核算基础上对账簿记录进行加工而编制的财务报表，它主要用以反映企业自身的财务状况、经营成果和现金流量情况。合并财务报表是以母公司和子公司组成的企业集团为会计主体，根据母公司和所属子公司的财务报表，由母公司编制的综合反映企业集团财务状况、经营成果及现金流量的财务报表。

4. 按财务报表提供的对象的不同，可分为对外财务报表和对内财务报表

对外财务报表主要是资产负债表、利润表、现金流量表和所有者权益变动表及其附注，其格式和内容由财政部统一规定。对内财务报表是为了满足企业内部经营管理的需要，其内容由企业自行规定。但两者都必须遵守会计核算的基本原则，保证会计信息的

真实、可靠。

四、财务报告编制的要求

为了保证会计信息的质量，充分发挥财务报表的作用，应当根据登记完整、核对准确无误的账簿和有关资料编制财务报告，做到数字真实、内容完整、计算准确、报送及时、手续完备。

1. 数字真实

财务报告中的各项数据必须真实可靠，如实地反映企业的财务状况、经营成果和现金流量，这是对会计信息质量的基本要求。

2. 内容完整

财务报告应当反映企业经济活动的全貌，只有全面反映企业的财务状况和经营成果，才能满足各方面对会计信息的需要。凡是国家要求提供的财务报表，各企业必须全部编制并报送，不得漏编和漏报。凡是国家统一要求披露的信息，都必须披露。

3. 计算准确

日常的会计核算以及编制财务报告，涉及大量的数字计算，只有准确的计算，才能保证数字的真实可靠。这就要求编制财务报表时必须以核对无误后的账簿记录和其他有关资料为依据，不能使用估计或推算的数据，更不能以任何方式弄虚作假、玩数字游戏或隐瞒谎报。

4. 报送及时

及时性是信息的重要特征，财务报告信息只有及时地传递给信息使用者，才能为使用者的经营决策提供依据。否则，即使是真实可靠和内容完整的财务报告，由于编制和报送不及时，对报告使用者来说，就大大降低了会计信息的使用价值。月度财务报告应于月度终了后6天内对外报送（遇节假日顺延，下同）；季度财务报告应于季度终了后15天内对外报送；半年度财务报告应于中期结束后60天内对外报送；年度财务报告应于年度终了后4个月内对外报送。

5. 手续完备

企业对外提供的财务报告应加具封面、装订成册、加盖公章。财务报告封面上应当注明：企业名称、企业统一代码、组织形式、地址、报表所属年度或者月份、报出日期，并由企业负责人和主管会计工作的负责人、会计机构负责人（会计主管人员）签名并盖章；设置总会计师的企业，还应当由总会计师签名并盖章。

五、编制财务报告前的准备工作

为确保财务报表的质量，编制财务报表前必须做好充分的准备工作，一般有核实资产、清理债务、复核成本、内部调账、试算平衡及结账。

1. 核实资产

核实资产是企业编制报表前一项重要的基础工作，而且工作量大。主要包括：①清点现金和应收票据；②核对银行存款，编制银行存款余额调节表；③与购货人核对应收账款；④与供货人核对预付账款；⑤与其他债务人核对其他应收款；⑥清查各项存货；⑦检查各项投资的回收以及利润分配情况;⑧清查各项固定资产的在建工程。

在核实以上各项资产的过程中,如发现与账面记录不符,应先转入“待处理财产损溢”账户,待查明原因,按规定报批处理 。

2. 清理债务

企业与外单位的各种经济往来中形成的债务也要认真清理并及时处理。对已经到期的负债,要及时偿还,以保持企业的信誉,特别是不能拖欠税款;其他应付款中要注意是否有不正常的款项。

3. 复核成本

编制财务报告之前,要认真复核各项生产、销售项目的成本结转情况。查对是否有少转、多转、漏转、错转成本,这些直接影响企业盈亏的真实性,并由此产生一系列的后果,如多交税金、多分利润,使企业资产流失等。

4. 内部调账

内部调账(转账)是编制报表前一项很细致的准备工作。主要有如下几点:

①计提坏账准备。应按规定比例计算本期坏账准备,并及时调整入账;②摊销待摊费用。凡本期负担的待摊费用应在本期摊销;③计提固定资产折旧;④摊销各种无形资产和递延资产;⑤实行工效挂钩的企业,按规定计提“应付职工薪酬”;⑥转销经批准的“待处理财产损溢”。财务部门对此要及时提出处理意见,报有关领导审批,不能长期挂账;⑦按权责制原则及有关规定,预提利息和费用;⑧有外币业务的企业,还应计算汇兑损益,调整有关外币账户。

5. 试算平衡

在完成以上准备工作之后,还应进行一次试算平衡,以检查账务处理有无错误。

6. 结账

试算平衡后的结账工作主要有以下几项:①将损益类账户全部转入“本年利润”账户;②将“本年利润”账户形成的税后净利润或亏损转入“利润分配”账户;③进行利润分配后,编制年终会计决算报表。

由于编制财务报告的直接依据是会计账簿,所有报表的数据都来源于会计账簿,因此为保证财务报表数据的正确性,企业在编制报表之前必须做好对账和结账工作,做到账证相符、账账相符、账实相符以保证报表数据的真实准确。

第二节　资产负债表

资产负债表是指反映企业在某一特定日期财务状况的报表。它反映企业在某一特定日期所拥有或控制的经济资源、所承担的现时义务和所有者对净资产的要求权。

一、资产负债表的作用

1. 利用资产负债表,可以分析、评价和预测企业的短期偿债能力

偿债能力是指企业以其资产偿付债务的能力。短期偿债能力主要体现在企业资产

和负债的流动性。流动性指资产转换成现款而不受损失的能力或负债距离清偿日期的时间,也指企业资产接近现金的程度,或负债需要动用现金的期限。在资产项目中,除现金外,资产转换成现金的时间越短、速度越快、转换成本越低,表明流动性越强。

短期债权人关注的是企业是否有足够的现金和足够的资产可及时转换成现金,以清偿短期内将到期的债务。长期债权人及企业所有者也要评价和预测企业的短期偿债能力,短期偿债能力越低,企业越有可能破产,从而越缺乏投资回报的保障,越有可能收不回投资。资产负债表分门别类地列示流动资产与流动负债,本身虽未直接反映出短期偿债能力,但通过将流动资产与流动负债的比较,并借助于报表附注,可以解释、评价和预测企业的短期偿债能力。

2. 利用资产负债表,可以分析、评价和预测企业的长期偿债能力和资本结构

企业的长期偿债能力主要指企业以全部资产清偿全部负债的能力。一般认为资产越多、负债越少、其长期偿债能力越强;反之,若资不抵债,则企业缺乏长期偿债能力。资不抵债往往由企业长期亏损资产引起,还可能因为举债过多所致。所以,企业的长期偿债能力一方面取决于它的获利能力,另一方面取决于它的资本结构。

资本结构通常指企业权益总额中负债与所有者权益,负债中流动负债与长期负债,所有者权益中投入资本与留存收益或普通股与优先股的关系。负债与所有者权益的数额表明企业所支配的资产有多少为债权人提供,又有多少为所有者提供。这两者的比例关系,既影响债权人和所有者的利益分配,又牵涉债权人和所有者投资的相对风险,以及企业的长期偿债能力。资产负债表为管理部门和债权人信贷决策提供重要的依据。

3. 利用资产负债表,可以分析、评价和预测企业的财务弹性

财务弹性指标反映企业两个方面的综合财务能力,即迎接各种环境挑战,抓住经营机遇的适应能力,包括进攻性适应能力和防御性适应能力。

所谓进攻性适应能力,指企业能够有财力去抓住经营中所出现的稍纵即逝的获利机会,不致放任其流失。

所谓防御性适应能力,指企业能在客观环境极为不利或因某一决策失误使其陷入困境时转危为安的生存能力。

企业的财务弹性主要来自于资产变现能力,从经营活动中产生现金流入的能力,对外筹集和调度资金的能力,以及在不影响正常经营的前提下变卖资产获取现金的能力。财务弹性强的企业不仅能从有利可图的经营活动中获取现金,而且可以向债权人举借长期负债和向所有者筹措追加资本,投入新的有利可图的事业,即使遇到经营失利,也可随机应变,及时筹集所需资金,分散经营风险,避免陷入财务困境。

资产负债表本身并不能直接提供有关企业财务弹性的信息,但是它所列示的资产分布和对这些资产的要求权的信息,以及企业资产、负债流动性、资本结构等信息,并借助利润表及附注、附表的信息,可间接地解释、评价和预测企业的财务弹性,并为管理部门增强企业在市场经济中的适应能力提供指导。

4. 利用资产负债表,可以分析、评价和预测企业的经营绩效

企业的经营绩效主要表现为获利能力,而获利能力则可用资产收益率、成本收益率等相对指标来衡量。这样将资产负债表和利润表信息结合起来,珠联璧合,可据以评价

和预测企业的经营绩效，并可深入剖析企业绩效优劣的根源，寻求提高企业经济资源利用效率的良策。

二、资产负债表的内容和结构

（一）资产负债表的内容

资产负债表主要由资产、负债和所有者权益三方面内容组成。

1. 资产

资产是由过去的交易或事项形成，并由企业在某一特定日期所拥有或控制的，预期会给企业带来经济利益的资源。资产应当按照流动资产和非流动资产两大类别在资产负债表中列示，在流动资产和非流动资产类别下进一步按性质分项列示。

流动资产是指预计在一个正常营业周期中变现、出售或耗用，或者主要为交易目的而持有，或者预计在资产负债表日起一年内含一年变现的资产，或者自资产负债表日起一年内交换其他资产或清偿负债的能力不受限制的现金或现金等价物。

正常营业周期通常是指企业从购买用于加工的资产起至实现现金或现金等价物的期间。正常营业周期通常短于一年，但是也存在正常营业周期长于一年的情况。如房地产开发企业，开发用于出售的房地产开发产品；造船企业制造用于出售的大型船只等，从购买原材料进入生产，到制造出产品出售并收回现金或现金等价物的过程，往往超过一年，在这种情况下，与生产循环相关的库存商品、应收账款、原材料尽管是超过一年才变现、出售或耗用，仍应作为流动资产列示。

资产负债表中列示的流动资产项目通常包括货币资金、交易性金融资产、应收票据、应收账款、预付款项、应收利息、应收股利、其他应收款、存货和一年内到期的非流动资产等。流动资产以外的资产应当归类为非流动资产，并应按其性质分类列示，通常包括长期股权投资、固定资产、在建工程、工程物资、固定资产清理、无形资产、开发支出、长期待摊费用以及其他非流动资产等。

2. 负债

负债是反映企业在某一特定日期所承担的、预期会导致经济利益流出企业的现时义务。负债应当按照流动负债和非流动负债在资产负债表中进行列示，在流动负债和非流动负债类别下再进一步按性质分项列示。

流动负债是指预计在一个正常营业周期中清偿，或者主要为交易目的而持有，或者自资产负债表日起一年内含一年到期应予以清偿，或者企业无权自主地将清偿推迟至资产负债表日后一年以上的负债。资产负债表中列示的流动负债项目通常包括短期借款、应付票据、应付账款、预收款项、应付职工薪酬、应交税费、应付利息、应付股利、其他应付款、一年内到期的非流动负债等。流动负债以外的负债应当归类为非流动负债，并应按其性质分类列示，通常包括长期借款、应付债券和其他非流动负债等。

值得注意的是，对于在资产负债表日起一年内到期的负债，企业预计能够自主地将清偿义务延期至资产负债表日后一年以上的，应当归类为非流动负债；不能自主地将清偿义务延期的，即使在资产负债表日后、财务报告批准报出日前签订了重新安排清偿计划协议，该项负债仍归类为流动负债。

3. 所有者权益

所有者权益是企业资产扣除负债后的剩余权益，反映企业在某一特定日期股东（投资者）拥有的净资产的总额。它一般按照实收资本（或股本）、资本公积、盈余公积和未分配利润分项列示。

（二）资产负债表的结构

资产负债表的结构有账户式和报告式两种，我国企业的资产负债表采用账户式结构。账户式资产负债表分左右两方，左方为资产项目，大体按资产的流动性大小排列。流动性大的资产，如货币资金、交易性金融资产等排在前面，流动性小的资产如长期股权投资、固定资产等排在后面。右方为负债及所有者权益项目，一般按要求清偿时间的先后顺序排列。短期借款、应付票据、应付账款等需要在一年以内或者长于一年的一个正常营业周期内偿还的流动负债排在前面，长期借款等在一年以上才需偿还的非流动负债排在中间，在企业清算之前不需要偿还的所有者权益项目排在后面。

账户式资产负债表中的资产各项目的合计等于负债和所有者权益各项目的合计，即资产负债表左方和右方平衡。因此通过账户式资产负债表可以反映资产、负债、所有者权益之间的内在关系，即

资产 = 负债 + 所有者权益

我国企业资产负债表的基本格式（账户式）如表 10.1 所示。

表 10.1　资产负债表

会企 01 表

编制单位：　　　　年　月　日　　　　单位：元

资产	年初余额	期末余额	负债和所有者权益（或股东权益）	年初余额	期末余额
流动资产：			流动负债：		
货币资金			短期借款		
交易性金融资产			交易性金融负债		
应收票据			应付票据		
应收账款			应付账款		
预付款项			预收款项		
应收利息			应付职工薪酬		
应收股利			应交税费		
其他应收款			应付利息		
存货			应付股利		
一年内到期的非流动资产			其他应付款		
其他流动资产			一年内到期的非流动负债		
流动资产合计			其他流动负债		

续表 10.1

会企 01 表

编制单位： 年 月 日 单位:元

资产	年初余额	期末余额	负债和所有者权益（或股东权益）	年初余额	期末余额
非流动资产：			流动负债合计		
可供出售金融资产			非流动负债：		
持有至到期投资			长期借款		
长期应收款			应付债券		
长期股权投资			长期应付款		
投资性房地产			专项应付款		
固定资产			预计负债		
在建工程			递延所得税负债		
工程物资			其他非流动负债		
固定资产清理			非流动负债合计		
无形资产			负债合计		
开发支出			所有者权益(或股东权益)：		
商誉			实收资本(或股本)		
长期待摊费用			资本公积		
递延所得税资产			减:库存股		
其他非流动资产			盈余公积		
非流动资产合计			未分配利润		
			所有者权益(或股东权益)合计		
资产总计			负债和所有者权益(或股东权益)总计		

三、资产负债表的编制方法

(一)资产负债表各项目填列方法说明

资产负债表各项目都列有“期末余额”和“年初余额”两栏,填列方法如下：

1.“年初余额”栏内各项目数字,应根据上年末资产负债表“期末余额”栏内所列数字填列。如果本年度资产负债表规定的各个项目的名称和内容同上年度不相一致,应对上年年末资产负债表各项目的名称和数字按照本年度的列报要求进行调整,按调整后的数字填入本表“年初余额”栏内,并在附注中披露调整的原因和性质,以及调整的各项目金额。对上年年末的比较数据进行调整不切实可行的,应当在附注中披露不能调整的原因。

2.“期末余额”是指某一会计期末的数字,即月末、季末、半年末或年末的数字,资产负债表各项目“期末余额”的数据来源,可以通过以下方式取得,具体方法如下。

(1)“货币资金”项目,反映企业库存现金、银行结算户存款、外埠存款、银行汇票存款、银行本票存款、信用卡存款、信用证保证金存款、存出投资款等的合计数。

本项目应根据“库存现金”“银行存款”“其他货币资金”科目的期末余额合计数填列。

(2)(交易性金融资产)项目,反映企业持有的以公允价值计量,其变动计入当期损益为交易目的而持有的债券投资、股票投资、基金投资、权证投资等金融资产。

本项目应根据“交易性金融资产”科目的期末余额填列。

(3)“应收票据”项目,反映企业因销售商品、提供劳务等而收到的商业汇票,包括商业承兑汇票和银行承兑汇票。

本项目应根据“应收票据”科目的期末余额,减去“坏账准备”科目中有关应收票据计提的坏账准备期末余额后的金额填列。

(4)“应收股利”项目,反映企业应收取的现金股利和应收其他单位分配的利润。

本项目应根据“应收股利”科目的期末余额,减去“坏账准备”科目中有关应收股利计提的坏账准备期末余额后的金额填列。

(5)“应收利息”项目,反映企业应收取的债券投资等的利息。

本项目应根据“应收利息”科目的期末余额,减去“坏账准备”科目中有关应收利息计提的坏账准备期末余额后的金额填列。

(6)“应收账款”项目,反映企业因销售商品、提供劳务等经营活动而应收取的各种款项。

本项目应根据“应收账款”和“预收账款”科目所属各明细科目的期末借方余额合计,减去“坏账准备”科目中有关应收账款计提的坏账准备期末余额后的金额填列。如“应收账款”科目所属明细科目期末有贷方余额,应在资产负债表“预收账款”项目内填列。

(7)“其他应收款”项目,反映企业除应收票据、应收账款、预付账款、应收股利、应收利息等经营活动以外的其他各种应收、暂付的款项。

本项目应根据“其他应收款”科目的期末余额,减去“坏账准备”科目中有关其他应收款计提的坏账准备期末余额后的金额填列。

(8)“预付账款”项目,反映企业按照购货合同规定预付给供应单位的款项。

本项目应根据“预付账款”和“应付账款”科目所属各明细科目的期末借方余额合计,减去“坏账准备”科目中有关预付账款计提的坏账准备期末余额后的金额填列。如“预付账款”科目所属明细科目期末有贷方余额,应在资产负债表“应付账款”项目内填列。

(9)“存货”项目,反映企业期末在库、在途和在加工中的各项存货的可变现净值。

本项目应根据“材料采购”“原材料”“低值易耗品”“周转材料”“库存商品”“委托加工物资”“委托代销商品”“生产成本”“受托代销商品”等科目的期末余额合计,减去“受托代销商品款”“存货跌价准备”科目期末余额后的金额填列。材料如采用计划成本核算,以及库存商品采用计划成本或售价核算的企业,还应按加或减“材料成本差异”“商品进销差价”后的金额填列。

(10)“一年内到期的非流动资产”项目,反映企业将于一年内到期的非流动资产项目金额。

本项目应根据有关科目的期末余额填列。

(11)“其他流动资产”项目,反映企业除以上流动资产项目外的其他流动资产。

本项目应根据有关科目的期末余额填列。如其他流动资产价值较大的,应在会计报表附注中披露其内容和金额。

(12)“可供出售金融资产”项目,反映持有的以公允价值计量的可供出售的股票投资、债券投资等金融资产。

本项目应根据“可供出售金融资产”科目的期末余额,减去“可供出售金融资产减值准备”科目期末余额后的金额填列。

(13)“持有至到期投资”项目,反映持有的以摊余成本计量的持有至到期投资。

本项目应根据“持有至到期投资”科目的期末余额,减去“持有至到期投资减值准备”科目期末余额后的金额填列。

(14)“长期应收款”项目,反映企业融资租赁产生的应收款项、采用递延方式具有融资性质的销售商品和提供劳务等产生的长期应收款项等。

本项目应根据“长期应收款”科目的期末余额,减去相应的“未实现融资收益”科目和“坏账准备”科目所属的相关明细科目期末余额后的金额填列。

(15)“长期股权投资”项目,反映企业持有的对子公司、联营企业和合营企业的长期股权投资,以及无控制、无共同控制或无重大影响,且在活跃市场中没有报价,公允价值不能可靠计量的权益性投资。

本项目应根据“长期股权投资”科目的期末余额,减去“长期股权投资减值准备”科目期末余额后的金额填列。

(16)“投资性房地产”项目,反映企业持有的投资性房地产。

企业采用成本模式计量投资性房地产的,本项目应根据“投资性房地产”科目的期末余额,减去“投资性房地产累计折旧(摊销)”和“投资性房地产减值准备”科目期末余额后的金额填列;企业采用公允价值模式计量投资性房地产的,本项目应根据“投资性房地产”科目的期末余额填列。

(17)“固定资产”,反映企业的各种固定资产减去累计折旧和累计减值准备后的净额。

本项目应根据“固定资产”科目的期末余额,减去“累计折旧”和“固定资产减值准备”科目的期末余额后的金额填列。

(18)“工程物资”项目,反映企业尚未使用的工程物资的实际成本。

本项目应根据“工程物资”科目的期末余额填列。

(19)“在建工程”项目,反映企业期末各项未完工程的实际支出,包括交付安装的设备价值,未完建筑安装工程已经耗用的材料、工资和费用支出、预付出包工程的价款、已经建筑安装完毕但尚未交付使用的工程等的可收回金额。

本项目应根据“在建工程”科目的期末余额,减去“在建工程减值准备”科目期末余额后的金额填列。

(20)“固定资产清理”项目反映企业因出售、毁损、报废等原因转入清理但尚未清理完毕的固定资产净值，以及固定资产清理过程中所发生的清理费用和变价收入等各项金额的差额。

本项目应根据“固定资产清理”科目的期末借方余额填列。如“固定资产清理”科目期末为贷方余额，以“—”号填列。

(21)“生产性生物资产”项目，反映企业持有的生产性生物资产。

本项目应根据“生产性生物资产”科目的期末余额，减去“生产性生物资产累计折旧”和“生产性生物资产减值准备”科目期末余额后的金额填列。

(22)“油气资产”项目，反映企业持有的矿区权益和油气井及相关设施的原价减去累计折耗和累计减值准备后的净额。

本项目应根据“油气资产”科目的期末余额，减去“累计折耗”科目期末余额和相应的减值准备后的金额填列。

(23)“无形资产”项目，反映企业各项无形资产的期末可收回金额。

本项目应根据“无形资产”科目的期末余额，减去“无形资产减值准备”科目期末余额后的金额填列。

(24)“开发支出”项目，反映企业开发无形资产过程中能够资本化形成无形资产成本的支出部分。

本项目应根据“研发支出”科目中所属的“资本化支出”明细科目期末余额填列。

(25)“商誉”项目，反映企业合并中形成的商誉的价值。

本项目应根据“商誉”科目的期末余额，减去相应减值准备后的金额填列。

(26)“长期待摊费用”项目，反映企业已经发生但应由本期和以后各期负担的、分摊期限在一年以上的各项费用。长期待摊费用中在一年内(含一年)摊销的部分，在资产负债表“一年内到期的非流动资产”项目填列。

本项目应根据“长期待摊费用”科目的期末余额减去将于一年内(含一年)摊销的数额后的金额填列。

(27)“递延所得税资产”项目，反映企业确认的可抵扣暂时性差异产生的递延所得税资产。

本项目应根据“递延所得税资产”科目的期末余额填列。

(28)“其他非流动资产”项目，反映企业除长期股权投资、固定资产、在建工程、工程物资、无形资产以外的其他非流动资产。

本项目应根据有关科目的期末余额填列。

(29)“短期借款”项目，反映企业向银行或其他金融机构借入的期限在一年以下(含一年)的各种借款。

本项目应根据“短期借款”科目的期末余额填列。

(30)“交易性金融负债”项目，反映企业持有的以公允价值计量且其变动计入当期损益的为交易目的而持有的金融负债。

本项目应根据“交易性金融负债”科目的期末余额填列。

(31)“应付票据”项目，反映企业购买材料、商品和接受劳务供应等而开出、承兑的商业汇票，包括银行承兑汇票和商业承兑汇票。

本项目应根据“应付票据”科目的期末余额填列。

(32)“应付账款”项目,反映企业购买材料、商品和接受劳务供应等而应付的款项。

本项目应根据“应付账款”和“预付账款”科目所属各有关明细科目的期末贷方余额合计填列。如“应付账款”科目所属各明细科目期末有借方余额的,应在资产负债表“预付账款”项目内填列。

(33)“预收款项”项目,反映企业按照购货合同规定预收购买单位的款项。

本项目应根据“预收款项”和“应收款项”科目所属各有关明细科目的期末贷方余额合计填列。如“预收账款”科目所属有关明细科目有借方余额的,应在本表“应收账款”项目内填列。

(34)“应付职工薪酬”项目,反映企业根据有关规定应付给职工的工资、职工福利、社会保险、住房公积金、工会经费、职工教育经费、非货币性福利、辞退福利等各种薪酬。外商投资企业按规定从净利润中提取的职工奖励及福利基金,也在本项目列示。

本项目应根据“应付职工薪酬”科目的期末余额填列。

(35)“应交税费”项目,反映企业按照税法等规定计算应交纳的各种税费,包括增值税、消费税、营业税、所得税、资源税、土地增值税、城市维护建设税、房产税、土地使用税、车船税、教育附加税、矿产资源补偿费等。企业代扣代交的个人所得税等,也通过本科目列示。企业所交纳的税费,不需预计应交数的,如印花税、耕地占用税等,不在本项目列示。

本项目应根据“应交税费”科目的期末贷方余额填列。如“应交税费”科目期末为借方余额,以“-”号填列。

(36)“应付股利”项目,反映企业分配的现金股利或利润。企业分配的股票股利,不通过本项目列示。

本项目应根据“应付股利”科目的期末余额填列。

(37)“应付利息”项目,反映企业按照规定应当支付的利息,包括分期付息到期还本的长期借款应支付的利息、企业发行的企业债券应支付的利息等。

本项目应根据“应付利息”科目的期末余额填列。

(38)“其他应付款”项目,反映企业除应付票据、应付账款、预收账款、应付职工薪酬、应付利息、应付股利、应交税费、长期应付款等以外的其他各项应付暂收的款项。

本项目应根据“其他应付款”科目的期末余额填列。

(39)“一年内到期的非流动负债”项目,反映企业非流动负债中将于资产负债表日后一年内到期部分的金额,如将于一年内偿还的长期借款。

本项目应根据有关科目的期末余额填列。

(40)“其他流动负债”项目,反映企业除以上非流动负债以外的其他流动负债。

本项目应根据有关科目的期末余额填列。

(41)“长期借款”项目,反映企业向银行或其他金融机构借入的期限在1年以上(不含1年)的各项借款。

本项目应根据“长期借款”科目的期末余额填列。

(42)“应付债券”项目,反映企业发行的尚未偿还的各种长期债券的本金和利息。

本项目应根据“应付债券”科目的期末余额填列。

(43)“长期应付款”项目,反映企业除长期借款和应付债券以外的其他各种长期应付款。

本项目应根据“长期应付款”科目的期末余额,减去相应的“未确认融资费用”科目期末余额后的金额填列。

(44)“专项应付款”项目,反映企业取得政府作为投入的具有专项或特定用途的款项。

本项目应根据“专项应付款”科目的期末余额填列。

(45)“预计负债”项目,反映企业确认的对外提供担保、未决诉讼、产品质量保证、重组义务、亏损性合同等预计负债。

本项目应根据“预计负债”科目的期末余额填列。

(46)“递延所得税负债”项目,反映企业确认的应纳税暂时性差异产生的所得税负债。

本项目应根据“递延所得税负债”科目的期末余额填列。

(47)“其他非流动负债”项目,反映企业除长期借款、应付债券等负债以外的其他非流动负债。

本项目应根据有关科目的期末余额减去将于一年内到期偿还数后的余额填列。上述非流动负债各项目中将于一年内(含一年)到期的长期负债,应在“一年内到期的长期负债”项目内单独反映。

(48)“实收资本(或股本)”项目,反映企业投资者实际投入的资本(或股本)总额。

本项目应根据“实收资本(或股本)”科目的期末余额填列。

(49)“资本公积”项目,反映企业资本公积的期末余额。

本项目应根据“资本公积”科目的期末余额填列。

(50)“库存股”项目,反映企业持有的尚未转让或注销的本公司的股份金额。

本项目应根据“库存股”科目的期末余额填列。

(51)“盈余公积”项目,反映企业盈余公积的期末余额。

本项目应根据“盈余公积”科目的期末余额填列。

(52)“未分配利润”项目,反映企业尚未分配的利润。

本项目应根据“本年利润”科目和“利润分配”科目的金额计算填列。未弥补的亏损,在本项目内以“-”号填列。

(二)资产负债表有关项目填列方法举例

【例10.1】某企业2012年12月31日结账后的“库存现金”账户余额为30 000元,“银行存款”账户余额为2 000 000元,“其他货币资金”账户余额为400 000元。

该企业2012年12月31日资产负债表中的“货币资金”项目金额为

$$30\ 000 + 2\ 000\ 000 + 400\ 000 = 2\ 430\ 000(\text{元})$$

【例10.2】某企业2012年12月31日结账后有关账户余额如表10.2所示,假定经过减值测试,应收款项均未计提减值准备。

表 10.2 账户余额表

单位:元

账户名称	借方余额	贷方余额
应收账款	200 000	100 000
预付账款	600 000	50 000
应付账款	300 000	260 000
预收账款	500 000	70 000

该企业 2012 年 12 月 31 日资产负债表中相关项目的金额为:

①“应收账款”项目金额为 200 000 + 500 000 = 700 000(元)

②“预付款项”项目金额为 600 000 + 300 000 = 900 000(元)

③“应付账款”项目金额为 260 000 + 50 000 = 310 000(元)

④“预收款项”项目金额为 70 000 + 100 000 = 170 000(元)

【例 10.3】(1)某企业 2007 年 12 月 31 日的科目余额如表 10.3 所示。

表 10.3 科目余额表

2007 年 12 月 31 日

单位:元

账户名称	借方余额	账户名称	贷方余额
库存现金	2 000	短期借款	50 000
银行存款	805 831	应付票据	100 000
其他货币资金	7 300	应付账款	953 800
应收票据	66 000	其他应付款	50 000
应收账款	600 000	应付职工薪酬	180 000
坏账准备	-1 800	应付利息	0
预付账款	100 000	应交税金	226 731
其他应收款	5 000	应付股利	32 215.85
物资采购	275 000	长期借款	1 160 000
原材料	45 000	股本	5 000 000
周转材料	38 050		
库存商品	2 122 400		
材料成本差异	4 250		
其他流动资产	100 000		
长期股权投资	250 000	盈余公积	124 770.4
固定资产	2 401 000	利润分配(未分配利润)	218 013.75
累计折旧	-170 000		
固定资产减值准备	-30 000		

续表 10.3

2007 年 12 月 31 日　　单位:元

账户名称	借方余额	账户名称	贷方余额
工程物资	300 000		
在建工程	428 000		
无形资产	600 000		
累计摊销	-60 000		
递延资产	7 500		
其他资产	200 000		
合计	8 095 531	合计	8 095 531

(2)根据上述资料编制 2007 年 12 月末的资产负债表如表 10.4。

表 10.4　资产负债表

会企 01 表

编制单位:某单位　　2007 年 12 月 31 日　　单位:元

资产	年初数(略)	期末数	负债和所有者权益(或股东权益)	年初数(略)	期末数
流动资产:			流动负债:		
货币资金		815 131	短期借款		50 000
短期投资			应付票据		100 000
应收票据		66 000	应付账款		953 800
应收股利			预收账款		0
应收利息			应付职工薪酬		180 000
应收账款		598 200	应付福利费		0
其他应收款		5 000	应付股利		0
预付账款		100 000	应交税金		226 731
应收补贴款			应付股利		32 215.85
存货		2 484 700	其他应付款		50 000
待摊费用			预提费用		0
一年内到期的长期债权投资			预计负债		0
其他流动资产		100 000	一年内到期的长期负债		0
流动资产合计		4 169 031	其他流动负债		

续表 10.4

会企 01 表

编制单位:某单位 2007 年 12 月 31 日 单位:元

资产	年初数(略)	期末数	负债和所有者权益(或股东权益)	年初数(略)	期末数
长期投资:					
长期股权投资		250 000	流动负债合计		1 688 746.85
长期债权投资			长期负债:		
长期投资合计		250 000	长期借款		1 160 000
固定资产:			应付债券		
固定资产原价		2 201 000	长期应付款		
在建工程		428 000	专项应付款		
工程物资		300 000	其他长期负债		
无形资产		540 000	长期负债合计		1 160 000
长期待摊费用		0	递延税项:		
递延所得税资产		7 500	递延税款贷项		0
其他非流动资产		200 000	负债合计		2 752 746.85
非流动资产合计		3 676 500			
			所有者权益(或股东权益):		
			实收资本(或股本)		5 000 000
			资本公积		
			盈余公积		124 770.4
			未分配利润		218 013.75
			所有者权益(或股东权益)合计		5 342 784.15
资产总计		8 095 531	负债和所有者权益(或股东权益)总计		8 095 531

第三节　利 润 表

一、利润表的内容与结构

(一)利润表的内容

利润表是指反映企业在一定会计期间经营成果的报表。该表能够反映企业在一定时期的收入、费用、成本及净利润（或亏损）的实现及构成情况；通过对利润表的分析，可以全面了解企业的经营成果、分析企业的获利能力及盈利增长趋势。利润表是企业的主要报表之一。按照《企业会计准则》的规定，企业利润表主要包括以下内容：

1. 营业收入：由主营业务收入和其他业务收入组成。

2. 营业利润：由营业收入减去营业成本（主营业务成本和其他业务成本）、营业税金及附加、销售费用、管理费用、财务费用和资产减值损失，再加上公允价值变动收益和投资收益后计算得出。

3. 利润总额：由营业利润加上营业外收入，减营业外支出后计算得出。

4. 净利润：由利润总额减去所得税费用后计算得出。

5. 每股收益：普通股或潜在普通股已公开交易的企业，以及正处于公开发行普通股或潜在普通股过程中的企业，还应当在利润表中列示每股收益信息，包括基本每股收益和稀释每股收益信息两项指标。

6. 其他综合收益：反映企业根据企业会计准则规定未在损益中确认的各项利得和损失扣除所得税影响后的净额。

7. 综合收益总额：是净利润与其他综合收益的合计金额。

（二）利润表的结构

利润表的结构有单步式和多步式两种。我国目前一般采用多步式利润表。

1. 所谓单步式利润表，是将所有的收入和收益相加，然后减去所有的费用和损失，即得出净收益。在这种结构中，净收益的计算仅通过一个相减的步骤，“单步式”由此得名。这种格式比较简单，便于编制，但是缺少利润构成情况的详细资料，不利于企业不同期间的利润表与行业间利润表的纵向和横向的比较、分析，因此，企业目前很少采用此表。

2. 多步式利润表是通过对当期的收入、费用、支出项目按性质加以归类，按利润形成的主要环节列示一些中间性利润指标，分步计算当期净损益。由于净收益（净利润）要经过若干个步骤方可求得，故称多步式利润表。

多步式利润表的优点在于，便于对企业利润形成的渠道进行分析，明晰盈利的主要因素或亏损的主要原因，使管理更具有针对性。同时也有利于不同企业之间进行比较，能够预测企业未来的盈利能力。多步式利润表的结构如表 10.5。

表 10.5　利润表

会企 02 表

编制单位：　　　　　　　　年　月　日　　　　　　　　单位：元

项目	本期金额	上期金额
一、营业收入		
减：营业成本		
营业税金及附加		
销售费用		
管理费用		

续表 10.5

会企 02 表

编制单位： 年 月 日 单位：元

项目	本期金额	上期金额
财务费用		
资产减值损失		
加：公允价值变动收益（损失以“－”号填列）		
投资收益（损失以“－”号填列）		
其中：对联营企业和合营企业的投资收益		
二、营业利润（亏损以“－”号填列）		
加：营业外收入		
减：营业外支出		
其中：非流动资产处置损失		
三、利润总额（亏损总额以“－”号填列）		
减：所得税费用		
四、净利润（净亏损以“－”号填列）		
五、每股收益：		
（一）基本每股收益		
（二）稀释每股收益		
六、其他综合收益		
七、综合收益总额		

二、利润表的编制方法

（一）利润表编制方法说明

1. 利润表中“上期金额”栏内各项数字，应根据上年该期利润表“本期金额”栏内所列数字填列。如果上年该期利润表规定的各个项目的名称和内容同本期不相一致，应对上年该期利润表各项目的名称和数字按本期的规定进行调整，填入利润表“上期金额”栏内。

2. 利润表中“本期金额”栏内各项目数字一般应该根据损益类科目的发生额分析填列。

（1）“营业收入”项目，反映企业经营主要业务和其他业务所确认的收入总额。本项目应根据“主营业务收入”和“其他业务收入”科目的发生额分析填列。

（2）“营业成本”项目，反映企业经营主要业务和其他业务发生的实际成本总额。本项目应根据“主营业务成本”和“其他业务成本”科目的发生额分析填列。

（3）“营业税金及附加”项目，反映企业经营业务应负担的营业税、消费税、城市维护建设税、资源税、土地增值税和教育费附加等。本项目应根据“营业税金及附加”科目的发生额分析填列。

(4)“销售费用”项目,反映企业在销售商品过程中发生的包装费、广告费等费用和为销售本企业商品而专设的销售机构的职工薪酬、业务费等经营费用。本项目应根据“销售费用”科目的发生额分析填列。

(5)“管理费用”项目,反映企业为组织和管理生产经营发生的管理费用。本项目应根据“管理费用”科目的发生额分析填列。

(6)“财务费用”项目,反映企业筹集生产经营所需资金等而发生的筹资费用。本项目应根据“财务费用”科目的发生额分析填列。

(7)“资产减值损失”项目,反映企业各项资产发生的减值损失。本项目应根据“资产减值损失”科目的发生额分析填列。

(8)“公允价值变动收益”项目,反映企业交易性金融资产、交易性金融负债以及采用公允价值模式计量的投资性房地产等公允价值变动形成的应计入当期损益的利得或损失。本项目应根据“公允价值变动损益”科目的发生额分析填列。

(9)“投资收益”项目,反映企业以各种方式对外投资所取得的收益。其中,“对联营企业和合营企业的投资收益”项目,反映采用权益法核算的对联营企业和合营企业投资在被投资单位实现的净损益中应享有的份额(不包括处置投资形成的收益),本项目应根据“投资收益”科目的发生额分析填列。

(10)“营业外收入”“营业外支出”项目,反映企业发生的与其经营活动无直接关系的各项收入和支出。应分别根据“营业外收入”“营业外支出”科目的发生额分析填列。其中,处置非流动资产损失应当单独列示。

(11)“所得税费用”项目,反映企业根据所得税准则确认的应从当期利润总额中扣除的所得税费用。本项目应根据“所得税费用”科目的借方发生额分析填列。

(12)“基本每股收益”和“稀释每股收益”项目,应当反映根据《企业会计准则第34号——每股收益》规定计算的金额。即普通股或潜在普通股已公开交易的企业,以及正处于公开发行普通股或潜在普通股过程中的企业,应当按照归属于普通股股东的当期净利润,除以发行在外普通股的加权平均数计算基本每股收益。企业存在稀释性潜在普通股的,应当分别调整归属于普通股股东的当期净利润和发行在外普通股的加权平均数,并据以计算稀释每股收益。

(13)“其他综合收益”和“综合收益总额”项目。其中,其他综合收益反映企业根据企业会计准则规定未在损益中确认的各项利得和损失扣除所得税影响后的净额;综合收益总额是企业净利润与其他综合收益的合计金额。

(二)利润表的编制方法实例

【例10.4】某企业2012年各损益科目本期发生额如表10.6所示。

表10.6　损益类科目本期发生额　　单位:元

科目名称	借方发生额	贷方发生额
主营业务收入		60 000
主营业务成本	20 000	

续表 10.6

科目名称	借方发生额	贷方发生额
管理费用	5 000	
财务费用	1 000	
投资收益		8 000
所得税费用	2 775	

根据上述资料编制利润表,如表 10.7 所示。

表 10.7 利润表

会企 02 表

编制单位:某企业 2012 年 单位:元

项目	本期金额	上期金额
一、营业收入	60 000	(略)
减:营业成本	20 000	
营业税金及附加	0	
销售费用	0	
管理费用	5 000	
财务费用	1 000	
资产减值损失	0	
加:公允价值变动收益(损失以"-"号填列)	0	
投资收益(损失以"-"号填列)	8 000	
其中:对联营企业和合营企业的投资收益	0	
二、营业利润(亏损以"-"号填列)	42 000	
加:营业外收入	0	
减:营业外支出	0	
其中:非流动资产处置损失	0	
三、利润总额(亏损总额以"-"号填列)	42 000	
减:所得税费用	10 500	
四、净利润(净亏损以"-"号填列)	31 500	
五、每股收益:		
(一)基本每股收益		
(二)稀释每股收益	——	
六、其他综合收益		
七、综合收益总额	——	

第四节 现金流量表

现金流量表是反映企业在一定会计期间内现金和现金等价物流入和流出的报表。

一、现金流量表的内容

编制现金流量表的目的是向会计报表使用者提供企业某一会计期间现金流入和现金流出的信息。这里的现金是指现金及现金等价物,其中,现金包括库存现金以及可以随时用于支付的存款,如银行存款及其他货币资金。银行存款和其他货币资金中不能随时用于支付的存款,如定期存款等,不能作为现金;提前通知金融企业便可支取的定期存款,则应该包括在现金之内。现金等价物是指企业持有的期限短、流动性强、易于转换为已知金额的现金、价值变动风险很小的投资。

企业的现金流量按交易的性质可分为三类,即经营活动产生的现金流量、投资活动产生的现金流量和筹资活动产生的现金流量。因此,现金流量表应反映以下内容:(1)经营活动产生的现金流量;(2)投资活动产生的现金流量;(3)筹资活动产生的现金流量;(4)现金流量净额;(5)现金的期末余额。

现金流量表的具体内容和结构包括以下几方面:

(一)经营活动产生的现金流量

经营活动产生的现金流量是指直接与本期利润表中净利润相关的经营活动所产生的现金流量,如销售商品或提供劳务所产生的现金流入,为购买存货而支付的货款等。其主要内容如下:

1. 现金流入项目

(1)销售商品、提供劳务收到的现金(包括销售收入和应向购买者收取的增值税);

(2)收到的税费返还;

(3)收到的其他与经营活动有关的现金。

2. 现金流出项目

(1)购买商品、接受劳务支付的现金(包括支付的增值税进项税额);

(2)支付给职工以及为职工支付的现金;

(3)支付的各项税费;

(4)支付的其他与经营活动有关的现金。

(二)投资活动产生的现金流量

投资活动是指企业长期资产的购建和不包括在现金等价物范围内的投资及处置活动。其中,长期资产是指固定资产、无形资产、在建工程、其他资产等持有期限在一年或一个营业周期以上的资产。投资活动产生的现金流量的主要内容包括:

1. 现金流入项目

(1)收回投资所收到的现金;

(2)取得投资收益所收到的现金;

(3)处置固定资产、无形资产和其他长期资产所收回的现金净额(如为负数,则应作为投资活动的现金流出项目反映);

(4)收到的其他与投资活动有关的现金。

2.现金流出项目

(1)购建固定资产、无形资产和其他长期资产所支付的现金;

(2)投资所支付的现金;

(3)支付的其他与投资活动有关的现金。

(三)筹资活动产生的现金流量

筹资活动是指导致企业资本、债务规模和构成发生变化的活动。筹资活动产生的现金流量的主要内容包括:

1.现金流入项目

(1)吸收投资所收到的现金;

(2)取得借款所收到的现金;

(3)收到的其他与筹资活动有关的现金。

2.现金流出项目

(1)偿还债务所支付的现金;

(2)分配股利、利润或偿付利息所支付的现金;

(3)支付的其他与筹资活动有关的现金。

此外,购买或处置子公司及其他营业单位所产生的现金流量,应作为投资活动产生的现金流量,并单独列示。

现金流量表除了披露以上三类现金流量以外,对于不涉及当期现金收支,但影响财务状况或可能在未来影响企业现金流量的重大投资、筹资活动,也应在报表附注中加以说明,如企业以承担债务形式购置资产、以长期投资偿还债务等。

二、现金流量表的结构

我国企业现金流量表采用报告式结构,按照现金流量的性质、依次分类反映经营活动产生的现金流量、投资活动产生的现金流量和筹资活动产生的现金流量,最后汇总反映企业某一期间现金及现金等价物的净增加额。一般企业现金流量表及补充资料的格式如表10.8和10.9所示。

表 10.8 现金流量表

会企 03 表

编制单位： 年 月 日 单位:元

项目	本期金额	上期金额
一、经营活动产生的现金流量:		
销售商品、提供劳务收到的现金		
收到的税费返还		
收到其他与经营活动有关的现金		
经营活动现金流入小计		
购买商品、接受劳务支付的现金		
支付给职工以及为职工支付的现金		
支付的各项税费		
支付其他与经营活动有关的现金		
经营活动现金流出小计		
经营活动产生的现金流量净额		
二、投资活动产生的现金流量:		
收回投资收到的现金		
取得投资收益收到的现金		
处置固定资产、无形资产和其他长期资产收回的现金净额		
处置子公司及其他营业单位收到的现金净额		
收到其他与投资活动有关的现金		
投资活动现金流入小计		
购建固定资产、无形资产和其他长期资产支付的现金		
投资支付的现金		
取得子公司及其他营业单位支付的现金净额		
支付其他与投资活动有关的现金		
投资活动现金流出小计		
投资活动产生的现金流量净额		
三、筹资活动产生的现金流量:		
吸收投资收到的现金		
取得借款收到的现金		
收到其他与筹资活动有关的现金		
筹资活动现金流入小计		
偿还债务支付的现金		
分配股利、利润或偿付利息支付的现金		
支付其他与筹资活动有关的现金		
筹资活动现金流出小计		
筹资活动产生的现金流量净额		
四、汇率变动对现金的影响		
五、现金及现金等价物净增加额		
加:期初现金及现金等价物余额		
六、期末现金及现金等价物余额		

表10.9 现金流量表补充资料

补充资料	本期金额	上期金额
1. 将净利润调节为经营活动现金流量:		
净利润		
加:资产减值准备		
固定资产折旧		
无形资产摊销		
长期待摊费用摊销		
处置固定资产、无形资产和其他长期资产的损失(收益以“-”号填列)		
固定资产报废损失(收益以“-”号填列)		
公允价值变动损失(收益以“-”号填列)		
财务费用(收益以“-”号填列)		
投资损失(收益以“-”号填列)		
递延所得税资产减少(增加以“-”号填列)		
递延所得税负债增加(减少以“-”号填列)		
存货的减少(增加以“-”号填列)		
经营性应收项目的减少(增加以“-”号填列)		
经营性应付项目的增加(减少以“-”号填列)		
其他		
经营活动产生的现金流量净额		
2. 不涉及现金收支的重大投资和筹资活动:		
债务转为资本		
一年内到期的可转换公司债券		
融资租入固定资产		
3. 现金及现金等价物净变动情况:		
现金的期末账面余额		
减:现金的期初余额		
加:现金等价物的期末账面余额		
减:现金等价物的期初余额		
现金及现金等价物净增加额		

第五节　所有者权益变动表

一、所有者权益变动表的内容和结构

(一)所有者权益变动表的内容

所有者权益变动表,是用来反映构成所有者权益的各组成部分当期增减变动情况的报表。所有者权益变动表应当全面反映一定时期所有者权益变动的情况,不仅包括所有者权益总量的增减变动,还包括所有者权益增减变动的重要结构性信息,让报表使用者准确理解所有者权益增减变动的根源。此表在一定程度上体现了企业综合收益的特点,除列示直接计入所有者权益的利得和损失外,同时包含最终属于所有者权益变动的净利润。

按照《企业会计准则第30号——财务报表列报》的规定,当期损益、直接计入所有者权益的利得和损失,以及与所有者的资本交易导致的所有者权益的变动,应当分别列示。即所有者权益变动表至少应当单独列示净利润、直接计入所有者权益的利得和损失项目及其总额、会计政策变更和差错更正的累积影响金额、所有者投入资本和向所有者分配利润、按照规定提取的盈余公积和实收资本(或股本)、资本公积、盈余公积、未分配利润的期初和期末余额及其调节情况。

(二)所有者权益变动表的结构

为了清楚反映所有者权益各组成部分当期的增减变动情况,所有者权益变动表应当以矩阵形式列示:一方面,列示导致所有者权益变动的交易或事项,从所有者权益变动的来源对一定时期所有者权益变动情况进行全面反映;另一方面,按照所有者权益各组成部分(包括实收资本、资本公积、盈余公积、未分配利润和库存股)及其总额列示交易或事项对所有者权益的影响。此外,企业还需要提供比较所有者权益变动表,所有者权益变动表还应就各项目再分为“本年金额”和“上年金额”两栏分别填列。

由于企业的净利润及其分配情况是所有者权益变动的组成部分,相关信息已经在所有者权益变动表及其附注中反映,企业不需要再单独编制利润分配表。

所有者权益变动表的基本格式如表10.10所示。

表 10.10　所有者权益变动表　　会企 04 表

编制单位：　　2012 年度　　单位：元

项　目	本年金额						上年金额					
	实收资本（或股本）	资本公积	减：库存股	盈余公积	未分配利润	所有者权益合计	实收资本（或股本）	资本公积	减：库存股	盈余公积	未分配利润	所有者权益合计
一、上年年末余额												
加：会计政策变更前期差错更正												
二、本年年初余额												
三、本年增减变动金额（减少以“—”号填列）												
（一）净利润												
（二）其他综合收益												
1. 可供出售金融资产公允价值变动净额												
2. 权益法下被投资单位其他所有者权益变动的影响												
3. 与计入所有者权益项目相关的所得税影响												
4. 其他												
上述（一）和（二）小计												
（三）所有者投入和减少资本												
1. 所有者投入资本												
2. 股份支付计入所有者权益的金额												
3. 其他												
（四）利润分配												
1. 提取盈余公积												
2. 对所有者（或股东）的分配												
3. 其他												
（五）所有者权益内部结转												

续表 10.10

会企 04 表

编制单位：　2012 年度　单位：元

项　目	本年金额						上年金额					
	实收资本（或股本）	资本公积	减：库存股	盈余公积	未分配利润	所有者权益合计	实收资本（或股本）	资本公积	减：库存股	盈余公积	未分配利润	所有者权益合计
1. 资本公积转增资本（或股本）												
2. 盈余公积转增资本（或股本）												
3. 盈余公积弥补亏损												
4. 其他												
四、本年年末余额												

二、所有者权益变动表的编制方法

本表各项目应当根据当期净利润、直接计入所有者权益的利得和损失项目、所有者投入资本和提取盈余公积、向所有者分配利润等情况分析填列。

（一）上年金额栏的填列方法

所有者权益变动表“上年金额”栏内的各项数字，应根据上年度所有者权益变动表“本年金额”栏内所列数字填列。如果上年度所有者权益变动表规定的各个项目的名称和内容同本年度不相一致，应对上年度所有者权益变动表各项目的名称和数字按本年度的规定进行调整，填入所有者权益变动表“上年金额栏内”。

（二）本年金额栏的填列方法

所有者权益变动表“本年金额”栏内的各项数字一般应根据“实收资本（或股本）”“资本公积”“盈余公积”“利润分配”“库存股”“以前年度损益调整”科目的发生额分析填列。

第六节　报 表 附 注

报表附注是财务报表不可或缺的组成部分，是对在资产负债表、利润表、现金流量表和所有者权益变动表等报表中列示项目的文字描述或明细资料，以及对未能在这些报表中列示项目的说明等。

报表使用者了解企业的财务状况、经营成果和现金流量，应当全面阅读附注，附注相对于报表而言，同样具有重要性。根据《企业会计准则第 30 号——财务报表列报》规定，附注应当按照一定的结构进行系统、合理的排列和分类，有顺序地披露信息，主要包括下列内容：

1. 企业的基本情况

附注应当披露企业的注册地、组织形式、总部地址、企业的业务性质、主要经营活动、母公司以及集团最终母公司的名称、财务报告的批准报出者和财务报告批准报出日。

2. 财务报表的编制基础

附注应当披露财务报表的编制基础，说明企业的持续经营情况。相关信息应当与资产负债表、利润表、现金流量表和所有者权益变动表等报表中列示的项目相互参照。

3. 遵循企业会计准则的声明

企业应当明确说明编制的财务报表符合企业会计准则体系的要求，真实、完整地反映了企业的财务状况、经营成果和现金流量。

4. 重要会计政策和会计估计

企业应当披露重要的会计政策和会计估计，不重要的会计政策和会计估计可以不披露。在披露重要会计政策和会计估计时，应当披露重要会计政策的确定依据和财务报表项目的计量基础，以及会计估计中所采用的关键假设和不确定因素。

（1）重要会计政策的说明

由于企业经济业务的复杂性和多样化，某些经济业务可以有多种会计处理方法，即存在不止一种可供选择的会计政策。企业在发生某项经济业务时，必须从允许的会计处理方法中选择适合本企业特点的会计政策。企业选择不同的会计处理方法，可能极大地影响企业的财务状况和经营成果，进而编制出不同的财务报表。为了有助于使用者理解，有必要对这些会计政策加以披露。

需要特别指出的是，说明会计政策时还需要披露下列两项内容：

①财务报表项目的计量基础。会计计量基础包括历史成本、重置成本、可变现净值、现值和公允价值，这直接显著影响报表使用者的分析，这项披露要求便于使用者了解企业财务报表中的项目是按何种计量基础予以计量的，如存货是按成本还是可变现净值计量等。

②会计政策的确定依据。主要是指企业在运用会计政策过程中所作的对报表中确认的项目金额最具影响的判断。例如，企业如何判断持有的金融资产是持有至到期的投资而不是交易性投资；对于拥有的持股不足 50% 的关联企业，企业为何判断企业拥有控制权因此将其纳入合并范围；企业如何判断与租赁资产相关的所有风险和报酬已转移给企业，从而符合融资租赁的标准；以及投资性房地产的判断标准是什么等，这些判断对在报表中确认的项目金额具有重要影响。因此，这项披露要求有助于使用者理解企业选择和运用会计政策的背景，增加财务报表的可理解性。

（2）重要会计估计的说明

企业应当披露会计估计中所采用的关键假设和不确定因素的确定依据，这些关键假设和不确定因素在下一会计期间内很可能导致资产、负债账面价值进行重大调整。在确定报表中确认的资产和负债的账面金额过程中，企业有时需要对不确定的未来事项在资产负债表日对这些资产和负债的影响加以估计。例如,固定资产可收回金额的计算需要根据其公允价值减去处置费用后的净额与预计未来现金流量的现值两者之间的较高者确定,在计算资产预计未来现金流量的现值时需要对未来现金流量进行预测,并选择适当的折现率,应当在附注中披露未来现金流量预测所采用的假设及其依据,所选择的折现率为什么是合理的等。这些假设的变动对这些资产和负债项目金额的确定影响很大,有可能会在下一个会计年度内做出重大调整。因此,强调这一披露要求,有助于提高财务报表的可理解性。

5. 会计政策和会计估计变更以及差错更正的说明

企业应当按照《企业会计准则第 28 号——会计政策、会计估计变更和差错更正》及其应用指南的规定,在附注中披露相关的信息。

6. 报表重要项目的说明

企业对报表重要项目的说明,是指对资产负债表、利润表、现金流量表和所有者权益变动表中重要项目的进一步说明,包括终止经营、税后利润的金额及其构成情况等。具体说明时应当按照资产负债表、利润表、现金流量表和所有者权益变动表中及其项目列示的顺序,采用文字和数字描述相结合的方式进行披露,尽可能以列表形式披露重要报表项目的构成或当期增减变动情况。报表重要项目的明细金额合计,应当与报表项目金额相衔接。

7. 其他

报表附注除反映上述信息外,还应披露或有事项、资产负债表日后非调整事项和关联方关系及其交易等需要说明的事项。

练 习 题

一、简答题

1. 什么是财务报告?其编制要求有哪些?
2. 财务报告编制的意义是什么?
3. 编制资产负债表的作用是什么?
4. 流动资产与流动负债的划分标准是什么?
5. 编制多步式利润表分为哪几个步骤?
6. 会计报表附注包括哪些内容?

二、练习利润表的填制

资料:B 股份有限公司 2010 年损益类账户累计发生额有关资料如表 10.11 所示。

表 10.11 单位:元

损益类账户	借方发生额	贷方发生额
主营业务收入		8 800 000
主营业务成本	4 000 000	
其他业务收入		600 000
其他业务成本	200 000	
营业税金及附加	100 000	
销售费用	150 000	
管理费用	120 000	
财务费用	180 000	
投资收益		300 000
营业外收入		200 000
营业外支出	180 000	

要求:根据资料编制B股份有限公司2010年度利润表。

第十一章　会计核算组织程序

第一节　会计核算组织程序的意义和种类

一、会计核算组织程序的概念和意义

(一)会计核算组织程序的概念

会计核算组织程序也称账务处理程序,或会计核算形式,是指对经济业务进行日常核算和提供会计信息的步骤和方法。具体地说,会计核算组织程序的内容包括从审核和整理、汇总原始凭证开始,到填制记账凭证,登记各种账簿,编制会计报表为止一系列工作的步骤和方法。

各个会计主体为了能够连续、系统、全面、综合地核算和监督本单位的经济活动内容,应该结合本单位的具体情况,科学合理地设计和选择适合本单位经营管理需要的会计核算程序。虽然不同的账簿组织、记账程序和记账方法相互结合在一起将构成不同的账务处理程序,并且不同的账务处理程序也各有其特点,但是,总体来看也有其共同的基本核算模式,其基本核算模式如图 11.1 所示。

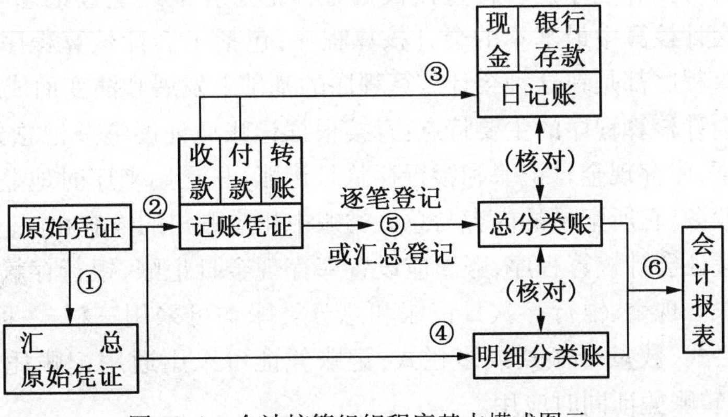

图 11.1　会计核算组织程序基本模式图示

(二)会计核算组织程序的意义

会计核算组织程序是会计工作非常重要的事项,选择科学、合理的会计核算组织程

序，对于及时、准确、系统、全面地提供会计核算资料，有效地参与企业的经营决策，为有关各方决策提供科学的依据具有重要意义。

1. 可以使会计数据的处理过程有条不紊的进行，确保会计记录正确、完整，会计信息相关、可靠；

2. 可以减少不必要的会计核算环节和手续，节约人力、物力和财力，提高会计工作效率；

3. 可以明确会计工作的分工，加强岗位责任制，从而有利于提高会计工作的质量；

4. 可以加强对企业经济活动和财产物资的管理，更好地发挥会计的职能作用。

二、会计核算组织程序的种类

目前，我国各企、事业单位采用的会计核算组织程序主要有以下四种：

1. 记账凭证会计核算程序；

2. 汇总记账凭证会计核算程序；

3. 科目汇总表会计核算程序；

4. 多栏式日记账会计核算程序。

以上四种会计核算程序，都是在经济业务发生或完成后，先根据原始凭证填制记账凭证，再根据原始凭证和记账凭证登记日记账和明细分类账，然后根据账簿记录编制会计报表。

第二节　记账凭证会计核算程序

一、记账凭证会计核算程序的特点

记账凭证会计核算程序是一种直接根据各种记账凭证逐笔登记总分类账的会计核算形式。它是会计核算中最基本的会计核算程序，包括了会计核算程序的一般内容，其他各种会计核算程序都是在这种会计核算程序的基础上发展和演变而成的。

记账凭证会计核算程序的主要特点：直接根据记账凭证逐笔登记总分类账。在这种会计核算程序下，库存现金日记账和银行存款日记账，只是用来序时地登记库存现金、银行存款的收支业务，它所记录的内容与总分类账中相应账户的内容相同。

采用记账凭证会计核算程序，账簿应设置库存现金日记账、银行存款日记账、总分类账和明细分类账。现金、银行存款日记账和总分类账均可采用三栏式；明细分类账可根据需要采用三栏式、数量金额式或多栏式；记账凭证可采用通用记账凭证，也可收款凭证、付款凭证和转账凭证同时应用。

二、记账凭证会计核算程序的步骤

记账凭证会计核算程序的步骤表明了该种核算程序的具体工作过程，其步骤如下：

1. 根据原始凭证填制汇总原始凭证(原始凭证汇总表);

2. 根据原始凭证或汇总原始凭证填制记账凭证(包括收款凭证、付款凭证和转账凭证);

3. 根据收款凭证、付款凭证逐笔登记库存现金日记账和银行存款日记账;

4. 根据记账凭证和原始凭证(或汇总原始凭证)逐笔登记各种明细分类账;

5. 根据记账凭证逐笔登记总分类账;

6. 定期(一般在月终)将库存现金日记账、银行存款日记账和各种明细分类账的余额,分别与总分类账有关账户的余额相核对;

7. 月末,根据总分类账和明细分类账的记录,编制会计报表。

记账凭证会计核算程序如图 11.2 所示。

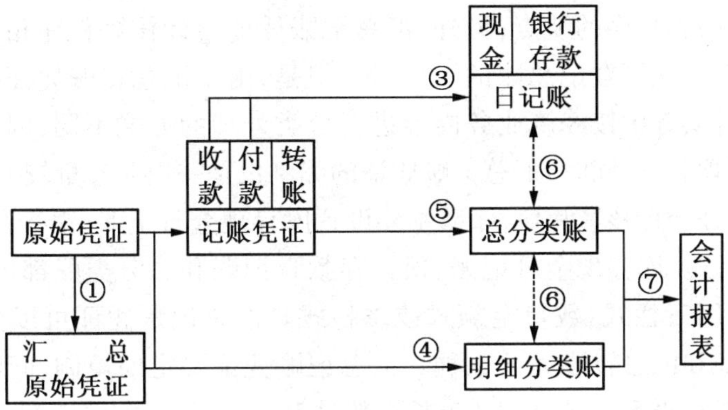

图 11.2　记账凭证会计核算程序图示

三、记账凭证会计核算程序的优缺点及适用范围

1. 优点

(1) 简单明了,层次清楚,易于掌握;

(2) 总分类账可以比较详细地记录和反映经济业务发生的全部情况,查账方便;

(3) 由于根据记账凭证直接登记总分类账,不进行中间汇总,手续简便。

2. 缺点

当会计主体经济业务较多时,根据记账凭证逐笔登记总分类账,工作量较大,不便于会计工作分工。

3. 适用范围

记账凭证会计核算程序一般只适用于规模较小、经济业务数量较少、凭证不多的单位,一般大中型企业都不采用这种会计核算程序。

第三节　汇总记账凭证会计核算程序

为了减轻登记总账的工作量,需要对记账凭证进行汇总后登记总账。

一、汇总记账凭证会计核算程序的特点

汇总记账凭证会计核算程序是根据原始凭证(或汇总原始凭证)填制记账凭证,并定期根据记账凭证编制汇总记账凭证,然后根据汇总记账凭证登记总账的一种会计核算程序。

汇总记账凭证核算程序的特点是:先定期将全部记账凭证按收、付款凭证和转账凭证分别归类汇总编制各种汇总记账凭证,再根据汇总记账凭证登记总分类账。

在汇总记账凭证会计核算形式下,登记总分类账的直接依据是汇总记账凭证,而汇总记账凭证是根据各种记账凭证按科目对应关系进行归类汇总编制的,因而在汇总记账凭证及总分类账中,可以清晰地反映出科目的对应关系,便于账目的查对和分析,并克服了记账凭证会计核算程序的缺点;另外,汇总记账凭证会计核算程序相对于记账凭证会计核算程序而言,简化了登记总账的工作量。但是,由于汇总转账凭证按每一贷方科目分别设置,与会计实务中按经济业务内容进行分类处理的方式不同,因而不利于日常会计核算工作的合理分工;同时,汇总记账凭证的编制也是一项业务量较大的工作。

汇总记账凭证会计核算程序,账簿主要设置库存现金日记账、银行存款日记账、总分类账和明细分类账。库存现金日记账、银行存款日记账和总分类账都可采用三栏式,明细分类账也可采用三栏式、数量金额式或多栏式。汇总记账凭证可以分为汇总收款凭证、汇总付款凭证和汇总转账凭证三种。汇总记账凭证要定期填制,间隔天数视企业的业务量而定,一般每隔 5 天或 10 天(最长不超过 10 天),每月汇总编制一张,月终结出合计数,据以登记总分类账。汇总记账凭证格式如表 11.1,表 11.2,表 11.3 所示。

表 11.1　汇总收款凭证

借方科目:　　　　年　月　　　　汇收字　号

贷方科目	金额				总账页数	
	1 日至 10 日收款凭证第号至号	11 日至 20 日收款凭证第号至号	21 日至 31 日收款凭证第号至号	合计	借方	贷方
					(略)	(略)
合计						

会计主管:　　　记账:　　　审核:　　　制表:

表 11.2　汇总付款凭证

贷方科目：　　　　　　　　　　　　年　　月　　　　　　　　　　汇付字　　号

借方科目	金额				总账页数	
	1日至10日付款凭证第号至号	11日至20日付款凭证第号至号	21日至31日付款凭证第号至号	合计	借方	贷方
					（略）	（略）
合计						

会计主管：　　　　　记账：　　　　　审核：　　　　　制表：

表 11.3　汇总转账凭证

贷方科目：　　　　　　　　　　　　年　　月　　　　　　　　　　汇转字　　号

借方科目	金额				总账页数	
	1日至10日转账凭证第号至号	11日至20日转账凭证第号至号	21日至31日转账凭证第号至号	合计	借方	贷方
					（略）	（略）
合计						

会计主管：　　　　　记账：　　　　　审核：　　　　　制表：

二、汇总记账凭证会计核算程序的步骤

1. 根据原始凭证填制汇总原始凭证（原始凭证汇总表）；

2. 根据原始凭证或汇总原始凭证填制记账凭证（包括收款凭证、付款凭证和转账凭证）；

3. 根据收款凭证、付款凭证逐笔登记库存现金日记账和银行存款日记账；

4. 根据记账凭证和原始凭证（或汇总原始凭证）逐笔登记各种明细分类账；

5. 根据收款、付款、转账三种记账凭证编制各种汇总记账凭证；

6. 月终，根据各种汇总记账凭证登记总分类账；

7. 定期（一般在月终）将库存现金日记账、银行存款日记账和明细分类账的余额，分别与总分类账中有关账户的余额相核对；

8. 月终，根据总分类账和明细分类账的记录，编制会计报表。

汇总记账凭证会计核算程序如图 11.3 所示。

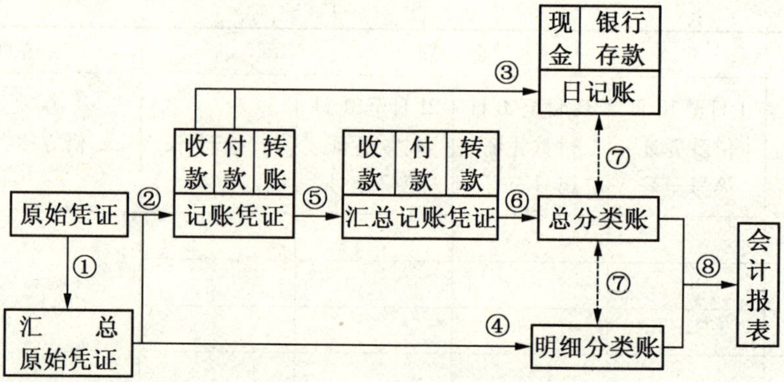

图 11.3　汇总记账凭证会计核算程序图示

三、汇总记账凭证会计核算程序的优缺点及适用范围

1. 优点

(1)简化了总账的登记工作,克服了记账凭证会计核算程序总账登记工作量过大的缺点,大大简化了核算工作。

(2)由于汇总记账凭证是根据多张记账凭证按照账户的对应关系进行归类、汇总编制的,因此,便于了解有关账户之间的相互关系,有利于对经济业务的分析和检查。

2. 缺点

(1)由于记账凭证的汇总是按有关账户的借方或贷方而不是按经济业务事项性质归类汇总的,因而不便于自身进行试算平衡,记账的准确度受到限制,也不利于会计核算分工。

(2)由于需要设置的汇总记账凭证数量较多,汇总的工作量较大,如果单位经济业务较少和凭证不多时,采用该种核算程序就未能起到简化的作用。

3. 适用范围

汇总记账凭证会计核算程序一般适应于规模较大、业务量较多的单位。

第四节　科目汇总表会计核算程序

一、科目汇总表会计核算程序的特点

科目汇总表会计核算程序,也称记账凭证汇总表会计核算程序。它是根据记账凭证定期编制科目汇总表,据以登记总分类账的一种会计核算程序。

科目汇总表会计核算程序的主要特点是定期把全部记账凭证按科目汇总,编制科目汇总表,然后根据科目汇总表登记总分类账。

采用这种会计核算程序,对凭证和账簿的要求及记账程序与前两种账务处理程序基本相同,科目汇总表的性质和作用与汇总记账凭证相似,但两者的结构和编制的方法却不同。科目汇总表不分对应科目进行汇总,而是将所有科目的本期借方发生额、贷方发生额汇总在一张科目汇总表(格式如表11.4所示)内,然后据以登记总账(格式如表11.5所示)。

表11.4 科目汇总表

年 月 日 第 号

会计科目	总账页数	本期发生额		记账凭证起止号数
		借方(略)	贷方(略)	
库存现金	略			略
银行存款				
原材料				
应收账款				
应付账款				
应交税费				
生产成本				
主营业务收入				
管理费用				
合计				

表11.5 总分类账

会计科目: 第 页

年		凭证号数	摘要	借方金额(略)	贷方金额(略)	借或贷(略)	余额(略)
月	日						
			期初余额				
		科汇×	汇总登记				
			……				
			本月合计				

二、科目汇总表会计核算程序的步骤

1. 根据原始凭证编制汇总原始凭证(原始凭证汇总表);

2. 根据原始凭证或汇总原始凭证编制记账凭证(包括收款凭证、付款凭证和转账凭证）；

3. 根据收款凭证、付款凭证逐笔登记库存现金日记账和银行存款日记账；

4. 根据记账凭证和原始凭证（或汇总原始凭证）逐笔登记各种明细分类账；

5. 根据收款、付款、转账三种记账凭证，定期编制科目汇总表；

6. 根据科目汇总表，定期登记总分类账；

7. 定期（一般在月末）将库存现金日记账、银行存款日记账和明细分类账的余额，分别与总分类账中有关账户的余额相核对；

8. 月终，根据总分类账和明细分类账的记录，编制会计报表。

科目汇总表会计核算程序如图 11.4 所示。

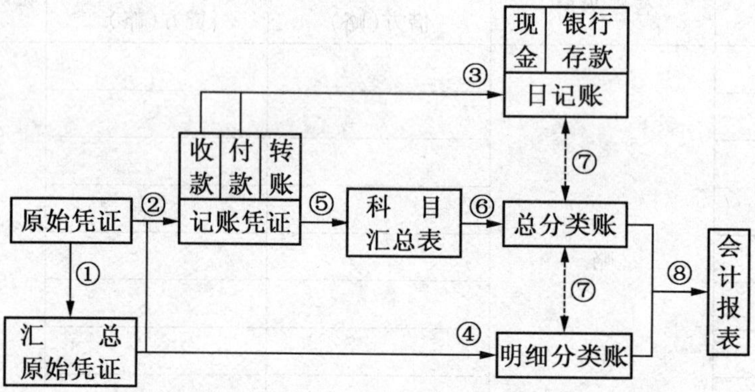

图 11.4 科目汇总表会计核算程序图示

三、科目汇总表会计核算程序的优缺点及适用范围

1. 优点

（1）可以大大减轻登记总账的工作量。在科目汇总表账务处理程序下，可根据科目汇总表上有关账户的汇总发生额，在月中定期或月末一次登记总分类账，可以使登记总分类账的工作量大为减轻。

（2）科目汇总表还起到试算平衡的作用，保证总分类账登记的正确性。在科目汇总表上的汇总结果体现了一定会计期间所有账户的借方发生额和贷方发生额之间的相等关系，利用这种发生额的相等关系，可以进行全部账户记录的试算平衡。

2. 缺点

（1）不分对应科目进行汇总，不能反映各科目的对应关系，不便于对经济业务进行分析和检查。

（2）如果记账凭证较多，根据记账凭证编制科目汇总表本身也是一项很复杂的工作，如果记账凭证较少，运用科目汇总表登记总账又起不到简化登记总账的作用。

3. 适用范围

这种会计核算程序一般适用于规模较大、经济业务较多的企业和单位。

第五节　多栏式日记账会计核算程序

一、多栏式日记账会计核算程序的特点

多栏式日记账会计核算程序是指根据多栏式库存现金日记账和多栏式银行存款日记账及转账凭证(或转账凭证科目汇总表)登记总分类账的一种会计核算程序。

多栏式日记账会计核算程序的主要特点是:凡涉及货币资金的经济业务,先登记于所设置的多栏式库存现金日记账和多栏式银行存款日记账,然后根据它们登记总分类账;对于不涉及货币资金的转账业务,可以根据转账凭证逐笔登记总分类账,也可以根据转账凭证编制转账凭证科目汇总表登记总分类账。

在这种会计核算程序下,为了明确反映收、付款业务的账户对应关系,简化收、付款业务的记账工作,应分别设置多栏式现金日记账和多栏式银行存款日记账,即:库存现金收入日记账、银行存款收入日记账、库存现金支出日记账和银行存款支出日记账等四本多栏式日记账(格式分别见表 11.6、11.7)。库存现金收入日记账和银行存款收入日记账按贷方科目设置专栏,库存现金支出日记账和银行存款支出日记账按借方科目设置专栏。

表 11.6　库存现金收入日记账

第　页

年		凭证号	摘要	贷方科目			收入	支出	余额
月	日								
			期初余额						
		略							
			本月合计						

表 11.7 库存现金支出日记账

第 页

年		凭证号	摘要	借方科目				支出合计
月	日							
		略						
本月合计								

二、多栏式日记账会计核算程序的步骤

1. 根据原始凭证填制汇总原始凭证(原始凭证汇总表);

2. 根据原始凭证或汇总原始凭证填制记账凭证(包括收款凭证、付款凭证和转账凭证);

3. 根据收款凭证登记多栏式现金收入日记账和多栏式银行存款收入日记账,根据付款凭证登记多栏式现金支出日记账和多栏式银行存款支出日记账;

4. 根据记账凭证和原始凭证(或汇总原始凭证)逐笔登记各种明细分类账;

5. 根据转账凭证编制转账凭证科目汇总表;

6. 根据四种多栏式日记账和转账凭证科目汇总表(或转账凭证)登记总分类账;

7. 月终,总分类账的余额与所属明细分类账的余额之和核对相符;

8. 月终,根据总分类账和明细分类账的记录,编制会计报表。

多栏式日记账会计核算程序如图 11.5 所示。

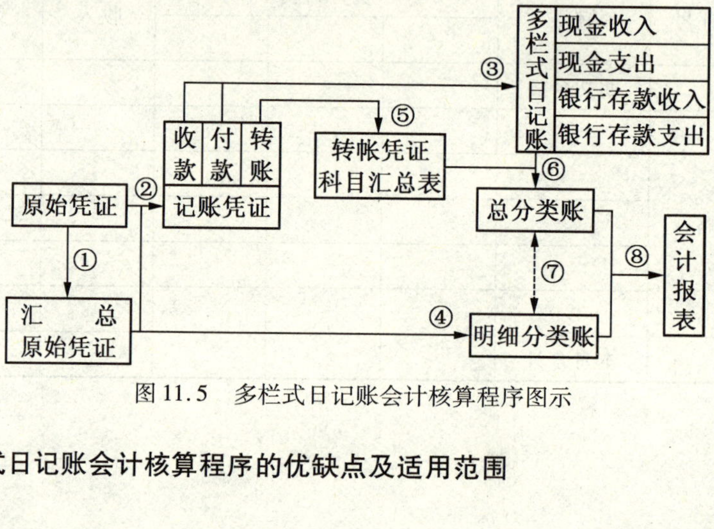

图 11.5 多栏式日记账会计核算程序图示

三、多栏式日记账会计核算程序的优缺点及适用范围

1. 优点

(1)简化了凭证归类和总分类账的登记工作。由于收付款凭证采用多栏式日记账汇总后才登记总分类账,所以这种核算形式可简化登记总分类账的工作量,效率较高。

(2)多栏式日记账按账户的对应关系设置专栏,便于分析和检查每一项与收付款有关的经济业务。

2. 缺点

(1)“库存现金”和“银行存款”总账对多栏式日记账起不到控制作用。

(2)虽然多栏式日记账能较好地反映账户的对应关系,但是它限制了会计科目的数量,在会计科目较多的企业,不便于记账,也不便于保管。

3. 适用范围

适用于经济业务简单,运用会计科目少,但收付款业务较多的单位。

练习题

一、简答题

1. 什么是会计核算程序,我国主要的会计核算程序有哪几种？它们之间的根本区别是什么？

2. 说明记账凭证会计核算程序的基本内容、优缺点及适用范围。

3. 说明科目汇总表会计核算程序的基本内容、优缺点及适用范围。

4. 说明汇总记账凭证会计核算程序的基本内容、优缺点及适用范围。

5. 说明多栏式日记账会计核算程序的基本内容、优缺点及适用范围。

二、练习记账凭证会计核算程序

资料:甲企业的会计核算采用记账凭证核算组织程序,2010 年 1 月的部分经济业务事项如下:

1. 以现金 200 元支付生产车间购买办公用品。

2. 计提本月生产车间固定资产折旧费用 1 000 元。

3. 从银行提取现金 4 000 元。

4. 以现金 4 000 元发放工资。

要求:1. 根据上述经济业务编制记账凭证。

2. 根据记账凭证登记“制造费用”总账。

三、练习科目汇总表会计核算组织程序

资料:乙企业的会计核算采用科目汇总表会计核算组织程序,2010 年 1 月部分经济业务如习题二所示。

要求:1. 根据记账凭证编制科目汇总表。

2. 根据科目汇总表登记“制造费用”总账。

第十二章 会计工作组织

第一节 会计工作组织的意义和原则

一、会计工作组织的意义

所谓会计工作组织，主要是指设置会计机构、配备会计人员、制定和执行会计规章制度、保管会计档案以及改进会计工作的技术手段等会计工作体系。

为了充分发挥会计在经济管理中的作用，提高会计工作效率，保证会计目标完成，科学合理地组织会计工作具有十分重要的意义。

1. 科学地组织会计工作，有利于保证会计工作质量，提高会计工作效率

会计工作是一项比较严谨的经济管理工作。会计核算工作的各个环节、各种手续之间存在着密切的联系，各项数字环环相扣。任何一个环节出现差错或纰漏，都会造成整体会计信息失实，影响会计信息的质量，导致信息使用者的决策出现问题。科学地组织会计工作，可以使会计工作按照事先规定的程序有条不紊地进行，这样既可以提高会计工作效率，又可以减少差错和弊端的发生，从而使会计工作的质量得到保证，为企业的经济管理服务。

2. 科学地组织会计工作，有利于会计工作与其他经济管理部门协调工作，提高企业整体经济管理水平

在实际工作中，会计工作是经济管理的重要组成部分，并与其他各个管理部门之间有着密切的联系。会计部门虽然独立于其他各经济管理部门，但是日常的会计核算工作与企业的计划、供应、生产、销售、统计、劳资等部门之间必然发生凭证传递、数据核对等业务联系。另外，会计工作还必须定期向税务、审计等上级有关部门提供会计报表，定期接受这些部门的检查与监督。因此，科学地组织会计工作，有利于会计工作与其他经济管理部门之间的协调关系，使会计工作在遵守各项财经法规的前提下，高效地为经济管理服务。

3. 科学地组织会计工作，加强单位内部经济责任制

在经济高速发展的当今社会，实行经济责任制，已成为各个行业科学管理的必要措施。企业内部经济责任制能否有效地落实，与会计工作的反映和监督有着密切的联系。科学地组织会计工作，加强对内部各责任单位生产经营活动的核算和监督，可以促使各

责任部门认真履行自己的经济责任，提高资金的利用率，为企业创造更多的经济效益。

二、组织会计工作应遵循的原则

1. 必须按照国家对会计工作的统一要求来组织会计工作

任何会计主体的经济活动，都是在国家的法律、法规要求下进行的。作为对企业、行政事业单位的经济活动进行反映和监督的会计工作，也必须严格按照国家的会计法规要求进行。只有遵守《会计法》和《企业会计准则》，才能为国家经济管理部门提供有用的会计信息，更好地发挥会计在市场经济中的作用。

2. 根据企业生产经营管理特点来组织会计工作

各企业应根据自身的特点，确定本企业的财务制度，并对会计机构的设置和会计人员的配备做出切合实际的安排。不同行业以及同一行业不同规模的单位，从事内部管理工作对会计信息的要求也不尽相同。各单位在遵守会计法规和会计制度的前提下，可以根据本单位生产经营的特点和业务繁简程度，制定本单位开展会计工作的具体办法，便于提供本单位内部经营管理所需要的会计信息，使会计工作真正成为企业经济管理工作的重要组成部分。

3. 在保证会计工作质量的前提下，实行成本效益原则

实行内部会计控制制度本身就是通过完善的内部控制，降低成本和人为因素，最大限度地提高单位的经济效益。如果实行这项制度所花费的成本大于其本身所能带来的效益，就不存在实行内部控制的必要性。因此，对重要经济活动要进行重点控制，对经济活动的关键环节也要实行重点控制。选择关键控制点是实现少成本、高控制的重要途径。因此，单位的会计机构要积极修订和完善单位内部会计控制制度，与时俱进，使内部会计控制制度，随着社会进步而不断完善和发展，保证在一定时期内的适应能力和活力，才能真正发挥内部控制制度的作用。

第二节　会计机构

一、会计机构设置

会计机构是各单位办理会计事务的职能部门，建立健全会计机构，是做好会计工作，充分发挥会计职能作用的重要保证。

1. 设置会计机构，应以会计业务需要为基本前提

《会计法》第二十一条和《规范》第六条都规定，是否单独设置会计机构由各单位根据自身会计业务的需要自主决定。一般而言，一个单位是否单独设置会计机构，往往取决于下列各因素：

（1）单位规模的大小。一个单位的规模，往往决定了这个单位内部职能部门的设置，也决定了会计机构的设置与否。一般来说，大中型企业和具有一定规模的行政事业单位，以及财务收支数额较大、会计业务较多的社会团体和其他经济组织，都应单独设置会

计机构,如会计(或财务)处、部、科、股、组等,以便及时组织本单位各项经济活动和财务收支的核算,实行有效的会计监督。

(2)经济业务和财务收支的繁简。经济业务多、财务收支量大的单位,有必要单独设置会计机构,以保证会计工作的效率和会计信息的质量。

(3)经营管理的要求。有效的经营管理是以信息的及时、准确、全面和系统为前提的。一个单位在经营管理上的要求越高,对会计信息的需求也相应增加,对会计信息系统的要求也越高,从而决定了该单位设置会计机构的必要。

2. 不单独设置会计机构,应当配备专职会计人员

《规范》在第六条中规定:“不具备单独设置会计机构条件的,应当在有关机构中配备专职会计人员。”对于不具备单独设置会计机构的单位,如财务收支数额不大、会计业务比较简单的企业、机关、团体、事业单位和个体工商户等,为了适合这些单位的内部客观需要和组织结构特点,《规范》允许其在有关机构中配备专职会计人员。这类机构一般应是单位内部与财务会计工作接近的机构,如计划、统计或经营管理部门,或者是有利于发挥会计职能作用的内部综合部门,如办公室等。只配备专职会计人员的单位也必须具有健全的财务会计制度和严格的财务手续,其专职会计人员的专业职能不能被其他职能所替代。

3. 不设置会计机构和专职会计人员,实行代理记账

《规范》第八条规定:“没有设置会计机构和配备会计人员的单位,应当根据《代理记账管理暂行办法》委托会计师事务所或者持有代理记账许可证书的其他代理记账机构进行代理记账。”以适应不具备设置会计机构、配备会计人员的小型经济组织解决记账、算账、报账问题的要求。代理记账,是指由社会中介机构即会计咨询、服务机构代替独立核算的单位办理记账、算账、报账等业务。

我国企业的会计工作,受财政部门和企业主管部门的双重领导。我国财政部设置会计事务管理司,主管全国的会计工作;各省、自治区、直辖市的财政厅、局一般设置会计处,主管本地区所属企业的会计工作;企业主管部门一般设置财务处(科),主管本系统所属企业的会计工作,乡镇设置财政所,负责乡镇有关会计方面的事务。

二、会计核算工作的组织形式

会计核算工作的组织形式,是指单位内部各部门之间会计核算工作的相互关系。由于不同单位的业务范围、规模大小等各不相同,会计核算工作的组织形式也就各有特点。会计核算组织形式一般有:集中核算和非集中核算;独立核算和非独立核算。

1. 集中核算和非集中核算

(1)集中核算,是指单位一切经济业务的凭证整理、明细分类核算和总分类核算,都集中在财会部门进行,单位内部各部门只负责填制原始凭证和原始记录,为财会部门提供原始资料。

(2)非集中核算,是指一部分会计核算工作分散到单位内部所属的各个部门进行,另一部分由财会部门集中进行。主要指某些经济业务的凭证整理和明细分类核算工作,由各个直接从事生产经营活动的部门进行,并定期向财会部门报送汇总凭证,财会部门负

责进行总分类核算，编制会计报表，并对各部门的会计核算进行业务上的监督和指导。

2. 独立核算和非独立核算

(1)独立核算，是指对本单位全部业务的经营活动过程及其成果进行全面、系统的会计核算。独立核算单位的特点是：在管理上有独立的组织形式，具有一定数量的资金，在当地银行开户；独立进行经营活动，能同其他单位订立经济合同；独立计算盈亏，单独设置会计机构并配备会计人员，并有完整的会计工作组织体系。

(2)非独立核算，是指没有完整的会计凭证和会计账簿体系，只记录部分经济业务的单位或部门所进行的会计核算。实行非独立核算的单位又称为报账单位，它本身没有资本，其财产物资由上级单位拨付；也没有独立的银行账户，其一切收入均存入上级单位账户，一切支出也由上级单位审核支付。非独立核算单位通常不设置会计机构，仅配备会计人员进行原始凭证的填制、审核、整理和汇总，以及实物明细账的登记工作，不单独编制预算和计算盈亏。

三、会计工作的岗位设置

会计工作岗位是指一个单位会计机构内部根据业务分工而设置的职能岗位。在会计机构内部定人员、定岗位、明确分工、各司其职，有利于会计工作程序化、规范化，有利于落实责任制和会计人员钻研分管的业务，有利于提高工作效率和工作质量。但是，一个单位需要配备多少会计人员，设置多少会计岗位，主要取决于单位的组织结构形式和业务工作量、经营规模等因素，不同的单位有不同的要求。

1. 设置会计工作岗位的基本原则

财政部发布的《会计基础工作规范》，对会计人员配备、会计岗位设置的原则作了规定：

(1)根据本单位会计业务的需要设置会计工作岗位

各单位会计工作岗位的设置应与其业务活动规模、特点和管理要求相适应，保证单位会计信息的生成、加工和传递的真实可靠、及时有效。各单位的业务活动规模、特点和管理要求不同，其会计工作的组织方法、会计人员的数量和会计工作岗位的职责分工也不同。根据规定，会计工作岗位可以一人一岗、一人多岗或者一岗多人。通常，在小型企业中，“一岗一人”“一人多岗”的现象较多；而在大中型企业中，“一岗多人”的现象也较普遍。

(2)符合内部牵制制度的要求

根据规定，会计工作岗位可以一人一岗、一人多岗或者一岗多人。但出纳人员不得兼管稽核、会计档案保管和收入、费用、债权、债务账目的登记工作。这是从我国会计工作实践中总结出的经验和教训，各单位必须严格执行。由于出纳人员是各单位专门从事货币资金收付业务的会计人员，根据复式记账规则，每发生一笔货币资金收付业务，必然会引起收入、费用或债权债务等账簿记录的变化，或者说每发生一笔货币资金收付业务都要登记收入、费用或者债权债务等有关账簿。如果把这些业务统统交由出纳人员一人办理，就会造成既管钱又记账，失去监控，给贪污舞弊行为大开方便之门。同样道理，如果稽核、内部档案保管工作由出纳人员经管，也难以防范利用抽换单据、涂改记录等手段进行舞弊的行为。所以,企业应遵循“管钱不管账”“管账不管钱”的会计工作规范。

(3)会计人员要进行定期轮岗,提高业务素质

会计人员轮岗,不仅是会计工作本身的需要,也是加强会计人员队伍建设的需要。定期、不定期地轮换会计人员的工作岗位,有利于会计人员全面熟悉会计业务,不断提高业务素质,同时也有利于增强会计人员之间的团结合作意识,进一步完善单位内部会计控制制度。

(4)建立岗位责任制

会计机构内部岗位责任制,是指明确各项具体会计工作的职责范围、具体内容和要求,并落实到每个会计工作岗位或会计人员的一种会计工作责任制度。会计岗位责任制是单位会计人员履行会计岗位职责,提高会计工作效率的有效保证。因此,各单位应当建立会计岗位责任制。

2. 主要会计工作岗位

会计工作岗位一般分为:总会计师(或行使总会计师职权)岗位,会计机构负责人(会计主管人员)岗位,出纳岗位,稽核岗位,资本、基金核算岗位,收入、支出、债权债务核算岗位,工资核算、成本费用核算、财务成果核算岗位,财产物资的收发、增减核算岗位,总账岗位,对外财务会计报告编制岗位,会计电算化岗位,会计档案管理岗位等。

对于会计档案管理岗位,在会计档案正式移交之前,属于会计岗位;正式移交档案管理部门之后,不再属于会计岗位。档案管理部门的人员管理会计档案,不属于会计岗位。单位的内部审计、社会审计、政府审计工作均不属于会计岗位。

第三节 会计人员

会计人员是指从事会计工作的人员。为了保证会计工作的顺利进行,各企业、事业、行政单位都应当根据实际需要,在各级会计机构中配备一定数量的会计人员,并赋予其必要的职责和权限。

一、会计人员的职责与权限

(一)会计人员的主要职责

在《会计法》和其他有关会计人员管理的法规中,明确规定了会计人员的职责。

1. 进行会计核算

会计人员应当以实际发生的经济业务为依据,按照会计准则规定,切实做好记账、算账和报账工作。会计人员要认真填制和审核会计凭证,登记账簿,正确核算各项收入、支出、成本、费用及财务成果等。做到手续完备、内容真实、数字准确、账目清楚、报账及时。如实反映本单位的财务状况、经营成果及现金流量等情况,向有关单位提供真实、可靠的会计信息。这是会计人员最基本的职责。

2. 实行会计监督

各单位的会计机构、会计人员要对本单位的经济活动实行会计监督。会计人员对不

真实、不合法的原始凭证，不予受理；对记载不准确、不完整的原始凭证，予以退回，要求更正补充；发现账簿记录与实物、款项不符的情况，应当按照有关规定进行处理；无权自行处理的，应当立即向本单位行政领导人报告，请求查明原因，作出处理；对违反国家统一的财政制度、财务制度规定的收支，不予办理。

3. 拟定本单位办理会计事务的具体办法

各单位会计人员要依据国家颁布的会计法规、制度，结合本单位的业务特点和经济管理要求，拟定出本单位办理会计事务的具体办法，以指导和规范本单位的日常会计核算工作，充分发挥会计人员在企业经营管理中的作用。

4. 参与拟定经济计划、业务计划，考核、分析预算、财务计划的执行情况

各单位制订的经济计划、财务计划是指导该单位经济活动的主要依据，也是会计人员编制财务计划、预算的重要依据。会计人员通过参与制订本单位的经济计划、业务计划等，有利于编制切实可行的财务计划和预算，充分发挥会计人员利用会计信息服务于经济管理的优势，有利于考核、检查各项财务计划或收支预算的执行情况。

5. 办理其他会计事项

会计人员除了履行上述四项职责外，还可以在参与经营管理过程中发挥重要作用。例如，参与企业投资项目的可行性研究，制定内部经济责任制度、定额管理制度，参与制定产品价格及内部考核、奖惩制度、会计分析和会计检查等，为企业的经营管理服务。

（二）会计人员的工作权限

为了保障会计人员全面履行自己的职责，国家在相关会计法规中明确规定了会计人员在履行职责的同时，也赋予了他们必要的工作权限。

1. 会计人员有权要求本单位有关部门和人员认真遵守国家的财经法纪及财务会计制度。如有违反，会计人员有权拒绝付款、拒绝报销或拒绝执行，并向本单位领导人报告。对于弄虚作假、营私舞弊、欺骗上级等违法乱纪行为，会计人员必须坚决拒绝执行，并向本单位领导人或上级机关、财政部门报告。

2. 会计人员有权参与本单位编制计划、制订定额、签订经济合同，参与有关的生产、经营管理会议和业务会议；有权提出有关财务开支和经济效益方面的问题和意见。单位领导和有关部门对会计人员提出的有关财务开支和经济效果方面的问题和意见，要认真考虑，合理的意见要加以采纳。

3. 会计人员有权监督、检查本单位有关部门的财务收支、资金使用和财产保管、收发、计量等情况。各级领导和有关人员要支持会计人员行使工作权限。如果有人对会计人员坚持原则、反映情况进行刁难、阻挠或打击报复，上级机关要查明情况严肃处理，情节严重的还要给以相应的法律制裁。

二、会计人员的职业道德

会计人员的职业道德是会计人员在从事会计工作时应当遵循的行为规范。会计人员具备良好的职业道德是贯彻执行国家财经法规和财务会计制度的前提。制订会计人员的职业道德规范，约束会计人员的职业行为，防止会计人员在工作中违背职业道德、弄虚作假，提供虚假的会计信息。

财政部颁布的《会计基础工作规范》中对会计人员职业道德提出了六个方面的要求：①爱岗敬业；②熟悉法规；③依法办事；④实事求是，客观公正；⑤搞好服务；⑥保守秘密。

会计人员的职业道德水平应该符合社会主义市场经济发展的要求。除了由国家财政部门制订职业道德规范外，在日常会计工作中，有关方面还要注重加强会计人员的职业道德教育，提高会计人员的职业道德水平。同时，还应将会计人员遵守职业道德的情况，作为会计人员晋升、晋级、聘任专业职务、表彰奖励的重要依据。如果会计人员违反职业道德，由所在单位进行处罚；情节严重的，由会计证发证机关吊销会计从业资格证书，取消其从事会计职业的资格。

三、会计人员的专业技术职务

会计专业职务，是区别会计人员业务技能的技术等级。根据财政部制定的《会计专业职务试行条例》规定，会计专业职务分为高级会计师、会计师、助理会计师和会计员；高级会计师为高级职务，会计师为中级职务，助理会计师和会计员为初级职务。

为了有利于会计人员更新知识，客观公正地评价和选拔会计人才，我国从 1992 年开始对会计专业技术资格实行全国统一考试制度。这一制度按会计专业技术职务的设置分为三个级别：会计员、助理会计师、会计师。1999 年，会计专业技术资格考试改设为两个等级：初级和中级两个级别。近年来，高级会计师也采取考试制度。凡是通过全国统一考试获得会计专业技术资格的会计人员，表明其已具备担任相应会计专业职务的水平和能力。单位在岗位需要时，可根据有关规定，按照德才兼备的原则，从获得会计专业技术资格的会计人员中择优聘任。

根据《会计专业职务试行条例》及有关规定，会计专业职务的任职条件分别为：

1. 会计员的基本条件

初步掌握财务会计知识和技能，熟悉并能遵照执行有关会计法规和财务会计制度，能担负一个岗位的财务会计工作，大学专科或中等专业学校毕业，在财务会计工作岗位上见习 1 年期满，并通过初级会计专业技术资格考试。

2. 助理会计师的基本条件

掌握一般的财务会计基本理论和专业知识，熟悉并能正确执行有关的财经方针、政策和财务会计法规、制度，能担负一个方面或某个重要岗位工作，取得硕士学位或取得第二学士学位，或研究生班结业证书，具备履行助理会计师职务的能力；或大学本科毕业，在财务会计工作岗位上见习 1 年期满；或大学专科毕业并担任会计员 2 年以上；或中等专业学校毕业并担任会计员职务 4 年以上，并通过初级会计专业技术资格考试。

3. 会计师的基本条件

较系统地掌握财务会计基本理论和专业知识，掌握并能正确贯彻执行有关的财经方针、政策和财务会计法规、制度，具有一定的财务会计工作经验，能担负一个单位或管理一个地区、一个部门、一个系统某个方面的财务会计工作，取得博士学位，并具有履行会计师职责的能力；取得硕士学位并担任助理会计师职务 2 年左右；取得第二学位或研究生班结业证书，并担任助理会计师职务 2～3 年；大学本科或大学专科毕业并担任助理会计师职务 4 年以上，掌握一门外语，并通过中级会计专业技术资格考试。

4. 高级会计师的基本条件

较系统地掌握经济、财务会计理论和专业知识，具有较高的政策水平和丰富的财务会计工作经验，能担负一个地区、一个部门或一个系统的财务会计管理工作，取得博士学位，并担任会计师职务 2 ~ 3 年；取得硕士学位，第二学位或研究生班结业证书；或大学本科毕业并担任会计师职务 5 年以上，较熟练地掌握一门外语。

第四节 会 计 法 规

会计法规是国家管理会计工作的法律、条例、规则、章程、制度等的总称。它是以会计理论为指导，将会计工作所应遵循的各项原则和方法，用法规的形式肯定下来，保证会计工作正常进行，以达到一定目标的经济管理法规。其主要内容包括会计事务的处理以及有关会计机构和会计人员的规定，我国的会计法规由国家统一制定，所有单位都必须遵照执行。

我国目前的会计法规主要由会计法、会计准则和会计制度三个层次构成，形成了一个完整的会计法规体系。

一、会计法

《会计法》是我国会计工作的根本大法，是制定其他一切会计法规、制度的法律依据。它在我国会计法规体系中处于最高层次，居于核心地位。1985 年 1 月 21 日第六届全国人民代表大会常务委员会通过了《中华人民共和国会计法》，自 1985 年 5 月起实施。为适应市场经济发展和深化会计改革的需要，1993 年 12 月我国对《会计法》进行了第一次修订，1999 年 6 月我国决定对《会计法》进行了第二次修订。

《会计法》全文共分六章、三十条，分别为总则、会计核算、会计监督、会计机构和会计人员、法律责任和附则。

在总则部分，明确了《会计法》适用于国家机关、社会团体、企业、事业单位、个体工商户和其他组织办理会计事务。总则就会计工作管理权限作了规定，明确规定全国会计工作的管理机构是国务院财政部门，地方各级人民政府的财政部门负责本地区会计工作的管理。国家统一的会计制度由国务院财政部门制定。地方财政部门、国务院主管部门在遵循《会计法》与国家统一会计制度不相抵触的前提下，可以制定实施国家统一会计制度的具体办法或补充规定，并须报经国务院财政部门审核批准或备案。各单位领导人、会计机构、会计人员和其他人员必须执行《会计法》。

二、会计准则

会计准则是会计人员从事会计工作的规则和指南。我国的《企业会计准则》是财政部根据《会计法》于 1992 年 11 月颁布的，近几年又相继出台了一些具体业务的会计准则，用以指导和规范企业具体会计业务的核算。会计准则是会计法规体系的第二层次，是制定会计制度的依据。

三、会计制度

会计制度是进行会计工作所应遵循的规则、方法和程序的总称。我国的会计制度是由国家财政部门通过一定的行政程序制定的,具有一定的强制性。

我国现行会计制度的最大特点,就是各行业会计制度采用的会计处理方法和程序做到了基本统一;在会计科目和会计报表的项目内容上,各行业会计制度也尽可能做到基本统一;在体制上,各行业会计制度也做到了基本统一。

分行业会计制度的内容一般包括:总说明、会计科目和会计报表及附录(主要会计事项分录举例)。各企业可以根据《企业会计准则》的要求,参照分行业会计制度,结合本企业的具体情况,制定本单位的会计制度。

第五节 会计档案

一、会计档案的概念

会计档案是指会计凭证、会计账簿、财务会计报告以及其他有关财务会计工作应予集中保管的文件的总称。会计档案是记录和反映各项经济活动的重要史料和证据,是国家档案的重要组成部分,也是各单位的重要档案。通过会计档案,可以了解每项经济业务的来龙去脉;可以检查一个单位是否遵守财经纪律,在会计资料中有无弄虚作假、违法乱纪等行为;会计档案还可为国家、企业单位提供详尽的经济资料,为国家制定宏观经济政策及单位制定经营决策提供参考数据。

二、会计档案的特点

会计档案与文书档案、科技档案相比,有它自身的特点,主要表现在三个方面:

1. 形成范围广泛。凡是具备独立会计核算的单位,都要形成会计档案。这些单位有国家机关、社会团体、企业、事业单位以及按规定应当建账的个体工商户和其他组织,一方面会计档案在社会的各领域无处不有,形成普遍;另一方面,会计档案的实体数量也相对其他门类的档案数量更多。尤其在企业、商业、金融、财政、税务等单位,会计档案不仅是反映这些单位职能活动的重要材料,而且产生的数量也大。

2. 档案类别稳定。虽然会计工作的种类繁多,有工业会计、商业会计、银行会计、税收会计、总预算会计、单位预算会计等,但是会计核算的方法、工作程序以及所形成的会计核算材料的成分是一致的,即会计凭证、会计账簿、财务报告等。会计档案内容的稳定和共性,是其他门类档案无可比拟的,它便于整理分类,有利于管理制度的制定和实际操作的规范和统一。

3. 形式多样。会计专业的性质决定了会计档案形式的多样化。会计账簿,有订本式账、活页式账、卡片式账之分;财务报告由于有文字、表格、数据而出现了计算机打印的报表等。会计凭证在不同行业,外形更是大小各异、长短参差不齐。由于会计档案外形多样性，要求在会计档案的整理和保管方面，不能照搬照抄其他门类档案的管理方法，而是要从实际出发，防止“一刀切”。

三、会计档案的保管

根据《会计档案管理办法》规定，各单位每年形成的会计档案，都应由会计机构按照归档的要求，负责整理立卷、装订成册，编制会计档案保管清册。

1. 当年形成的会计档案，在会计年度终了，可暂由本单位财务会计部门保管一年。期满之后，原则上应由财务会计部门编造清册，移交本单位的档案部门保管；未设立档案部门的，应当在财务会计部门内部指定专人保管。

2. 移交本单位档案机构保管的会计档案，原则上应当保持原卷册的封装，个别需要拆封重新整理的，应当会同原财务会计部门和经办人共同拆封整理，以分清责任。

3. 会计档案应分类保存，并建立相应的分类目录或卡片，随时进行登记。会计档案根据其发挥作用的时间长短，保管期限也相应地分为永久保管和定期保管。定期保管期限又分为 3 年、5 年、10 年、15 年、25 年五种。各种会计档案的保管期限，从会计年度终了后的第一天算起。目前，根据财政部门和国家档案局规定，企业会计档案的保管期限如表 12.1 所示。

表 12.1　企业会计档案保管期限表

会计档案名称	保管期限	备注
一、会计凭证类		
1. 原始凭证、记账凭证和汇总凭证	15 年	
其中：涉及外事和其他重要的会计凭证	永久	
2. 银行存款余额调节表	3 年	
二、会计账簿类		
1. 日记账	15 年	
其中：库存现金日记账和银行存款日记账	25 年	
2. 明细账	15 年	
3. 总账	15 年	包括日记账固定资产报废清理后保存 5 年
4. 固定资产卡片	15 年	
5. 辅助账簿	15 年	
6. 涉及外事和其他重要的会计账簿	永久	包括各级主管部门的汇总会计报表
三、会计报表类		
1. 月、季度会计报表	5 年	包括文字分析
2. 年度会计报表	永久	包括文字分析
四、其他类		
1. 会计移交清册	15 年	
2. 会计档案保管清册	25 年	
3. 会计档案销毁清册	25 年	

四、会计档案的调阅和复制

会计档案是重要的史料，调阅会计档案应有一定的手续。档案管理部门应设置“会计档案调阅登记簿”，详细登记调阅日期、调阅人、调阅理由、归还日期等。本单位人员调阅会计档案，需经会计主管人员同意，外单位人员调阅会计档案，要有正式介绍信，经单位领导批准后，方可调阅。对借出的档案要及时督促归还。未经批准，调阅人员不得将会计档案携带外出，不得擅自摘录有关数字。如有特殊情况，需要复印会计档案，必须经过本单位领导批准，并在“会计档案调阅登记簿”内详细记录会计档案、影印、复制的情况。查阅或者复制会计档案的人员，严禁在会计档案上涂画、拆封和抽换。

五、会计档案的销毁

如果会计档案超过规定的保管期限予以销毁时，应经过有关部门的鉴定审查，填写“会计档案销毁清册”，写明会计档案的类别、名称、册(张)数及所属年月等。然后由会计主管人员和单位领导审查签字，报经上级主管部门批准后销毁。在销毁时，要由会计主管人员、档案管理人员、审计人员负责监销；并在“会计档案销毁清册”上签字。“会计档案销毁清册”应长期保存。

关、停、并、转单位的会计档案，要根据会计档案登记簿编造移交清册，移交给上级主管部门或指定的接收单位保管。档案保管人员调动工作时，应按照规定办理正式的交接手续。

对于保管期满但未结清的债权债务原始凭证，以及涉及其他未了事项的原始凭证，不得销毁，应单独抽出，另行立卷，由档案部门保管到未了事项完结时为止。单独抽出立卷的会计档案，应当在会计档案销毁清册和会计档案保管清册中列明。

练习题

1. 为什么要正确组织会计工作？正确组织会计工作应遵循的原则有哪些？
2. 国家对会计机构的设置有何规定？
3. 什么叫独立核算和非独立核算？
4. 什么叫集中核算和非集中核算？各自的优缺点如何？
5. 会计人员的主要职责和权限各有哪些？
6. 什么是会计人员的职业道德？对会计人员职业道德的要求有哪些？
7. 什么是会计档案？我国对会计档案的管理有哪些具体规定？

参 考 文 献

[1]财政部会计资格评价中心. 初级会计实务[M]. 北京:中国财政经济出版社,2013.
[2]财政部会计资格评价中心. 中级会计实务[M]. 北京:中国财政经济出版社,2013.
[3]刘永祥,刘婉立. 会计学[M]. 北京:清华大学出版社,2009.
[4]李贺,王阳,于艳杰. 基础会计学[M]. 上海:上海财经大学出版社,2013.
[5]韩辉. 会计学基础[M]. 北京:人民教育出版社,2007.
[6]金跃武. 基础会计[M]. 北京:高等教育出版社,2007.
[7]张志康. 会计学原理[M]. 大连:东北财经大学出版社,2010.
[8]陈国辉,迟旭升. 基础会计[M]. 大连:东北财经大学出版社,2010.
[9]于富生,黎来芳,张敏. 成本会计学[M]. 北京:中国人民大学出版社,2013.
[10]谢培苏. 成本会计[M]. 北京:科学出版社,2006.
[11]李淑霞,黄国文. 会计学基础[M]. 上海:上海财经大学出版社,2013.